1

도요타
초일류경영

도요타 초일류 경영

지은이 | 정일구
펴낸이 | 김성실
편집주간 | 김이수
편집기획 | 조성우 · 박선화 · 박남주
마케팅 | 이동준 · 김창규 · 강지연 · 이유진
편집디자인 | (주)하람 커뮤니케이션(02-322-5405)
인쇄 | 중앙 P&L(주)
제본 | 국일문화사
펴낸곳 | 시대의창
출판등록 | 제10-1756호(1999. 5. 11)

초판 1쇄 발행 | 2006년 9월 1일
초판 3쇄 발행 | 2007년 6월 25일

주소 | 121-816 서울시 마포구 동교동 113-81 4층
전화 | 편집부 (02) 335-6125 · 영업부 (02) 335-6121
팩스 | (02) 325-5607
홈페이지 | www.sidaew.co.kr

ISBN 89-5940-047-5 03320
     978-89-5940-047-8
값 16,500 원

기본에 충실한 도요타 CEO들의 위대한 리더십

도요타
초일류 경영

정일구 지음

TOYOTA LEADERSHIP

시대의창

기본에 충실한 기업이
강한 기업이다

국제 유가는 물론이고 원자재 가격이 하늘 높은 줄 모르고 치솟는 가운데 여기저기서 곡소리가 들려온다. 기업들은 가파른 제조원가 상승에 비명을 지르고 서민들은 생활비 부담 증가에 아우성이다. 그런 가운데서도 무한성장의 날개를 달고 끝없이 전진하는 기업이 있으니, 바로 초일류 기업 도요타다.

초고유가 시대를 맞이하여 에너지 절감은 국가나 기업은 물론 개인의 가장 큰 관심사 가운데 하나가 되었다. 일본의 에너지 절약 활동은 가히 예술의 경지로 칭송받고 있는데, 일본의 국가경제를 실제로 리드하는 기업 가운데 가장 뛰어난 업적을 쌓고 있는 도요타는 그야말로 그 기술이 가히 예술의 경지에 올랐다 해도 과언이 아니다.

현대산업의 총아이자 산업경쟁력의 간접지표로 통하는 자동차 산업 판도에 일대 지각변동이 일어나고 있다. 100년 역사를 자랑하는 세계 기업계의 슈퍼 공룡 GM이 70년 넘게 누려온 지존至尊의 자리에서 밀려날 위기에 처하면서 쇠퇴일로를 걷고 있는 반면, 도요타는 지칠 줄 모르는 개발력과 독창적인 경영기술로 GM의 아성인 북미에서는

4

물론 세계 시장에서 독보적인 성장을 거듭하고 있다. 도요타는 이미 미국 내에서는 날아가는 새도 떨어뜨린다는 위력의 상징이 되었다. 2006년이 지나면 도요타는 마침내 세계 자동차 업계의 명실상부한 지존으로 등극할 것이다.

영원할 것만 같던 GM 제국의 몰락을 보면서, 아무리 잘나가는 기업도 시대의 변화에 앞서가지 못하면(이미 뒤쫓는 것만으로는 부족하다) 경쟁 기업에 밀리게 되고 마침내는 생존 자체를 고민해야 하는 처지로 내몰릴 수 있다는 사실을 새삼 확인한다. 그렇다면 70여 년 전, GM의 엔진과 포드의 차체를 가져다가 조립하는 것으로 자동차 생산을 시작한 도요타가 마침내 그들을 넘어 당분간은 어느 누구도 따라잡을 수 없을 만큼 승승장구하는 비결은 무엇일까.

사실 우리가 상상하는 것처럼 도요타의 경영 방침이나 전략은 특별하지 않아 보인다. 하지만 결과는 상상을 초월하는 수준의 높은 차원으로 나타난다. 왜 그럴까. 오랜 연구를 통해 살펴본 바로는, 도요타의 경영 방침이나 전략은 여느 기업과 특별히 다를 게 없어 보이지만 경영진을 비롯하여 도요타 전체 구성원들의 현장 실천 노력은 어느 기업도 따라갈 수 없을 만큼 치열하고 비범한 것으로 드러났다. '아는 것'이 힘이 아니라 '아는 것을 실천하는 것'이 힘이라는 사실을 증명해 보인 것이다.

기업 이념과 경영 지침 및 현장 개선 운동이 일시적인 구호나 이벤트로만 머물지 않고 전체 구성원들이 초지일관 철저하게 생활화한 데에 도요타 경영의 차별성과 탁월함이 있다. 1차 오일쇼크 직후인 1970년 대 중반부터 숱한 기업들의 도요타 배우기 붐이 일었지만, 제대로 따라하여 성과를 거둔 기업은 거의 없는 것으로 드러났다. 다른 기업들이 도요타 방식을 제대로 접목하려면 경영기법과 함께 경영사상도 받아들여야 하기 때문이다.

국내에도 도요타 관련 서적이 넘쳐흐른다. 도요타를 배우자는 예찬론이 주류를 이루고 있는데, 대부분 수박 겉핥기식의 수준을 넘어서지 못한다. 이런 정도의 정보를 접하고서 도요타를 다 알고 있는 양 행세하면 착각이다. 도요타를 제대로 알고 배우려면 좀더 면밀하게 파헤쳐야 한다. 우선 도요타 방식을 도입하려는 기업이라면 맨 먼저 도요타 방식에 관한 포괄적이고도 세밀한 지식을 습득해야 한다. 그런 다음 그것이 자기 기업의 비전에 적합한지부터 살펴야 한다. 먼저 도요타 방식에 적합한 시스템(체질)과 마인드(실천력)를 갖추지 않고서는 아무리 열심히 배워도 소용이 없기 때문이다. 한의사가 환자에게 한약을 처방할 때 병을 다스리는 약에 앞서 우선 몸의 기력을 끌어올리는 보약을 처방하는 이치를 생각하면 쉽게 이해할 수 있다.

이런 욕구에 대응하기 위해 필자는 도요타 제조 시스템TPS 전반에 관한 내용과 관리의 원리를 담은 『도요타처럼 생산하고 관리하고 경영하라』(2004)를 세상에 내놓았다. 이어서 도요타 생산현장과 관리혁신의 근원이 되는 개선 사상과 활동 방향을 『낭비 '0'를 실현하는 도요타 개선력』(2005)을 통해 소개했고, 마침내 도요타가 자동차 업계의 지존으로 등극하게 된 결정적 요소인 사풍社風 형성 과정과 경영자들의 역사적인 리더십 흐름을 분석하여 갈무리한 『도요타 초일류 경영』을 내놓기에 이르렀다.

도요타에는 GE의 잭 웰치나 클라이슬러의 아이아코카처럼 이른바 '스타'나 '구세주'가 등장해본 적이 없다. 도요타는 특정 리더가 아니라 조직 전체가 주체로서 끊임없이 생산성과 품질의 높이를 쌓아가는 독특한 경영방식으로 세상의 주목을 받아왔다.

도요타는 블루오션 상품 개발을 일상화한 동시에 가치창출을 가장 뛰어난 방식으로 전개하여 고객의 욕구를 충족시키는 데 탁월한 기업이다. 그 위력과 파장이 너무 커서 일부 학자들은 블루오션 연구 사례에서 도요타를 제외하는 우를 범하기도 한다. 사실, 거대기업 가운데 블루오션 전략 구사력에서 도요타를 능가하는 기업은 찾아보기 어렵다. 산업기술과 경영기술의 주도권이 유럽에서 출발해 북미로 옮겨간 후 다시 아시아로 넘어왔는데, 그 중심에는 도요타가 있다. 도요타는 선진 기술을 받아들이는 것에 그치지 않고 이를 업그레이드 하여 역수출함으로써 영향력을 끊임없이 키워왔다.

세계적인 거대 기업에는 다들 내로라하는 인재들이 모여 있어, 아이디어를 내고 일을 처리하는 능력에는 큰 차이가 없다. 그럼에도 불구하고 도요타만이 샛별처럼 빛나는 것은 상하 구분이 없는 지속적인 실천력 때문이다.

나는 도요타의 경영을 곰곰이 들여다보면서 21세기 리더십은 "다시 기본으로 돌아가야 한다"는 대명제를 발견한다. 사실 도요타는 기본에 가장 충실한 기업이다. 혜성처럼 나타나 순식간에 대기록을 갈아치우며 대중의 환호를 자아내는 화려한 홈런 타자가 아니라 10년이고 20년이고 꾸준히 3할대를 치며 필요할 때 타점을 올리는, 그리고 수비에서도 전혀 에러가 없는 교타자에 비유할 수 있다. 이런 타자는 그저 되는 게 아니다. 끊임없이 연구하고 변화하고 땀을 흘려야 이를 수 있는 경지다.

이 책으로, 그동안 '도요타의 힘은 어디에서 비롯하는가'에 관한 정보에 목마른 독자 여러분이 충분히 목을 축일 수 있기를 바라마지 않는다.

이 책이 나올 수 있도록 물심양면으로 지원해주신 시대의창 김성실 대표를 비롯한 임직원 여러분, 특히 도요타 시리즈를 일관되게 탄생시킨 편집부 박남주 대리에게 진심으로 감사의 뜻을 전한다. 끝으로, 하나님께 내 인생을 많은 이들의 도우미 역할로 쓰시게 하게끔 기도를 올린 아내와 집필 작업 중에 늘 건강을 염려해주셨던 어머님께 깊이 감사드린다.

지은이 정 일 구

PART 02

초일류로 가는 성장요소 – 독창적 수단체계의 구현

PART 03

초일류로 가는 완성요소 – CEO들의 존경받는 리더십

잠재력을 창의력으로 이끄는 도요타 리더십

도요타의 경영전략 핵심 마인드 가운데 "제조 행위가 문화를 이끄는 것이지 결코 문화가 제조를 리드하지는 않는다"는 개념이 있다. 이는 제조를 근간으로 삼지 않으면 어느 나라 산업이든 결국 존립하기 어렵다는 것을 시사하고, 기업 스스로 철저한 제조업 가치 개념을 지니지 않으면 초일류 기업으로 가는 길이 요원하다는 것을 암시한다. 일례로, 관광국으로 알려진 스위스는 사실 정밀기계 제조 선진국이고, 중개무역과 금융 중심지로 유명한 싱가포르도 사실은 자유무역지대에 제조 기업들을 유치하여 기본 체력을 키워가고 있다.

경영학자 피터 드러커가 지적한 대로, 자동차 산업은 '산업 중의 산업'으로서 경제 전반에 미치는 영향력이 대단하여 산업경제의 흐름을 좌지우지할 정도다. 도요타는 이런 막강한 자동차 산업의 리더로 부상하여 지존 등극을 눈앞에 두고 있다. 2005년에 약 850만 대를 생산한 도요타는 2006년도에는 900만여 대를 생산하여 마침내 GM을 누르고 세계 정상에 오를 것이 확실해 보인다. 도요타는 오늘이 있기까지 해마다 10퍼센트 안팎의 가파른 성장가도를 달려왔다. 거대기업으로서는 근래에 유래가 없는 현상으로 주목받고 있다.

더욱이 2010년도에는 1000만 대 이상을 생산하여 세계 자동차 전체 예상 수요(7500만 대)의 13퍼센트 이상을 차지한다는 야심찬 전략을 갖고 있다. 반대로 지난 70년간 1위 자리를 굳게 지켜왔던 GM은 퇴직자를 포함한 종업원 110만 명에 대한 의료보험료 과다지출(매출의 3퍼센트)과 상품개발 전략 실패로 시설을 폐쇄하고 인원을 대거 감축해야하는 실정에 처해 있다. 이렇게 보면, 도요타가 GM을 따라잡았다기보다는 GM 스스로 자충수를 두어 위기에 빠졌다는 평가가 더 설득력을 얻는다.

도요타의 기업 이미지는 아주 독특하다. 역대 최고경영자들은 하나같이 재임 중에 탁월한 업적을 남겼지만 굳이 그 이름을 드러내지 않는다. 또 창업 당시 발현한 경영 이념의 근간에 변함이 없다. 역대 최고경영자들은 저마다 개성이 뚜렷한데도 하나같이 기업 이념의 승계에는 철두철미하였다. 그래서 다른 기업은 감히 흉내도 낼 수 없는 기업 문화와 철학을 지니게 된 것이다.

이노베이션(혁신)은 상식을 초월하는 개선 활동을 뜻한다. 도요타에는 상식을 초월하는 개선 활동이 일상화되어 있다. 전체의 최적화 즉 경제적인 기업 활동을 통해 수익성을 높이면서도 고객들 저마다의 만족도를 높이는 일대일 대응에 전력을 다한다. 또한 외부환경에 적극 대처하는 동시에 내부 제조 공정간 100퍼센트 효율화 추구를 일상화하고 있다. 그렇다고 도요타에 내부 모순을 일거에 극복하는 무슨 도깨비 방망이가 있는 건 아니다. '일상화'라는 개념에서 보듯 하나씩 한 발씩 차근차근 개선해나가는 베터Better 정신이 상식을 초월하는 결과를 낳았을 뿐이다. "낙숫물이 바위를 뚫는다"는 속담 그대로다.

이 베터Better 정신의 실천은 무슨 거창한 이벤트가 아니라 밥을 먹고 공기를 마시듯 자연스런 습관으로 이루어지는 것이다. 그러므로 다른 기업에서 도요타 방식을 제대로 배우고 접목하려면 억지 춘향식의 페어 맞추기가 아니라 현장에서의 '자연스런 습관화'가 열쇠다.

오쿠다 히로시 도요타 회장은 "도요타 타도!"를 부르짖었다. 결정적인 적은 외부가 아니라 내부에 있으며, 문제 해결의 열쇠도 늘 내부에 있다는 사실을 일깨워주는 매우 중요한 메시지다. 현재의 나를 버리지 않고서는 변화된 나를 기대할 수 없고, 현재의 성취를 부정하지 않고서는 내일의 더 큰 성취를 이룰 수 없다는 자명한 이치를 함축하고 있다. 도요타의 역사를 들여다보면, 도요타는 GM이나 포드와 싸워온 게 아니라 바로 도요타 자신과의 치열한 싸움을 벌여온 것을 알 수 있다.

"도요타 타도!"—이 한마디에는 도요타의 끝없는 도전정신이 도사리고 있다. 업계의 정상에 오른 것에 만족하거나 안주하지 않으려는 치열한 자가발전自家發電의 열망이 깃들어 있다. 끊임없이 변화하고 나아가지 않으면 살아남을 수 없다는 통찰을 함의하고 있기도 하다.

또 하나, 도요타의 행동습관에는 위기의식이 물씬 묻어 있다. 그 위기의식은 외부 압박이나 내부 불안 요소에서 비롯한 위기의식이 아니라 도요타 스스로 설정한 이상적인 수준에 여전히 미치지 못하고 있는 부분들에 대한 불만에서 비롯한 위기의식이다. 사실, 상대적으로 월등히 잘 나가고 있는 기업이 위기의식을 유지하기란 쉽지 않다. 하지만 도요타는 이미 획득한 "상대적 우월성"에 아랑곳하지 않고 철저하게 내부 메커니즘에 따라 움직인다. 그 내부 메커니즘에는 도요타만의 독특한 위기의식이 팽배해 있다. 그런 메커니즘에 따른 "지독한" 개선 활동이 도요타를 뒤쫓고 있는 경쟁자들을 점점 더 멀리 따돌리고 있는 것이다.

오늘날 도요타의 독주에는 간단하게 설명할 수 없는, 오랫동안 형성되어온 기업의 문화와 철학이 도사리고 있다. 그러므로 도요타 방식을 피상적으로 설명한 책 두어 권만으로는 감히 도요타 저력의 진면목을 안다고 할 수 없는 것이다.

도요타의 성공에 '도깨비 방망이'는 없다. 상식을 초월한 그 어떤 특별한 방법도 없다는 얘기다. 지극히 평범하고 당연한 경영 원칙을 "아주 충실하게 실천했을" 뿐이다. 그러나 실천에는 비범한 노력과 함께 비범한 리더십이 필요하다. 도요타 초일류 경영의 배경에는 도대체 어떤 비범한 리더십과 노하우가 있을까. 여기에 세 가지 요소를 들어 그 답을 대신한다.

첫째, 도요타는 "최대의 자산은 결국 사람"이라는 모토를 실행하여 구성원들의 잠재력을 개발하고 자질을 키우는 데 전력을 기울였다.

둘째, 기업의 목적 추구를 위해 경쟁사와는 차원이 다른 창조적 수단을 끊임없이 개발하고, 시행착오와 실패를 밑거름으로 삼아 기초에 충실한 독창적 발전 모델을 구축하였다.

셋째, 구성원들의 우수한 자질과 치열한 정신을 지속시키고 계발할 자가발전 시스템을 구축하였으며, 역대 CEO들은 이를 계승하고 발전시키는 리더십을 발휘하였다.

나는 여기서 구성원들의 잠재력을 최대한 현실 참여의 지혜로 바꾸는 이 세 가지 요소를 초일류 기업으로 가는 기본 요소(Basic Factor : 사상과 행동습관), 성장 요소(Developing Factor : 독창적 수단), 완성 요소(Complementing Factor : CEO 리더십)로 규정한다. 그리고 이를 큰 카테고리로 삼아 본문의 내용을 풀어가고자 한다.

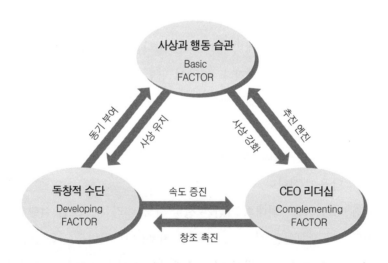

세 가지 요소들이 안정적이고 지속적인 경쟁력의 원천이 되는 상호작용

이 책을 읽는 독자 여러분께서 저마다 읽는 가운데 살을 붙이고 의미를 확장함으로써 필자도 미처 몰랐던 가치를 이 책에서 발견하길 바란다. 그래서 이 책이 읽는 이들 저마다에게 색다른 의미존재로 살아나, 좋은 기업을 일구는 데 작으나마 실질적으로 도움이 되기를 소망한다.

Basic Factor

PART 01

초일류로 가는 기본요소

차별화된 사상과 행동

가을 들녘에 황금물결이 일기까지는 여름 내내 농부의 구슬땀을 필요로 한다. 오늘날 도요타의 눈부신 성장이 있기까지는 온통 땀으로 얼룩진 실천의 역사가 있다. 도요타의 차별화한 사상과 행동습관을 배우는 것은 배움의 첫걸음일 뿐, 배움의 완성은 결국 '실천'이다.

TOYOTA

CHAPTER 01

창업자의 경영 철학이 낳은
도요타 특유의 사고와 행동 방식

사키치가 도요타 직원들에게 준 가장 큰 교훈은 역시 도전정신이다. 그의 어록 가운데 가장 유명한 것은 바로 "저기 미닫이를 열어보라, 바깥은 넓다"는 말이다. 문을 여는 자만이 신세계를 정복할 수 있고, 얼마나 무한한 가능성이 존재하는지도 알 수 있음을 명시하고 있다. 이런 도전정신을 유전인자로 지닌 도요타 사원들은 항상 새로운 도전에 기꺼이 동참할 자세를 보여주고 있다.

01 도전정신을 잃지 않고 목표결정 습관을 들인다

잠재력을 행동력으로 전환하려면 우선 해보자는 실행정신으로 시작해서 실패를 두려워하지 않는 용기와 집념으로 끝까지 소기의 목표를 달성해야 한다.

도요다 사키치의 세 가지 행동철학

도요타 그룹 창업자이자 발명가인 도요다 사키치豊田佐吉가 평생 마음의 양식으로 삼은 『자조론Self-Help』(새무얼 스마일즈)을 보면 "발명가들은 어떠한 문제에 부딪히면 그것을 해결하지 않고는 못 배기는 기질을 지니고 있다." 사키치 자신이 바로 그런 사람이다. 그는 "곧바로 실천하는" 실행력, "실패를 두려워하지 않는" 도전정신, "끝까지 포기하지 않는" 인내력을 강조한다.

이는 한마디로 "생각이나 말만 하지 말고 두려움 없이 실행하라"는 것이다. 어떤 조직이든 구성원들을 결속시키고 저마다의 잠재력을 십분 발휘하게 하는 비전의 공유와 발현은 바로, 실행에서 비롯한다는 사실을 누구보다도 잘 알고 있기 때문이다.

사키치는 흔한 말로 비록 가방끈은 짧았지만(4년제 초등학교 졸업이 학력의 전부) 어려서부터 누구보다 열심히 배웠으며, 생각한 바를 곧바로 실행에 옮기는 실천가의 삶을 살았다. 그리하여 마침내 자동직기自動織機를 발명하여 국가 산업 발전과 인류 공영에 크게 기여했으며, 스스로 행복한 삶을 일구었다.

사키치는 파란만장과 우여곡절로 점철된 고난의 역정을 통해 체득한 세 가지 행동철학DNA을 실천하고 설파했다.

첫 번째 DNA는 '연구와 창조정신'으로, 2세인 도요다 기이치로豊田喜一郎(도요타 자동차 창업자)가 초일류 자동차 기업을 일구는 동기로 작용했다.

'제조업을 통한 사회 공헌'이라는 두 번째 DNA를 통해서는 자동직기 개발과 대량 보급으로 자국의 섬유 산업을 진흥시켰음은 물론 세계 직물 분야에 불멸의 업적을 남겼다. 발명에 탁월한 재주를 지닌 사키치는 처음에는 발명을 이용한 기계를 제조하고 판매하는 데는 별 관심이 없었다. 발명만 해놓으면 누군가 나서서 그런 역할을 맡아줄 것으로 믿었다. 그러나 그런 역할을 대신할 사람이 아무도 없다는 걸 깨달은 뒤로는 발명을 활용할 수 있는 제조 활동에도 열정을 쏟았다. 이는 바로 도요타가 줄곧 추구해온 품질 개선의 시발점이 되었으며, 도요타의 그룹 이념으로 발전했다.

사키치의 세 번째 DNA는 '시류를 선도하는 개척정신'이다. 1900년을 전후로 사키치가 발명에 열을 올렸던 직기 분야는 이미 영국이나 미국의 기술이 훨씬 앞서 있었다. 그런 현실이 오히려 그의 도전 의지를 부추겼다. 40대 초반 무렵, 구미 시찰에 나선 그는 영미의 높은 기술 수준을 보면서 향후 자신의 청사진을 가다듬었으며, 스스로 그들을 앞설 수 있다는 자신감을 북돋웠다. 우선 그는 아직 누구도 해결하지 못한 '횡사橫絲 자동 삽입' 직기 발명을 목표로 삼아 10년 이상을 매진한 끝에 마침내 G형 자동직기를 처음으로 발명했다. 이에 만족하지 않고 곧이어 자동환상環狀직기 개발에 착수하는 등 개척정신에 투철했다.

이런 사키치의 행동철학이 결국 기업의 공식 이념으로 발전함으로써 오늘날 도요타는 세계 최초로 하이브리드(가솔린과 전기의 혼합동력) 자동차를 상용화하는 등 21세기 들어 초일류 기업의 위상을 더욱 드높이고 있다.

사키치는 십대 후반에 부친(학교 시설물을 관리·수리하는 영선업에 종사)을 따라 학교에 갔다가 우연히 중학생들이 배우는『서국입지편西國立志編』(Self Helf 번역본)을 만났다. 사키치의 세 가지 행동철학은 바로 이 책에 나온 세 구절에서 비롯한다.

첫째, 고난에 굴복하지 말고 초지初志를 관철하라.
둘째, 국가와 사회에 공헌하라.
셋째, 노동은 인간의 의무다.

사회에 공헌하는 기업

국내 굴지의 재벌기업 회장은 2004년 여름 일본을 방문하여 경단련經團連 회장이자 도요타 자동차 회장인 오쿠다 히로시奧田碩와 면담을 가졌다. 이때 그는 오쿠다 회장에게 간곡한 어조로 도요타의 지속 성장

비결을 물었다. 그런데 오쿠다 회장의 답변은 너무도 간단명료했다.

"사회에 공헌하는 기업이 되는 것입니다."

한국 재벌기업들의 경영 풍토를 훤히 알고 있기라도 한 듯, 정곡을 찌르는 뼈아픈 충고였다.

이 한마디에 담긴 의미는 생각보다 깊고 무겁다. 100년 전에 창업자 사키치가 주창한 경영 이념이 오늘날의 도요타에 고스란히 이어져 오고 있다는 놀라운 사실을 방증하는 한마디다. 만약 국내 재벌기업 회장이 그때 그 충고의 참뜻을 깨달아 실천했더라면 2006년의 속이 뻔히 들여다보이는 궁색한 처신(사법 당국의 조사를 받게 되자 처벌을 무마하기 위한 사회헌금 발언 소동)으로 체면을 구기는 일도 없었을 것이다. 물론 이윤 추구는 기업 본연의 생리지만, 결과로 과정을 덮어버릴 수는 없는 노릇이다.

일단 부당한 특혜나 편법으로 100원을 더 벌어들인 다음, 문제가 터졌을 때 무마 비용으로 50원을 써서 문제를 수습하고 50원을 더 남길 수만 있다면 욕이야 먹건 말건 무엇이든 한다는 풍토가 우리 대기업에 만연해왔다. 법망을 교묘히 빠져나가고 편법을 일삼기 위해 이른바 '잘나가는 법조인'들을 고용하는 데는 수십 수백억 원을 아끼지 않으면서도 사회 공헌에는 인색하기 짝이 없는 행태를 보여온 것이 우리 대기업의 현실이었다. 그러고서 어찌 기업이 '존경'받기를 바랄 것인가.

사실 오쿠다 회장이 말한 '사회 공헌'은 단순히 물질을 기부하는 자선행위를 뜻하는 게 아니다. '다 같이 더불어 잘 먹고 잘 살자'는 공생의 실천을 두고 한 말이다. 내부고객인 기업 구성원들, 협력업체들, 소비자들의 존경과 신뢰를 얻는 것을 두고 한 말이다. 종업원들을 부당하게 착취하지 않고, 구매력을 무기로 협력업체들에게 횡포를 부리지 않고, 경쟁업체를 음해하여 그 손실을 나의 이익으로 삼지 않고, 소비자들을 현혹하여 부당한 이득을 취하지 않고, 사회로부터 혜택을 입어 취한 이윤을 사회에 환원하여 의미 있게 쓰는 등의 공생공영共生共榮에 기반을 둔 경영 실현이 바로 '사회에 공헌하는 기업'의 참된 의미다.

도전은 잠재력을 현실 능력으로 이끌어내는 원동력

사키치가 도요타 직원들에게 준 가장 큰 교훈은 역시 도전정신이다. 그의 어록 가운데 "저기 미닫이를 열어보라, 바깥은 넓다"는 말은 유명하다. 문을 여는 자만이 신세계를 정복할 수 있고, 얼마나 무한한 가능성이 존재하는지도 알 수 있다는 사실을 시사한다. 이런 도전정신을 유전인자로 지닌 도요타의 사원들은 항상 새로운 도전에 기꺼이 동참할 준비가 되어 있다. 실적이 보여주고 있는 사실이다.

도요타는 사원들이 도전정신을 발휘하는 데 걸림돌이 되는 '실패에 대한 강박관념'을 없애주기 위해 경영자들의 단호한 의지를 자주 전달한다―"실패로부터 발생하는 손해보다는 오히려 도전하지 않아서 발생한 기회손실이 더 크다."

기이치로는 대학 졸업 후 곧바로 부친이 운영하는 직기제조 회사에 몸을 담았다. 부친이 연구해온 자동직기 개발 전선에 합류하여 기계공학도다운 안목과 열정을 발휘했다. 자동직기 개발은 직기 메커니즘의 새로운 장을 여는 획기적인 사건으로 세계를 놀라게 했다. 그런 연구를 마무리 과정에서 참여하여 완성시킨 기이치로는 '불가능은 없다'

는 철학을 지니게 된다. 이런 자신의 경험과 철학을 기회 있을 때마다 도요타 자동차 전 직원들에게 이해시키고 천명함으로써 은연중에 '도요타 행동철학'을 수립해나갔다.

일본 자동차 산업이 걸음마도 떼기 전인 1930년대 초반, 기이치로는 완전한 국산 자동차를 자립 생산한다는 도발에 가까운 목표를 세웠다. 이런 도발을 감행하기 위해 임직원들을 이끌고 생소한 기술에 도전할 때 숱한 대목에서 기술자들로부터 "불가능하다"는 말을 들어야 했다. 도전목표를 성취하는 데 가장 큰 적은 바로 불가능하다는 생각이었다. 그래서 기이치로는 사람들의 부정적인 생각을 어떻게 바꿔놓아야 할지를 고민하기 시작했다.

무슨 일이든 불가능하다고 회피하는 것은 가장 손쉬운 해결책이지만 그래서는 어떤 일도 남보다 앞서 해낼 수 없다. 아무리 불가능하다고 생각되더라도 열 번이고 백 번이고 일단 해보는 것이야말로 불가능을 가능으로 바꾸는 유일한 열쇠다. 여기에는 남다른 의지와 용기가 필요하다. 기이치로는 몸소 손에 기름때를 묻혀 가며 이를 실천해보임으로써 직원들의 생각을 바꾸고 마음을 움직이는 리더십을 발휘했다.

어느 분야에서나 도전목표 달성에 구성원들을 적극적으로 동참시키려면 "반드시 가능하다"는 리더의 확신과 전폭적인 지원이 가장 중요하다. 특히 엔진 개발 부문에서는 도면 작성을 기이치로가 손수 도맡을 수밖에 없었으므로 숱한 시행착오를 겪어야 했지만 반드시 성공한다는 확고한 신념으로 분위기를 이끌어나간 끝에 성공할 수 있었다.

조직생활은 물론 일상생활에서도 일어날 수 있는 일로, 누군가 선善한 목표를 제의했다고 하자. 선한 목표란 현재보다는 발전된 상태나 바람직한 수준으로의 도전을 말한다. 그런 도전목표에 관해 논의할 때 저마다 동원할 수 있는 자산이 있다. 업무에 따른 지식이나 경험, 통찰력, 열정 등이 그것이다. 그런데 이러한 자산을 도전목표의 달성 가능성을 찾는 데 쓰지 않고 불가능성을 찾는 데 쓴다면, 그 순간 그런 자산은 생산적인 자원이 아니라 한낱 쓰레기가 될 뿐이다.

하지만 반대로 그런 자원을 가능성을 모색하는 데 활용한다면 하나도 버릴 게 없는 찬란한 보석이 될 것이다. 구성원 저마다가 지닌 자산을 이렇듯 생산적인 자원으로 끌어내어 십분 활용하는 능력이야말로 리더의 중요한 덕목이다. 기이치로는 바로 이런 리더십을 구사함으로써 도요타 제국의 토대를 닦았다.

2001년 1월 벤처 모임 심포지엄에서 오쿠다 히로시 회장은 기이치로 향수를 불러일으켰다. 기이치로를 움직이게 한 것은 돈도 명예도 아니고, 난제에 과감히 도전하고 자신의 꿈을 실현하기 위한 깊은 뜻과 정열이었다고 회고했다. 스스로 위험을 무릅쓰고 새로운 길을 열어간 기이치로 같은 인재가 21세기 일본에 절실히 요구된다고 역설했다. 도요타가 오늘날까지도 창업자의 창업정신을 충실히 지켜오고 있다는 사실을 상징적으로 보여주는 대목이다.

모방이 아닌 창조적인 발상을 습관으로

"우선 먹기는 곶감이 달다"는 속담처럼 많은 사업가들은 어려워 보이는 일은 회피하고 우선 쉬워 보이는 일만 추구하거나 이미 성공한 모델을 흉내 내어 당장 돈을 버는 것에만 정신을 판다. 그러나 기이치로는 다들 불가능하다고 여기는 일에 승부를 걸었다. 창업자의 이러한 도전정신이 후임 CEO들에게 계승되고 도요타의 오랜 전통이 됨으로써 도요타는 다른 기업을 벤치마킹하는 편한 길을 마다하고 치열한 창조의 역사를 써왔다. 창조를 위해 모방과 분석이 필요했던 초창기에는 1호 자동차 개발을 위해 미국산 자동차를 분해하여 그대로 만들어보거나 경쟁사의 신차를 분석하여 그보다 향상된 모델을 내놓기도 했던 도요타는 기초적인 자생력을 갖추자마자 모든 흉내를 청산하고 도요타만의 길을 개척하기 시작했다.

창업자의 창조정신에 입각하여 도전목표를 높게 잡는 습관에 익숙해진 도요타는 상대적인 우월성을 의식한 벤치마킹 대신 도요타가 아니면 할 수 없는 절대적인 우월성을 확보하기 위해 끊임없는 도전을 일삼아왔다. 도전목표를 외부의 경쟁기업에 두지 않고 내부의 혁신 활동과 품질 향상에 둔 것이다. 이러한 정책이 구성원들의 창조력을 끊임없이 추동했다. 이처럼 날마다 변화하고 전진하는 기업을 어느 기업이 추월할 수 있겠는가. '도요타 정신'이 살아 있는 한, 도요타 제국의 해가 빛을 잃는 일은 없을 것이다.

기업가 정신을 미래의 '불확실성'과 맞장 뜨는 것이라고 정의한다면, 지금껏 '확실성'에만 기대온 기업가들의 미래도 그 확실성의 좁은 테두리를 벗어나지 못할 것이다. 기이치로에서 시작된 도요타의 도전목표는 시류에 맞추어 경영 방침을 재설정하는 정도가 아니라 현재 보유한 기술이나 지식 그리고 상식까지 송두리째 부정할 수 있는 창조적인 발상을 의미한다. 그래야만 시대를 앞서가는 연구가 가능하기 때문이다. 현재 일어나는 세상의 파도보다 훨씬 앞선 파도를 일으킬 줄 아

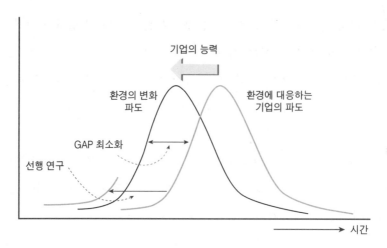

[그림 1-1] 창조적 도전목표 설정 습관

는 개념이 필요한데 그 개념을 그림으로 표현하면 [그림 1-1]과 같다.

기업에서 창조적 발상의 응용 분야는 제품 개발이다. 사키치가 도요타 자동직기 제작소를 설립할 때 회사정관에 발명연구소(현재의 R & D 센터)를 추가할 만큼 창조를 향한 열정이 남달랐다. 도요타가 자동차 엔진을 응용하여 여객용 소형 비행기 엔진을 개발하고 있는 것이 하나의 좋은 예다.

도요타의 도전정신이 특별한 이유

도요타는 도전목표를 구체적으로 설정하고 끝까지 관철하는 데 이력이 난 기업이다. 그런 전통은 창업자 기이치로에서 출발한다. 전쟁이 끝난 1945년 군부의 통제에서 벗어나 자유경쟁 환경을 맞은 기이치로는 감히(?) 미국과 맞서 3년 내에 미국을 따라잡을 것을 결심하고 직원들에게도 그 결심을 환기시켰다. 물론 누가 봐도 무모한 목표였지만 기이치로는 그 무모함을 훨씬 뛰어넘는 노력과 열정을 쏟음으로써 결국 불가능을 가능으로 바꾸었다.

도요타 생산방식의 완성자로 불리는 오노 다이이치는 1949년에, 60분 이상 소요되어온 기계설비 준비교체 시간을 3분 이내로 단축하자는 하부목표를 설정했다. 다들 정신 나간 짓이라며 수군거렸지만 결국 해내고 말았다. 이처럼 절박한 가운데 진행된 개선 활동은 상상을 초월한 결과를 낳기도 하는데, 근본적으로는 종업원들의 업무 집중력을 높이는 효과를 발휘한다.

하지만 이런 식의 개선 활동을 오래 지속하기란 거의 불가능한데도 불구하고 도요타는 60년이 지나도록 변함없이 이어오고 있다. 바로 여기에 도요타의 저력이 있고 위대함이 있다.

도요타의 내부역량 발전 목표는 항상 극한값을 요구한다. 다른 기업에서는 대개 축소나 감축이라는 개념을 즐겨 사용하지만 도요타에서는 주로 '제로'라는 개념을 사용한다. 재고율, 불량률, 준비교체 시간, 사고발생 건수 등에서 도요타는 '제로'를 지향하고 추구한다. 도요타의 목표는 외부가 아니라 내부로 향해 있으며, 최종 목표는 '완벽'이다. 상대적 우월성 따위는 이미 도요타의 목표가 아니다.

목표 설정은 모든 분야에서 반드시 수치로만 표시되는 것이 아니다. 제품 판매가 침체하면 기업은 대개 재고 부담을 떠안게 마련이다. 도요타도 과중한 재고 부담 때문에 곤란을 겪은 적이 있었다. 그때 창업자 기이치로는 JIT(Just In Time, 필요한 물건을 필요한 때에 필요한 양만큼)라는 제조 철학을 모든 임직원과 협력사에 설파했다.

JIT는 단순한 재고 '0' 달성 개념을 넘어 업무 효율의 극대화(낭비 제거) 방안이다. JIT가 실행되려면 모든 분야에서 거의 완벽에 가까운 개선이 선행되어야 하기 때문이다. 다시 말해, JIT에는 광범위한 선행 개선 과제가 자연스럽게 연결되어 있다. 도요타의 경영 철학이나 개선 활동은 구호로만 그치는 법이 없다. 실행을 넘어 습관으로 자리잡아 확실하게 뿌리를 내린다. 바로 이런 점에서 우리는 도요타 도전정신의 특별함을 알 수 있다.

실패를 두려워하면 도전을 일삼을 수 없다. 그러므로 실패 없이는 성공도 없다. 도요타는 '어떤 일이든 실패를 거치게 마련'이라는 사실을 전제하고 도전한다. 도요타는 '누가 실패했는가'를 따지지 않고 '왜 실패했느냐'를 파고든다. 그래서 도요타의 성공 배경에는 방대한 실패의 기록이 있다.

02 문제의 본질에 주목하고 기본을 추구한다

고객이 요구하는 물품을 시기에 맞게 원하는 수량만큼 제조하여 공급하는 것이 기업의 존재 이유이고, 그런 상황을 비용의 증가 없이 고객이 원하는 가격에 공급하도록 활동하는 것이 기업의 존재 목적이다.

고객이 없으면 기업도 없다

도요타 경영의 중심에는 항상 고객이 있다. 기업의 모든 활동을 고객 중심으로 집중하기란 참으로 어려운 일이다. 이는 기업 경영진의 경영 방침만으로 이루어질 수 있는 일이 아니기 때문이다. 일선 현장에서 일하는 직원들의 실천 없이는 아무리 훌륭한 사상이나 정책도 공염불에 지나지 않는다.

도요타는 모든 직원의 역할 하나하나가 고객이 받을 서비스 창출 과정에 반드시 연결되어 있다는 관계성을 인식시켜 진정한 고객 창출 기회를 증폭시키는 전술을 철저히 수행한다. 즉 고객이 만족할 수 있는 대상 포인트를 찾아 조직 활동 목표의 방향성을 잡는다. 그 결과 직원들은 기업을 위해 고객이 존재한다는 착각에 빠지지 않고 항상 고객을 위해 기업이 존재한다는 개념으로 업무를 수행한다.

도요타의 고객중심 경영은 1940년대 말에 창업자 기이치로가 직접 작성한 JIT안내서에 경영 방침으로 명문화되어 있다─"고객의 요망을 조사·연구하여 제품에 반영할 것." 또 비슷한 시기에 상품 가치는 생산 원가에 따라 결정되는 것이 아니라 시장 상황에 따라 고객이 결정한다는 사실도 깨달았다. 포르쉐 자동차 최고경영자를 지낸 페터 슈츠는 "마음을 열고 귀를 기울여 잘 들으면 고객은 우리에게 본질을 말하고 있다"면서 본질의 파악을 중요시했다.

사키치가 젊은 시절에 이미 뼈저리게 느낀 바를 아들 기이치로에게 가르쳤을 것이다. 도쿄 아사쿠사에서 직포제조업에 종사하던 사키치가 27세 때인 1893년에 구식 직기의 생산성을 두 배 이상 향상시킨 '도요타식 인력직기人力織機'를 개발해 시장에 내놓았으나 너무 비싸서 전혀 팔리지 않았다. 그는 비로소 그때 아무리 제품이 좋아도 어느 한 요소라도 고객의 니즈에 부합하지 않으면 시장에서 실패할 수밖에 없다는 이치를 깨달았다. 동시에 발명은 아이디어를 상품으로 실현하는 것만으로 완성되는 것이 아니라 그 성능이나 경제성에서 고객의 니즈에 완벽하게 부합할 수 있도록 끊임없이 개량해나가야 한다는 사실도 알게 되었다.

도요타는 고객 존중 활동을 전개하는 동시에 기업 내부 환경의 최적화를 위한 도요타만의 철학(판매의 JIT)을 구현했다. 상품을 마구잡이로 만들어 시장에 풀고, 나머지는 재고로 쌓아놓는 관행을 버리고 고객이 주문한 양만큼만 만들어 내보낼 것(쉽게 말해 '주문 후 생산')을 천명한 것이다. 이는 재고 적체나 수요 예측 착오에 따른 낭비를 제로로 만들고, 고객의 니즈를 만족시키기에 더없이 좋은 시스템이긴 하지만 실행을 위해 선결해야 할 도전 과제가 만만치 않다.

이러한 실수요 생산('한량限量 생산') 개념은 기이치로의 창안이 아니고 도요타 발전 과정에서 자연스럽게 형성된 것으로 보는 시각도 있지만 기이치로의 창안에서 출발한 것임이 증명되었다. 도요타자동차에 근무하다가 후에 도요타자판自販 부사장을 지낸 오다케大竹進는, 1951년 노동쟁의를 계기로 물러나 도쿄에서 생활하는 기이치로를 방문한 적이 있었다. 그 만남에서 오다케는 "차를 생산해 놓고 나서 파는 기존의 관행을 버리고 주문받은 만큼만 만들어 파는 시스템을 구축해야 한다"는 기이치로의 조언을 메모했다고 한다.

사명감으로 실천하는 경영 이념

도요타에는 남다른 이념이 있다. 창업자 사키치가 남긴 5대 강령을 재해석하여 21세기 도요타 WAY로 신개념을 수립했다. '지혜와 개선' 그리고 '인간성 존중'이다. 이는 도요타 구성원 전체가 가져야 할 업무상의 기본개념으로, 고객만족을 지속시킬 수 있는 기업 체질을 만들기 위해 제정되었다.

인간성 존중은 인간만이 할 수 있는, 인간에 의해서, 인간을 위한 개념을 기초로 한다. 그리고 기계적인 지식과 경험에 의존하지 않고 풀어야 할 문제의 대상과 자기가 보유한 자원의 도킹 포인트를 지속적으로 찾아내는 노력이 바로 지혜를 의미한다. 개선은 과거보다 나은 현재를 항상 유지할 수 있는 베터better 정신에 입각해서 이제까지 진행된 모든 것을 부정해보는 자세로 출발하여, 잠재력을 바깥으로 끌어내

지혜로 변모시켜 오늘을 고쳐나가는 행동을 가리킨다. 지혜가 발휘되어야 비로소 개선이 이루어지기 때문에 '지혜와 개선'이라는 하나의 이념으로 묶은 것이다.

이런 이념은 활동의 주체인 사람이 확고한 사명감을 가지고 실천해야 완전한 가치를 발휘할 수 있다. 따라서 도요타의 활동 절차는 '이념 정립 → 사명감 고취 → 실천'이라는 3단계를 거친다.

도요타의 업무 스타일은 상당히 독특하다. 어떤 일을 추진한다 해도 반드시 목표가 존재한다. 도요타는 그 목표를 '바람직한 모습'이라 이른다. 흔히 말하는 비전과 같지만, 비전은 좀 거창한 개념이어서 도요타의 그것과는 약간 다르다. '바람직한 모습'은 큰 규모의 목표에서부터 작은 활동의 목표 설정에도 통용될 수 있는 개념이다. 따라서 도전목표로 결정한 '바람직한 모습'을 항상 기준으로 두고 현재를 관찰한 후 그 차이에 대한 문제점을 현지·현물에 입각하여 판단한다. 그리고 우직하다 할 정도로 해결될 때까지 실천력을 동원하는 체질을 지니고 있다.

도요타 구성원들 사이에서는 '제조' 개념을 가장 신성시한다. 그룹 창시자 사키치와 자동차 창업자 기이치로가 모두 "제조에 평생을 바쳐 나라에 이바지한다"는 사명을 몸소 보여주었던 영향으로 제조행위를 경시하지 않고 오히려 존중하는 풍토가 조성되어 있다.

시대환경에 따른 탈공업화로 3차 산업과 신종 통신 서비스 같은 사업들이 발달하고 있지만 그것 자체가 확고한 생산기지의 존재 위에서만 가능하다는 것을 잊어서는 안 된다. 즉 소프트화는 제조업이 존재함으로써 유용성을 갖는다는 도요타의 기본철학이 흔들리지 않는 견고한 스스로의 진로를 떠받치고 있다.

도요타는 재테크를 중심으로 한 사업은 하지 않는다. 본업인 제조 업무에만 충실할 뿐이다. 1차 오일쇼크 당시인 1970년대에 도요타는 1조 엔의 여유자금을 이미 확보하고 있었고 1980년대 버블경제 전성기에는 더 많은 여유자금이 있었는데도 불구하고 재테크에는 눈을 돌리지 않아 많은 사람들로부터 바보 소리를 들어야만 했다. 하지만 후대 경영자들은 "도요타는 제조로 사회에 공헌하고 시대를 이끌어간다"는 선대 경영자들의 철학을 충실히 계승하여 도요타의 기본 정신을 이어나감으로써, 외도를 일삼다가 망가진 다른 많은 기업들의 귀감이 되고 있다. 이제는 더 이상 제조업으로는 돈을 벌기 어렵다는 괴변은 '도요타' 때문에 통하지 않게 됐다. 단지 경영능력이 의심받을 일만 남아 있다.

무차입 경영과 기술의 자주독립

사키치와 기이치로로 이어진 창업자 릴레이 시기에 정착된 도요타 경영의 핵심 요소에는 제조업의 추구라는 기본개념 이외에 몇 가지(무차입 경영, 자주독립 경영, 현장주의, 낭비 제거) 요소를 더 들 수 있다.

차입 없는 경영의 필요성은 사키치가 가장 뼈저리게 느낀 부분이다. 발명을 거듭하여 나름대로 크지는 않지만 제조와 판매를 겸비한 체제를 운영하고 있을 30대 후반에, 대규모 무역회사였던 미쯔이 물산三井物産이 사키치에게 접근해왔다. 꽤 규모가 큰 제조회사 창업을 제의받은 사키치는 '대량 보급'을 실현할 수 있는 기회로 여겨 쾌히 응했다. 자본은 미쯔이가 주로 맡고 개발과 생산기술은 사키치가 담당하는 것으로 협약을 맺고, 자신의 기술 자산을 모두 기울여 상무로 활약한 회사가 바로 도요타식 직기제작소다.

그러나 동업에 착수하고 나서 얼마 지나지 않아 사키치는 미처 생각지 못한 난관에 부딪쳤다. 완전하게 품질을 보증하는 제품이 아니면 출하해서는 안 된다는 사키치의 장인적 고집과 우선 팔고 보자는 미쯔이 측의 상업적 계산속이 충돌을 빚은 것이다. 하지만 동업에서는 으레 기술보다는 자본의 입김이 세다는 현실을 통감한 사키치는 차마 신념을 꺾을 수는 없어 그 회사를 그만두었다. 그 후로 사키치는 삶의 회의를 느낄 정도의 방황을 겪었다. 이런 혹독한 경험을 한 사키치는 그이후로 남의 돈으로 사업한다는 생각은 물론, 주식이 공개되기 이전까지 한 푼의 유입도 허용하지 않았다.

아들인 기이치로도 1949년에 불어 닥친 시장 환경의 급변으로 사세가 기울어 은행 차입금을 쓸 수밖에 없는 상황에 이르렀다. 기이치로는 은행 측이 제시한 뼈아픈 조건을 받아들이는 수모를 겪으면서 "빚으로 회사를 운영하는 일은 한 번으로 족하니, 다시는 그런 일이 없어야 한다"는 스스로의 다짐을 직원들과 공유하기도 했다.

노조쟁의 악화로 퇴진한 기이치로 대신에 1950년부터 경영을 맡은 이시다 다이조石田退三는 창업자의 뜻을 지키기 위해 전력을 기울여 차입금을 모두 갚았고 그 후로는 무차입 경영으로 회사를 성장시켜 체질을 개선해 놓았다.

도요타의 '무차입 경영' 전통은 오늘날 직원들에게 '지속적인 이익 창출' 개념으로 전이되어 있다. 무차입 경영은 지속적인 이익 창출에 따른 결과일 뿐이기 때문이다. 도요타에서는 창업 초기에 정립된 기업

이념과 경영 노선이 예외 없이 50년 넘게 지속되면서 끊임없이 진화하고 있다. 그래서 도요타로부터 '경영의 유전자DNA'라는 신조어가 등장했다.

'자주독립'이라는 요소는 기이치로가 자동차 사업에 뜻을 두고 순수한 일본의 기술만으로 자동차를 개발하는 과정에서 생겨났다. 지금까지 일본 자동차 업계의 성장 과정에서 외국 기업과 기술제휴를 한 적이 없는 기업은 오로지 도요타뿐이다. 특히 독자 개발에 의욕을 불태웠던 기이치로는 미국 포드 자동차의 컨베이어 시스템을 보고 감탄하기는 했지만 그대로 흉내 내고 싶지는 않았다. 부족한 시설에서나마 생각지 못한 독창적인 방법이 있을 것이라고 굳게 믿었다. 그래서 남을 흉내 내는 일을 끝내려면 과연 어떻게 해야 하는가를 고민한 끝에 나온 개념이 결국 "근본으로 돌아가 생각해야 한다"는 철학이다.

여기서 근본이란 '목적'을 말한다. 포드의 컨베이어 시스템은 목적을 이루기 위한 수단일 뿐이므로, 목적에 포커스를 맞추면 더 좋은 수단을 얼마든지 찾아낼 수 있을 것으로 믿었다. 그래서 창안한 개념이 바로 JIT(Just In Time)다. 기이치로는 이처럼 본질을 추구하다보면 해답은 다양하게 도출된다는 논리를 구성원들에게 역설했다. 남의 것만 흉내낸다는 것은 이미 본질 추구의 정신을 상실했다는 것을 뜻한다. 그러므로 도요타는 벤치마킹이라는 얄팍한 길이 아니라 문제의 본질을 추구하는 정도正道를 걸음으로써 자주독립 경영이라는 커다란 성과를 거뒀다.

현장에서의 직접 경험을 기준으로
판단하고 행동하는 현장주의

도요타자동차의 초기 시절에 기이치로 사장이 연설한 내용 중에 직원들을 정신이 번쩍 들게 한 두드러진 내용이 있다. 바로 현지·현물주의에 입각한 업무집행을 지칭하는 말이다.

> "도요타에는 하루에 세 번 이상 돌비누로 손을 닦지 않는 기술자는 필요 없다. 왜냐하면 운명을 좌우하는 중요한 결단 앞에서, 읽었거나 들은 것을 기준으로 판단하지 않고 자신이 직접 경험한 것만을 기준으로 결단해야 하기 때문이다."

이러한 현장 및 사실주의에 입각한 기이치로의 사고는 그 이후로 지속적인 맥을 이어오는 동시에 21세기 도요타 WAY의 다섯 부문 중 엄연히 한 부분을 차지하고 있다. 흔히 리더가 되면 사실의 상황이 벌어지는 현장으로부터 거리가 있는 위치에 머물기 쉽고 보고조차도 사실이 벌어진 시각과 멀어진 시점에 이루어지기 쉽다. 이런 모순을 범하지 않기 위해 도요타는 경영진이 솔선수범하여 제조현장이든 판매현장이든 간에 수시로 현장을 관찰하여 현장주의를 실천한다.

도요타 본사가 수도인 동경이나 인근 대도시인 나고야로 옮기지 않고 공장거점인 도요타시의 한복판에 위치한 것도 현지·현물주의를 실천하기 위한 조치다. 동떨어진 본사가 계획Plan하고, 실행Do은 공장에서 한 후, 점검Check은 다시 본사에서 해서, 재실행Action은 또 공장의 몫으로 하는 현상은 도요타와는 어울리지 않는 업무로 생각하고 있다.

가끔 국내의 비교적 큰 기업에서는 도요타의 현장주의를 오해한 나머지 경영자가 갑자기 현장경영을 해보겠다면서 지방의 공장을 자주 들리겠다고 선언한다. 그렇지만 갈 때마다 사전일정을 통보해주면 공장에서는 평소의 행동과는 달리 보여주기 위한 겉치레 활동들을 열심히 한다. 그런 것을 즐기는 경영자도 적지 않다. 사전에 연락을 안 하면 준비가 안 될 것이고 그렇게 되면 자기 위치에 맞는 영접을 못 받게 된다는 권위의식에 사로잡힌 경영자도 의외로 많다. 어쨌든 경영자는 정작 현실과는 다른 상황을 보고 동시에 오판을 하기 시작한다. 그런 의사결정이 제대로 될 리가 없다. 그런 경영자일수록 도요타 본사가 왜 공장들의 중앙에 위치하는지 그 이유를 먼저 깨달아야 한다.

현장을 순회할 때도 마찬가지다. 경영자의 머리에는 항상 현장의 바람직한 모습을 그리고 있어야 한다. 그래서 현장을 보는 순간 무엇이 바람직한 상황과 차이가 나는지를 찾아내어 과제를 주는 것은 물론 사후 확인까지 수행할 줄 알아야 한다. 단지 매번 현장책임자의 설명에만 의존하여 형식적인 참견에 그치는 행동을 현장경영이라 생각한다면 차라리 안하는 것이 바람직하다. 그래야 공장의 부산한 방문대비 낭비활동이라도 없어지기 때문이다.

낭비제거를 통해 가능한 혜택을 모두 누린다

혁신의 최후 보루인 '낭비제거' 개념은 기이치로의 발상에서 출발한다. 1930년대 후반, 경쟁사인 닛산은 미국 자동차 회사와 기술협력을 맺어 갖가지 기술과 관리 기법을 도입하고 일관된 공정을 가동할 수 있는 큰 공장에서 생산하고 있었다. 그러나 직기제조 공장의 한 부분을 사용하면서 어렵게 공장을 꾸려가던 기이치로는 주어진 조건에서나마 낭비제거를 위해 온 힘을 기울였다. 그 사고나 행동이 '낭비제거'의 시초가 되었고, 그 후 일개 직원에 불과했던 오노 다이이치大野耐一도 방직 시절에 깨달은 그 진리에 동감하며 본인의 일과가 낭비 찾기로 일관하게끔 유도하는 영향력을 미쳤다.

오히려 도요타의 초기에 열악한 조건에서 생산을 했던 것이 잘된 것인지도 모른다. 만약 그렇지 않고 닛산과 같은 호조건이었다면 도요타도 기업 간 대병합의 울타리를 벗어나지 못했을 것이다.

낭비제거 정신에 의해 출발한 개념은 JIT이지만 실제 실천 개념은 TPS(Toyota Production System, 도요타생산방식)라는 이름으로 체계화 되었다. TPS는 특별한 것이 아니다. 일상의 업무에서 JIT가 추구하는 당연한 것이 당연한 상태로 진행될 수 있도록 실무적으로 연계시킨 것에 불과하다. 물론 '당연한 상태'가 무엇인지도 모르는 기업에게는 도달하기 어려운 상태로 보이기도 할 것이다. 그리고 TPS 자체가 추구하는 것은 수건을 짜는 활동이다. 도요타 특유의 '마른걸레 짜기 정신=낭비제거 활동'이 배어 있는 활동 체계일 뿐이다.

말이 아니라 실물로 보여주는 것이 진정한 실력

도요타에서 가장 가치를 두는 것은 '사람'이다. 특히 엔지니어 출신인 창업자 기이치로는 엔지니어를 유난히 소중하게 여겼다. 기이치로가 사람에 역점을 둔 이유는 다른 자원은 몰라도 사람만큼은 하루아침에 만들어지지 않는 것이라고 생각했기 때문이다. 따라서 인적자원의 중요성에 합당한 투자와 인재육성의 기본정신이 도요타 내부에 전통적으로 승계될 수밖에 없었다.

기이치로를 도와 도요타를 일으킨 창업 멤버이며, 현재 명예고문인 도요다 에이지豊田英二는 1970년대 사장 시절에 인적자원의 중요성을 다음과 같이 역설했다.

> "결국 모든 것은 사람이 하는 일이다. 사람을 키울 것이 아니면 애초에 일(사업)을 시작하지 마라!"

도요타의 힘은 평범한 사람에게서 비범한 능력을 이끌어내는 데서 나온다. 결국 조직의 역량은 개개인의 역량이 좌우한다. 개인의 역량은 현장에서의 지혜와 의욕에서 비롯한다. 지혜를 모아내고 의욕을 고취하는 리더십이 가장 활발하게 지속적으로 발휘되는 기업이 바로 도요타다.

최종 학력이 초등학교 졸업인 사키치에게는 이렇다 할 인맥이 없었다. 믿을 것은 오로지 자신의 실력뿐이었다. 그래서 중학교를 졸업한 기이치로를 몸이 약하다는 설득력 없는 이유를 들어 진학을 포기시키고 일이나 배우게 하려는 마음이었다. 하지만 기이치로의 계모 아사코淺子의 고집으로 겨우 위기를 면하게 된다. 사키치는 학벌 없이도 발명

의욕과 불굴의 의지만 있다면 얼마든지 부와 명예는 따르는 것이라고 생각했다. 그것이 곧 실력이라고 믿었다.

머리에 들어 있는 지식이 아니라 실행력이 바로 실력의 기준잣대라고 기이치로가 마음먹게 된 사건이 있었다. 사키치가 자동직기를 개발한 후 대량 생산을 위해 직기 프레임 주조鑄造를 제작 회사에 주문했는데, 거절 통보를 받았다. 해당 주조 회사가 바로 사키치가 뜻이 맞지 않아 떠난 도요타식 직기제작소의 자회사였기 때문이다.

사키치가 보유했던 예전의 특허를 이미 일정 금액을 받고 모두 넘겼기 때문에 그대로 사용하려 했던 프레임 주문을 거절할 수 있는 권한이 그들에게 있었다. 이렇게 되자 핵심 부분이 아닌 직기의 프레임 때문에 이미 계약된 제품 공급에 차질이 예상되었다. 주어진 2개월 이내에 신도면 설계와 제조 능력을 갖춘 회사를 새로 물색해야 하고, 품질 보장이 문제로 떠오른 것이다. 하지만 기이치로를 비롯한 모든 임직원이 똘똘 뭉쳐 밤낮없이 노력하여 문제를 해결할 수 있었다.

숨 가쁘게 보냈던 그 2개월 동안 기이치로는 진정한 실력의 의미가 무엇인지 깨달았다. 그는 그 이후로 직원들에게 실물로 결과를 보여줘야 실력을 인정하겠다고 버릇처럼 얘기하곤 했다. 단순한 작업에서조차도 실천적 지식이 진정한 힘을 발휘한다고 설파하면서 특히 기술을 보유한 직원들에게 현지·현물에 입각한 실천을 역설했다. 평생을 발명과 실용화에 바친 사키치는 경영자들에게 "발상도 중요하지만 그 발상을 실체화하는 것이 더 중요하다"는 메시지를 남겼다. 즉 실천까지 구체화하여 요구하는 결과가 실물로 등장할 때에 비로소 실체화가 완료됐다고 볼 수 있다.

사실 많은 경영자들이 이런 저런 발상만 열심히 하고 정작 실천하지는 않는다. 또한 순간적인 발상에 따라 여러 가지 일을 일단 벌여만 놓고 용두사미 식으로 흐지부지하는 경우도 많다. 이런 행위는 오히려 업무 혼란만 가중시키고 직원들의 에너지를 낭비시킬 뿐 아니라 의욕 상실을 불러올 수도 있으므로 각별히 경계해야 한다.

개발의 귀재인 기이치로도 단순한 발상에 입각해서 얻은 발명과 신개발의 위험성을 지적하기도 했다. 오랜 고민을 풀 수 있는 발명 하나를 성공하면 세상을 다 얻은 것 같은 마음이 들겠지만, 그 발명을 너무 과신한 나머지 그 자체로 이미 실용 가치가 있다고 믿어버리는 착각은 대단히 조심해야 한다고 경고했다. 이러한 기이치로의 사고는 그의 타고난 천재성에 강한 신념과 실천을 더해 도요타라는 결과물을 냈던 것이다. 기이치로 자신도 본인이 보유한 천재성에 대해 그다지 신뢰하지 않았다. 지혜가 가미된 끈기 있는 실행력을 더 높이 산 것이다.

부단한 노력과 인내 그리고 책임감

기이치로는 1930년 병석에 누운 부친 사키치를 간호하는 중에 부친이 쓴 개발일기를 읽고서 발명의 열매는 순전히 노력이라는 양분으로 맺어진다는 진리를 깨달았다. 평생을 근면하고 인내한 사키치는 자신의 삶을 기이치로에게 큰 가르침으로 남겼다.

기이치로는 직원들에게 낭비제거 활동에 특히 노력할 것을 당부했다. 인간이 발휘하는 에너지를 모두 유효한 업무 즉 부가가치 창출에 쏟을 것을 요구했다. 부단한 노력과 인내로 낭비제거 활동을 지속하면

이익이 점차 축적돼 가까운 장래에 직원들은 물론 사회에 환원할 날이 반드시 올 것이라는 믿음을 심어주었다. 본인이 솔선수범하여 직원들에게 희망을 안겨준 것이다.

혼히 성공한 기업의 성공 요인을 말할 때, 특정 인물이 뛰어났기에 가능했다는 식으로 선천적인 면을 강조해서 본인의 노력이나 타인들의 성공 가능성을 일축해버리기 쉽다. 그런 판단력이 앞선다면 조직이 노하우를 축적할 필요를 못 느낄 수 있다. 특정 인물이나 행운에 기대하는 심리가 크면 스스로의 노력과 인내를 멀리하고 오로지 특출한 무엇인가를 기다리는 행동으로 일관해서 단지 현재 상태를 유지하면 된다는 사고로 일관하게 된다. 사실 유능한 인재가 일을 쉽게 한 것처럼 보이지만 절대 그렇지 않다. 누구보다도 강한 신념과 노력을 동원해 이루었음을 기이치로를 통해 느낄 수 있다. 그리고 현재의 도요타 또한 노력과 용기 그리고 인내의 산물이다.

기이치로는 직원들에게 용기와 인내에 대한 요구 이외에 하나를 더 요구했다. 그는 PL(Product Liability, 제조물 책임제도)이 없던 시절임에도 제조자로서의 의무나 책임을 지적했다. 제품을 만든 주체로서 철저한 자기책임의 원칙을 세웠고 그것이 발전해 결국 세계 제일의 품질을 만드는 기업이 된 것이다.

혼히 경영자나 기술자들은 자신들과 관계되어 드러난 나쁜 점을 외면하거나 변명하고 심지어는 은폐하려 한다. 그러나 기이치로는 그것을 용납하지 않았다. 항상 직원들에게 "무엇이든 해도 좋다. 단 책임은 본인이 져라"며 권한에 따른 책임감을 강력히 요구했다. 이것이, 오늘날 도요타가 대외적인 책임의식을 누구보다도 강하게 갖게 된 배경이다.

후대의 CEO 가운데 누구보다도 책임감을 강조한 인물은 오쿠다 히로시 회장이었다. 오쿠다가 아시아 및 호주지역 판매책임을 맡고 있던 시절에 부하직원들에게 "권한을 주겠으니 책임도 져라. 맡은 업무는 회사와의 약속이다. 그것이 이루어지지 않으면 실격이다"라는 단호한 의지를 피력했다. 이토록 중요한 개념이, 많은 기업에서는 장식용 문구로 사용되고 말지만 도요타에서는 자신이 결정한 일은 철저하게 수행하는 기업문화가 정착되어 있다.

03 생존의 필수 요소를 체질화한다

재고를 쌓아두는 행위는 현금흐름과는 무관한 자원투자임을 깨달아 고객이 요구하는 수량만큼만 만들어 판매하고, 그 이상의 생산은 불필요한 것으로 간주하는 동시에 적은 수요에도 반드시 이익을 내야 한다는 신념을 관철시켰다.

추호의 결함도 용납하지 않는 품질제일주의

도요타 그룹 창업자 사키치는 1902년에 자동저환식自動杼換式 직기 도면을 자신이 설계하고 제작과 시운전을 남에게 맡겨 실패한 경험이 있었다. 이때부터 제품의 품질에 대한 중요성을 인식하기 시작했다. 제품의 초기도면으로 제작을 하고 나면 기능상의 고장이 많이 일어나는 현상을 보고 사키치 스스로 완전하다고 판단하기 이전에 시장에 내놓으면 안 된다는 철학을 지니게 됐다. 그런 사고를 바탕으로 단지 자동직기의 품질시험장으로 세운 공장이 바로 도요타방직이다. 기계의 성능시험을 철저히 하기 위한 방직회사의 설립은 확고한 품질의 사명감을 가진 사키치만이 단행할 수 있는 일이었다.

1차 세계대전의 특수가 사라지고 불황이 닥쳐 온 1920년대 초기에 많은 방직회사들은 채산성이 맞지 않아 문을 닫기 시작했다. 당시의 가격으로는 인건비를 당해낼 수 없었고 여성작업자의 야간 연장근무도 법적으로 차단된 상태라 기업들로서는 사면초가의 시절이었다.

이때 사키치는 종축 실과 횡축 실의 격자교차로 이루어지는 제조과정에서 종축 실이 끊어지면 치명적인 불량이 발생하기 때문에 사실 모든 작업자의 작업이 이를 감시하는 행동뿐이라는 것을 간파해 인건비 요인을 포착했다. 그래서 실이 끊어지면 기계가 자동으로 정지하는, 즉 사람의 감시가 필요 없는 기계를 설계했다. 전자 센서가 없던 시절에 기계적 메커니즘으로만 해결한 점이 대단하다.

이 직기의 개발로 한 사람이 한 대씩 감시하던 체계에서 28대를 동시에 감시하는 체계로 바꾸어 그만큼의 노동생산성을 올린 결과 불황인데도 불구하고 엄청난 수요를 일으켰다. 이러한 자동정지 사고가 현재 도요타의 품질보증을 만드는 최대의 무기인 라인스톱의 효시다.

이렇게 자동으로 정지하는 장치를 도입함으로써 이상異常현상이 일어난 경우 일단 기계를 멈추고 조치를 완벽하게 한 후 정상작동에 들어가는 행동습관이 형성됐다. 이런 활동은 작게는 하나의 기계설비에 그칠 수도 있지만 몇 대의 설비가 연결된 작업장Station 규모에서도 동일하게 개개의 자율신경을 살리는 효과를 발휘한다. 즉 도요타에서의 자동화自働化는 자율신경Autonomous을 의미하는 것으로 중추신경의 명령 없이도 현장인력이 정지와 가동을 자율적으로 수행한다는 특징을 지닌다.

이상상태 자동감지 기능에 의해 불량 발생을 적극 저지하겠다는 발상은, 사람에게 의지하는 어떤 직업적 윤리나 행동규범과 같은 규칙으로도 품질이 완성되지 못하는 결점을 보완하는 큰 장점이 있다. 그런 방식으로 공정 중에 원하는 품질을 반드시 삽입하겠다는 공정품질삽입 개념은 사키치로부터 출발했다. 즉 '이상이 있으면 멈춰라' 그리고 '이상상태는 일순간이라도 방치하지 마라'는 사고를 말한다. 종사縱絲가 끊어지면 빨간 램프에 불이 들어와 교정하도록 만든 체계가 도요타에서 가장 두드러진 합리화 체계인 '눈으로 보는 관리'의 상징이기도 하다.

사키치로부터 출발한 도요타의 독특한 자동화 시스템은 그 이후 어떤 설비를 가동하더라도 자동으로 이상상태를 감지하는 기능이 없으면 사용을 못하도록 조치했다. 1950년대 중반에 설비투자 전략에 따라 많은 자동가공설비를 독일에서 수입한 적이 있는데, 1년 후에 그 독일 설비제작사 사장이 감사의 답방 형식으로 도요타를 방문했다. 하지만 가공공장에서 자기들이 생산해 보낸 설비를 좀처럼 찾을 수가 없어서 안내자에게 물어보니 지금 눈앞에 보이는 설비들이 바로 그 설비들이라고 하여 깜짝 놀랐다. 이유는 수입된 설비에 도요타가 원하는 대로 자동감지 기능 및 요소 기술을 삽입하는 바람에 기계 외관에 약간씩 변형이 발생했기 때문이었다. 도요타에 들어온 이상 반드시 '도요타화'를 진행한다는 원칙에 따른 당연한 행동이었다.

일반 기업이 갖는 자동화의 의미는 인간이 하는 일 중에서 손으로 하는 일을 기계화한다는 의미이고, 도요타가 갖는 자동화의 의미는 눈으로 감시하는 일을 기계화했다고 보면 이해가 쉽다.

한편 조립 라인의 각 공정에서는 시간이 부족하거나 깜빡 잊고 빠뜨린 작업이 있더라도 최종 검사에서 수정해주겠지 하는 심리로 많은 불량상태를 유발하고 있었다. 설비 중심으로 자동화개념을 펼치던 도요타는 1970년대에 들어서 조립공장에도 대대적으로 자동화(이상발견 즉시 정지 개념) 개념을 도입한 결과 각 공정단계에서의 품질완성 없이는 절대로 후속 공정으로 보내지 않는 습관이 생겼고, 그런 상태를 만들기 위해 작업을 전면적으로 재배치하는 등의 수많은 노력을 경주했다. 기이치로도 "많은 노력과 시간을 들여 불량(불합격품)이 나오는 것"은 가장 큰 낭비라고 정의했다. 그 주장은 곧바로 구미 기업에서 하던 검사중심체계를 부정하는 품질보증체계로 발전했다.

도요타에서 추구하던 독자적 생산 시스템인 TPS는 이상異常을 관리하는 시스템으로 간주되기도 했다. 그러나 그 개념도 역시 낭비를 제거하기 위한 활동의 한 분야에 불과하므로 TPS는 '낭비제거 활동' 시스템이라는 논리가 성립된다.

최고의 스피드는 최저의 낭비

비즈니스 스피드는 대개 특정 활동의 시작에서 끝까지 걸리는 시간(Lead Time=L/T)으로 측정한다. 그러나 최근엔 그런 일차원적 개념보다는 연간 매출액을 연간 작업시간으로 나눈 값을 '비즈니스 양의 시간속도時速'라고 부른다. 즉 한 시간당 얼마의 매출을 창출하느냐를 말한다. 이때 나온 시속 비즈니스 양을 현재 보유한 재고량과 비교하면 과연 얼마나 낭비가 삽입된 스피드로 수행하고 있는가를 알 수 있다.

가령 시속 2억 원의 기업이 현재 보유하고 있는 총 재고 금액(공정 중 대기반제품 및 완제품 포함)이 10억이라면 재고 금액 8억만큼의 흐름지연이 발생하는 동시에 그 지연된 흐름에 많은 금액의 새로운 낭비가 발생한다는 의미다.

기이치로의 JIT 개념이 탄생한 시기는 미국의 자동차 생산 합계가 일본의 800배에 이를 만큼, 극심한 수준 차이를 보이던 시절이었다. 그 당시의 부족한 설비자금과 운전자금으로 기이치로가 할 수 있는 방법이란 최소의 자원으로 최대의 효율을 얻는 것뿐이었다. 그것은 자금 회전률을 최대로 올리는 것으로, 결국 제조기간L/T을 단축하는 것인데 바로 이를 위해 탄생한 철학이 JIT다. 기이치로는 흐름의 속도가 경쟁력을 결정한다는 진리를 깨닫고, 자재를 구입해서 제품을 판매하기까지 현금흐름 주기Cash Flow Cycle를 혁신적으로 단축하는 것으로 수익 향상을 꾀했다.

기이치로의 Cash Flow 혁신 활동은 도요타 최초의 독립 공장인 고로모擧母 공장을 건설하면서 시작되었다. 공장을 설계할 때 아예 공정 간의 재고적재 공간을 없앰으로써 흐름상의 어떤 지체도 일어나지 않도록 유도했다. 그리고 JIT를 강조하면서 창고는 단지 돈을 잠재우는 장소에 불과하니 항상 어떻게 하면 창고를 갖지 않아도 좋을까를 생각하라고 권유했다. 따라서 운전자금이 필요 없이 구입한 물건의 값을 지불하기 전에 판매한다는 원리로 일할 것을 개진했다. 그러한 기이치로의 무재고 정신은 다품종 소량과 상품의 생명 주기가 짧은 시대에 빛을 발하는 원동력으로 작용했다. 여기서 바로 JIT의 본질을 발견할 수 있다. 간단하게 그 본질을 표현해보면 [그림 1-2]와 같다

기이치로가 특히 공장 준공식에서 부품조달 협력사에게 JIT를 강조한 이유는 아무리 생산능력이 월등해도 자재 조달과 출하 스피드가 조정되지 않으면 전체 기능이 저하된다는 점을 염려했기 때문이다. 초기

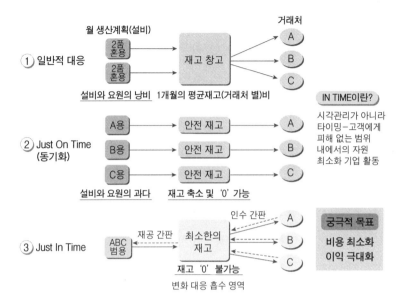

[그림 1-2] JIT의 본질

생산 실적은 시간당 1대(하루 24대, 월 500대) 정도였다. 하지만 고가 장비인 프레스 공정에서는 가공을 위해 준비하는 시간이 오래 걸리는 관계로 한 번에 2개월분인 1000대의 부품을 가공하는 모순이 생겼다. 이렇게 돈이 모두 공정 중의 재고에 잠겨 있는 상태가 되어 자금흐름이 원활하지 않게 되자 하는 수 없이 준비교체 시간을 단축하여 필요한 수량만큼 만들게 한 것도 JIT를 위한 합리화 활동의 지혜로 볼 수 있다.

구미의 회계 상식을 신봉하지 마라

1949년에 인플레 억제책으로 단행한 더지플랜Dodge Plan에 따라 일어난 총체적 불황기에 팔리지 않은 산더미 같은 재고를 보고 기이치로는 회계학적 기간이익期間利益 정의에 의심을 품기 시작했다. 가미야神谷正太郎(당시 판매책임자)가 제안한 할부제도로 인해 이미 판매한 차의 미수금이 증가해서 외상매출금이 늘어나도 모두 회수가 가능한 것으로 인정하고, 팔리지 않은 재고도 판매가 가능한 자산으로 무조건 인정하는 오류를 발견했다. 잘못하면 이익이 많은 회사가 도산하는 격이 된다는 것을 알아차렸다.

재고가 현금과 같다는 발상은 대량생산에 익숙하여 재고를 통해 수요를 대응하는 미국식 회계법의 오류 때문이라는 것을 발견하고 미국식과 반대되는 경영을 하기로 결심을 굳혔다. 하지만 대부분의 기업이 오늘날에도 이런 회계 오류를 아직 벗어나지 못하고 있는 실정이다.

팔리지 않는 제품을 증산해서 고정비 부담을 가능한 분산시키는 방법으로 기간이익을 도출하는 이런 회계방식을 부정하는 동시에 본사나 각 지점의 지출경비를 기말 재고자산에 배분시켜버리는 오류를 범하지 않기 위해서라도 도요타는 재고 '0'를 집요하게 추구했다. 도요타는 오히려 독자적인 회계방식을 개발하여 내부적으로 재평가하는 시스템을 보유하고 있다. 형식보다 진실한 평가를 우선하고 있다는 증거로 볼 수 있다.

재고를 만드는 행위는 현금흐름과는 무관한 자원투자임을 깨달은 기이치로는 현금만을 만드는 자원투자가 되기 위하여 새로운 제조개념을 세웠는데 그것이 바로 한량생산限量生産이라는 도요타 고유개념이다. 고객이 요구하는 수량만큼만 만들어 판매하고 그 이상의 생산은 불필요한 것으로 간주하는 동시에 적은 수요에도 반드시 이익을 내는 체제를 가리킨다. 이 개념은 50년 이상 도요타가 어떤 환경이 닥쳐도 이익을 내는 체질을 가꾸는 원동력이 되었다.

도요타는 자신들이 제어를 할 수 있는 부분과 불가능한 부분을 철저히 구분하는 혁신부터 해보기로 했다. 재고를 증가시키는 스피드(생산)는 내부의 문제이므로 제어가 가능하다고 보았고, 발생된 재고를 감소시키는 영업(판매) 스피드는 제어가 쉽지 않은 것으로 판단한 것이다. 따라서 내부의 제조활동 상에서 전면적인 사고의 전환을 가져오는 것은 가능하다고 보고 활동을 전개한 결과가 한량생산의 실천이다. 그러나 수많은 기업들이 한량생산의 파워를 인정하면서도 흐름조절 능력이나 원가조절 능력이 부족하여 하고 싶어도 못하는 실정이다. 이렇게 보면 도요타가 얼마나 탁월한 경영 능력으로 앞서가는 기업인지 가늠할 수 있다.

한량생산을 실행하려면 무엇보다도 흐름생산 능력을 갖춰야 한다. 어떠한 지체도 일어나지 않아야 다품종 소량 생산을 수요량만큼만 제때에 소화할 수 있다. 이런 요구를 충족시켜 준 대표적인 인물이 바로 오노 다이이치다. 물류나 정보는 물론이고 외부에서 내부로 흐르는 조달흐름 그리고 그 반대로 내부에서 외부로 흐르는 판매흐름 등의 모든 흐름을 정체 없이 흐르게 하는 것이야말로 JIT 사고라고 주장하고 실천했던 인물이다.

그러나 많은 기업들이 JIT를 오해하는 점이 있다. 특히 '간판'(상세한 내용은 『도요타처럼…』 참조)이라는 물품 이동 통제 수단에 대해 오로지 도요타 자신들만의 재고삭감을 위한 방편이라고 잘못 알고 있다. 도요타가 사용하는 간판은 근본적으로 '이때에 이만큼만 만드시오'라는 생산착수Production 정보로, 불필요한 것을 만들지 않게 하는 협동작업의 일환이지 결코 '이때에 이만큼 가져오시오'라는 일방적 납입지시Delivery 정보 개념이 아니다.

원래 도요타가 의도한 개념에 의해 출발하면 간판의 운용이 어렵지 않게 정착될 수 있지만 그렇지 않으면 운영상의 불만이 나오는 것은 물론 조달기업들은 피해의식에 사로잡히기가 쉽다. 간판의 운용은 공급망Supply Chain의 조정 스피드를 통제하는 간단하면서도, 한편으로는 고도의 수단(인식의 공유 문제)이기 때문에 능력이 미숙한 채로 재고를 감축한다는 명분으로 수행하면 부품이 제때 공급되지 못하는 곤란한 상황을 맞이한다. 마치 운전능력이 미숙한 자가 앞차와의 거리를 두지 않고 쫓아가는 욕심을 부리다 사고가 나는 현상과 흡사하다.

기이치로가 세운 JIT 철학은 구미에서 전통적으로 활용하던 '분업'이라는 능률 중심의 생산체계에 정면으로 도전하는 방식인 동시에 분업생산으로 발생하는 재고와 과다한 소요기간L/T 문제를 일시에 해소해버려 서구의 생산체계를 전면적으로 부정하는 의미도 담고 있다.

이러한 JIT의 완성을 위해서는 연계업무의 팀플레이 기술이 중요하다. 조직의 연계성이 부족하여 생긴 낭비 형태가 재고로 나타나므로 국부적인 효율만을 추구하지 않도록 1937년 초기의 활동에서부터 기이치로는 직원들에게 행동으로 가르쳤다. 그래서 도요타 사원들의 의식에는 '물건 만들기는 흐름으로 해결해야 한다'는 사고가 배어 있고 '도요타 WAY'의 다섯 가지 개념 가운데 하나인 '팀워크'가 존재하는 이유다.

TOYOTA

CHAPTER 02

위기극복 경험으로
형성된 사고와 행동

경제 환경 변화에 따른 위기는 1949년을 넘어 1950년까지 이어진다. 직원의 해고 문제가 불거진 노동쟁의 기간 중에 가치관의 변화가 일어났다. 과잉제조에 따른 낭비는 가장 치명적인 낭비로 회사를 망하게 한다는 의식이다. 팔리지 않는 산더미 같은 자동차를 보면서 과잉재고의 비극을 제대로 겪은 도요타는 이후에 뼈를 깎는 고통으로 JIT를 실행했다.

04 경영에 효율성 사고를 도입한다

고객이 요구하는 스피드보다 제조 스피드가 느리면 결품이나 판매 기회손실이 발생하고, 그 반대 현상이 일어나면 재고가 발생하므로 고객의 요구 스피드에 입각하여 모든 제조 전략을 세워야 한다.

재고는 경영 실패의 최대 요인

경영에서의 성공과 실패를 일부 환경 탓이나 운으로 돌리는 사람들이 있으나 사실은 경영방식이 부적절한 탓이 제일 크다. 장사하는 이들도 옛날은 시절이 좋았는데 요즘은 통 시원치 않다는 말을 쉽게 내뱉고 있지만 그것도 역시 실제로는 장사가 안 되는 것이 아니라 못하는 것으로 봐야 한다.

깊은 지식과 경험을 보유한 경영자들도 많지만 그 두 가지로 버티기에는 시대 환경이 너무 복잡하고 불확실성이 높다. 그래서 이 시대에 지식이나 경험보다 더 중요한 것은 경영 마인드라 할 수 있다. 경영 마인드란 어떻게 하면 치열한 경쟁과 복잡하고 불확실한 시대 상황에서 살아남을 수 있느냐 혹은 변할 수 있느냐를 생각해서 실천으로 옮기는 행동철학을 말한다. 도요타는 성장 과정에 몇 번의 위기상황을 맞이했지만 그때마다 시의적절한 경영 마인드와 행동철학으로 극복한 경험을 갖고 있다.

흔히 발생하는 경영의 위기상황은 경영환경 변화와 경직화된 내부 조직 활동 사이에서 일어난 마찰을 잘 흡수하지 못할 때 발생하기 쉽다. 도요타의 경우를 살펴보면, 종전 이후 몇 년에 걸친 복구경기로 인한 과잉 인플레가 계속되어 마침내 연합국점령사령부GHQ가 경제긴축에 돌입한 상황을 맞이하게 됐다. 이때 설마 기업 지원자금까지 단절시킬 줄은 꿈에도 몰랐고 고객들의 소비 패턴이 그렇게 갑작스럽게 하락할 줄 미처 예견하지 못한 점도 있었다.

하지만 내부적으로 더 심각한 문제는 인플레 경기에 만들면 팔린다는 단순영업 감각과 영업 총수의 자신감 있는 주장으로 무조건적인 생산 증가에만 전념한 것이었다. 마치 운영자금에 별 걱정 없이 통증 없는 경영을 한 여유 있는 기업이 환경변화에 대한 감지와 대응을 제대로 하지 못하다가 맘모스나 공룡처럼 일거에 사라질 위험을 맞이한 기분이었다. 운전자금에 여유가 있으면 회전율 향상에 게으르고 손쉬운 재고를 선택하게 마련이다.

출하장에 쌓인 재고가 팔리지 않은 채 그대로 먼지를 먹어가며 중고차로 변해가는 것을 보며 기이치로는 가슴이 메어지는 아픔을 겪었다. 재고만 없었더라도 가벼운 마음으로 상황을 이겨낼 수 있는데 돈이 모두 재고로 잠겨 있는 상황이라 추가 생산의 자금문제가 발생해서 심한 고초를 겪어야 했다.

이때의 뼈아픈 경험으로 기이치로는 다시는 팔리지도 않는 재고는 만들지 않겠다는 결심과 반드시 고객이 요구하는 양만큼만 만들어야 한다는 원칙을 세웠다. 그 이후로 도요타에서는 재고삭감을 돈의 문제가 아니라 경영원칙의 차원으로 다루기 시작했다. 무조건 줄이거나 없애는 대상일 뿐 상황을 봐서 통제하는 활동의 대상이 아니다. 마치 단거리 선수가 무조건 기록단축을 시도해야 하는 것처럼 '0'로 향한 발걸음만 존재한다. 따라서 도요타 내부에서는 그때부터 재고는 '창고에 적재된 자산'이 아니라 '절대악惡'으로 간주되었다.

재고가 주는 해악은 자금을 동결할 뿐 아니라 모든 제조 활동의 혼란도 초래한다. 가령 판매유통기업에 제품을 공급하는 기업이 있다고 하면 유통기업이 갖는 재고 여부에 따라 공급기업의 생산량에 대한 진동 폭은 파도를 칠 수밖에 없다. 가장 극심한 상태는 재고로 보유한 것은 잘 안 팔리고 없는 것은 빈번히 새로 주문하다가 어느 시기에는 갑자기 재고품을 소진하느라 신규주문량이 없어 생산량이 아예 없는 경우를 들 수 있다.

이런 조건을 스스로 극복하려면 제품의 제조 스피드를 높여 재고 없이, 팔리는 양만큼만 1:1로 대응하는 체제를 갖추면 평균적인 수요는 반드시 존재하므로 적정 수량을 지속적으로 생산할 수 있게 된다.

소비자 요구 스피드에 따른 기업의 조건

업종에 관계없이 업무 간 스피드 밸런스가 무너질 때 재고가 발생한다는 진리를 터득한 도요타는 생산과 판매 간의 스피드 차이를 없애 제품 재고를 줄이는 한편, 공정 간에 스피드 밸런스를 잡아 공정 중의 재고를 없애는 데 주력했다. 그 역할을 담당한 것이 바로 TPS다.

재고 유발과 나쁜 영향이 어떻게 일어나는지 일상의 예를 들어보자. 김밥을 만들어 파는 가게가 있다. 종업원 네 명을 고용하여 매일 김밥을 공급하고 있는데 하루 생산능력은 100개라고 가정한 상태에서 날짜별 주문량이 '1일차 100개, 2일차 60개, 3일차 140개'였다고 하자.

첫째 날에는 생산한 김밥을 모두 판매해서 가장 효율적인 하루를 보냈다. 그리고 이틀째는 100개를 생산해 60개를 팔고 40개의 재고가 남았다. 그러나 주인은 주문이 적어 재고는 쌓였지만 네 명의 종업원 가동률에는 이상이 없었다는 것에 만족하고 있었다. 셋째 날 다행히 주문량이 140개가 되어 보유한 재고량을 포함해 모두 팔아치웠다. 비록 신선도가 떨어지는 제품을 고객에게 팔기는 했지만 재고가 없었더라면 놓칠 뻔했던 40개의 초과주문을 해결한 것에 주인은 만족스런 표정을 짓는다.

이런 현상은 기업 모두가 껴안고 있는 현실의 일부일 것이다. 만약 전쟁터에서 구식 탄약 재고가 많아 전투시 구식 탄약을 먼저 소비하고 신규 탄약을 소비하려 하면 재고우선방출의 오류로 인해 전투력이 약화되고, 전투에서 패배할 가능성이 그만큼 높아진다.

도요타는 재고를 비용이라는 의미 대신 몹쓸 시간덩어리로 간주하는 특이한 발상을 하기도 했다. 재고란 연속하는 업무 사이에 발생하는 시간차를 흡수하는 기능이므로 그 역시 시간으로 뭉쳐진 것이어야 논리가 성립된다는 것이다. 단 신선도를 떨어뜨리는 부정적 시간의 성격을 지니고 있을 뿐이다. 따라서 생산과 판매 스피드의 불균형에 의해 일어난 재고 발생을 해결하는 분야가 경영의 효율화를 추구해야 할 대표적인 영역이다.

경제 환경 변화에 따른 위기는 1949년을 넘어 1950년까지 연결된다. 직원의 해고 문제가 불거진 노동쟁의 기간 중에 가치관의 변화가 일어났다. 과잉제조에 따른 낭비는 가장 치명적인 낭비로 회사를 망하게 한다는 의식이다. 팔리지 않는 산더미 같은 자동차를 보면서 과잉재고의 비극을 제대로 겪은 도요타는 이후에 뼈를 깎는 노력으로 JIT를 실행했다.

그 시대의 많은 사람들은 재고 없이 다품종소량의 수요와 고객이 요구하는 스피드로 대응한다는 것 자체가 모순이라며 재고 감축에 쉽게 동의하지 않았다. 하지만 도요타 경영진은 그와 같은 모순을 제약조건이라고 생각하지 않았다. 재고가 없으면 무조건 판매의 기회손실이 발생한다는 논리를 뒤집기 위해 단위 생산량을 현격히 줄여 소LOT 형태로 생산하기 시작했다. 따라서 도요타 사원들의 머리에는 재고의 축소는 생산LOT의 축소를 통해 달성한다는 원리가 심어졌다.

특히 1970년대 두 번의 오일쇼크를 겪으면서 재고로 인한 어려움을 맞이한 여러 타 기업들을 바라보면서 도요타는 제조능력의 평균치와 현금을 만드는 실수요의 차이가 재고를 의미한다는 것을 더욱 분명히 했다. 비교적 공정이 간단하고 제품 종류가 적으면 실수요의 변동이 심해도 흡수할 수 있지만 공정이 길고 제품종류가 많을 때는 재고 없이 고객의 요구 스피드를 따라잡기는 힘들다. 도요타는 고객이 요구하는 스피드보다 제조 스피드가 느리면 결품이나 판매의 기회손실이 발생하고, 반대로 고객이 요구하는 스피드보다 제조 스피드가 빠르면 재고가 발생한다는 사실을 감지해 고객의 요구 스피드에 입각하여 모든 제조 전략을 세운다는 사고를 갖고 다시 출발했다.

경쟁력을 키우는 핵심 수단 추구

도요타는 몇 번의 위기상황을 경영방식과 개념의 재무장으로 극복하면서 경쟁 속에서 살아남기 위해 다섯 가지 힘이 필요하다고 느꼈다. 그 힘은 생산력, 영업력, 브랜드력, 기술개발력, 재무능력 순으로 꼽았다. 이 모두를 공통적으로 해결해줄 가장 영향력 있는 활동 분야를 모색한 결과 추구해야 할 두 가지 혁신목표를 설정하기에 이르렀다.

첫째, 고객이 주문하는 시점부터 납품이 되는 시점을 가능한 단축시켜 고객만족도를 향상시키는 방향으로 영업활동의 핵심역량을 심어주는 것은 물론 브랜드 이미지의 상승작용도 되고 생산이 주력해야 할 분야를 명확하게 해준다.

둘째, 자재의 입수부터 제조, 판매, 대금회수까지의 소요기간을 단축하여 수익성을 향상시키는 방향으로 재무능력을 남보다 우수한 여건으로 가져갈 수 있게 한다.

특히 오일쇼크 직후에 도요타는 제조기업의 역할을 만드는 것뿐 아니라 판매조건과 일체화하는 일도 중요하다는 진리를 발견했다. 그러나 미국은 자신들의 대량생산주의가 세계의 표준인 양 행동을 바꾸지 않고 금과옥조로 여기고 있다가 도요타에게 선두 자리를 내주는 상황을 맞이했다.

도요타는 스스로 필요한 경쟁력 요소를 정하고 그 요소의 파워를 일정 수준 이상으로 올리기 위한 개선목표를 정하는데 어떠한 형태로든 타사의 흉내를 내는 작업은 조금도 하지 않았다. 많은 기업들이 '예측생산에서 출발한 SCM'(Supply Chain Management, 공급사슬경영)을 할 때 도요타는 내부 스피드를 향상시켜 '실수요 중심의 공급사슬경영' (Demand driven SCM)을 실행했다. 즉 출하 수요에 의해 상류 공정의 공급이 구동되어 개시되는 시스템을 말한다.

대부분의 기업들이 혁신활동을 하면서도 목표에 미달하는 원인은 자사에 절실하게 필요한 요소를 찾기보다는 앞선 기업의 목표를 복사하듯이 설정하여 독자성Originality을 확보하지 못한 채 어긋난 방향으로 모든 자원을 투입했기 때문이다. 그 이유는 극한 위기에 처해 진정으로 본인들이 추구해야 할 절실한 것에 맞닥뜨려 본 적이 거의 없기 때문이다. 하지만 도요타는 위기 경험을 통해 독자적인 자구책과 독창성 있는 방향성을 잡는 능력이 일찍이 자리잡게 되었다.

목표 미달의 구체적인 원인을 크게 세 가지로 추적할 수 있다.

> 첫째, 기업 스스로 희망하는 장래의 바람직한 모습도 분명치 않고 방향성의 정확도도 떨어진다.
>
> 둘째, 개선하는 기능이나 기술이 거의 없는 상태로 활동한다.
>
> 셋째, 목표 추구에 대한 설득력이 없고 실행력이나 행동력에 전혀 힘이 실리지 않는다.

인력자원의 우선적인 효율화

경쟁력을 상실하기 쉬운 벤치마킹 접근법을 멀리하게 된 도요타는 1950년도 초기에 한국전쟁으로 위기극복의 기회를 얻어 안도의 한숨을 몰아쉰 뒤 3대 사장 이시다 다이조와 도요다 에이지가 합동으로 독창적인 경영방식을 추구하기 시작했다. 특히 이시다 사장은 한국전쟁으로 인한 특수는 진정한 수요라고 볼 수 없으니 미래 대응을 위한 대비에 게을리할 수 없다는 결론을 내고 사원들을 몰아붙였다. 그 중에서도 인원의 증가를 피하는 방향을 중심으로 모든 전략을 수립하고 설비 중심의 중장기 투자계획을 수립하여 인간을 대신할 수 있는 설비에 중점을 두었다.

그런 전략의 밑바탕에는 사람을 무시하는 것이 아니라 사람만이 할 수 있는 작업 이외에는 모두 설비로 대신하여 생산성을 극대화하면서도 인력 과잉이 기업의 문제점으로 남지 않게 하기 위한 포석이 깔려 있었다. 요즈음에 많은 기업들이 이 방향을 선택하지만 이미 도요타는 50년 전에 스스로 선택하여 시행해왔다.

1950년에 약 30퍼센트의 직원을 감축한 직후 도요타 내부에서는 인력 문제에 신경증적인 반응이 일어날 정도였다. 예를 들면 특정 공정의 계산공수가 5.4인이 나오면 대부분의 기업은 6인으로 배치하고 난 후 남는 공수는 다른 일을 도와주라는 목적 없는 지시를 해버리고 사후관리도 하지 않는 습관을 갖고 있다. 즉 평균공수가 일인당 0.9로 하락하는 결과를 낳는다. 그러나 도요타에서는 누구나 5명이 수행하는 것을 당연하게 여기며 나머지 부족한 0.4인의 노동력은 개선활동으로 해결하는 것으로 받아들인다. 이런 작은 사고의 차이로 당장 노동생산성에서 15퍼센트의 격차가 벌어진다. 도요타는 이런 개념을 50년 넘게 발전시켜 군더더기 없는 작업공수로 전체 공정의 균형을 잡는 습관을 키운 끝에 결국 세계에서 가장 높은 노동생산성을 보유하게 되었다. 뿐만 아니라 개선이라는 실천 활동을 통해 더욱 더 생산성을 높여 가고 있다.

05 항상 위기감으로 무장하고 준비한다

성장을 이끄는 최대의 동력도, 성장을 가로막는 최대의 걸림돌도 사람의 마음이다. 과제에 직면하여 상황에 대처하는 깊은 고찰의 기회를 가져 가장 훌륭한 답을 얻는 습관을 지녀야 한다.

혁신 유전자로서의 위기의식

도요타의 자동차 사업은 사실 무無에서 출발했다. 닛산과 비교가 안되는 황무지 수준에서, 창업자 기이치로의 열정과 노력으로 사업권을 얻어 전쟁이라는 우산 속에서 별 어려움 없이 20년을 성장했다. 그러나 도요타가 '자기혁신'이라는 국면에 봉착하게 된 계기는 경제 환경의 급격한 변화에 의한 것이었다. 다른 기업들은 경제 상황이 급박하게 돌아간 1949년에 상황을 제대로 인식하고 인력 분야에서 근본적인 구조조정 작업을 하기 시작했지만 도요타는 그룹 창업자로부터 이어져 오는 가족주의적 사풍의 영향으로 사람에 대해서는 손을 쓰지 못하도록 기이치로가 철저히 방어했다.

그러나 선친의 유지를 고수하려 했던 기이치로도 계속 악화되는 상황에 하는 수 없이 회사가 망하지 않으려면 우리는 어떻게 해야 하는

가 하는 본질적인 고민을 하기 시작했다. 결국 회사가 있고나서 사원이 있는 것이라고 깨달은 그는 해고를 승인하는 동시에 책임을 지고 물러나는 용퇴를 감행했다. 이러한 기이치로의 행동과 사고는 지금도 도요타의 핵심적인 사고습관으로 정착된 모습을 보여준다. 사원들이 어떤 당면과제와 맞닥뜨려도 과연 그 상황에서는 어떻게 해야 하는가 하는 깊은 고찰을 하는 기회를 반드시 가져 가장 훌륭한 답을 얻는 행위를 습관처럼 하고 있다.

기이치로로부터 경영권을 이어받은 이시다 사장은 두 번 다시 똑같은 불행을 당하지 않기 위해 두 가지의 결심을 하게 된다. 하나는 남의 돈을 빌려 사업을 하면 안 된다는 '차입금 없는 경영'이고 다른 하나는 잉여 인원을 만들지 않는 '자원경영'이다. 위기를 한국전쟁의 특수로 간신히 넘긴 이시다는 기이치로가 복귀를 앞두고 사망하자 다시 경영을 떠안으면서 이전에 했던 결심을 더욱 강력한 행동력으로 바꾸어갔다.

이시다의 머리 속에 차입금이 없는 상태가 도요타의 바람직한 모습으로 자리 잡고 있는 이상, 부채를 다 갚을 때까지 전 사원들의 절약하는 생활 패턴을 잃지 않게 하려고 많은 노력을 쏟았다. 이러한 정신을 갖고 생활한 도요타 직원들은 그 후에 항상 '바람직한 모습'과 현실의 부실한 모습을 비교해 아직 바람직한 모습에 이르지 못했다면 위기의식을 늦추어서는 안 된다는 인식이 몸에 배어 있다.

1970년대에 발생한 두 번의 오일쇼크 때 도요다 에이지가 경영을 맡고 있었다. 이 시대에는 이미 첫 번째 세대의 종업원들은 거의 사라지고 두 번째 세대들이 주도하고 있었다. 1950년대에 벌어졌던 파멸위기의 극복세대는 떠나가고 고속성장을 지나온 이후의 종업원들은 예전의 그들보다 훨씬 위기감이 없는 사원들일 수밖에 없었다. 하지만 연이은 두 번의 오일쇼크와 국내에 11개 경쟁회사가 존재한다는 것이 위기감을 계속 지니게 할 수 있는 요인이 되어주었다. 자연스럽게 위기감이 형성된 것이라기보다는 경영자가 지속적으로 위기감을 심어줄 수 있는 주제를 찾아 올바로 인식시키는 일을 게을리하지 않았기 때문이다.

최고의 성장시대에 경영을 맡았던 에이지는 기업이 높은 성장을 하는 데에는 여러 제약조건들이 존재한다고 보고 그 중에서 최대의 걸림돌은 다름 아닌 사람의 마음이라고 평했다. 흔히 혼다本田는 '꿈', 도요타는 '위기의식'이란 혁신유전자를 지닌다고 평하기도 한다. 또한 꿈을 긍정으로 간주하고 상대적으로 위기의식을 부정적인 뉘앙스로 보는 시각도 있다. 그러나 꿈은 달성하지 못해도 치명적이지 않을 수 있지만 위기는 극복하지 않으면 안 되는 상황인식이어서 도요타가 더 확고한 혁신유전자를 지녔다고 볼 수 있다.

위기 환경을 혁신과 개선 활동의 환경으로

도요타생산방식의 완성자인 오노 다이이치는 1950년도의 경영위기를 외부의 영향(한국전쟁 특수)의 덕택으로 벗어나면서 곧바로 자기개혁의 틀을 심기 시작했다. 그러나 일단 급박한 위기상황을 넘긴 사원들에게 강제적이고 인위적인 위기감의 조성으로 혁신활동을 추진하기에는 너무 벅찬 느낌을 받았다. 그러자 생각을 바꾸어 오노 자신의 역량과 주어진 권한으로 개인적인 위기감 즉, 말을 듣지 않으면 불이익을 각오하라는 식의 직권적 위기감을, 아직 JIT의 원리를 깨우치지 못한 많은 사원들에게 활용하기도 했다.

하지만 오래지 않아 오노에게 찬스가 왔다. 그건 1973년도에 일어난 오일쇼크다. 이때 오노는 불황 분위기에 위축되는 것이 아니라 오히려 개선할 찬스가 도래했다고 즐거워했다. 오일쇼크 발생 직전에는 도요타도 많은 성장을 거듭하여 이미 여러 곳의 공장과 다양한 모델을 생산하고 있을 시기였다. 오노는 전무라는 직책으로 두 곳의 핵심공장들을 책임지고 있었다. 생산량이 늘어나 추가로 투입대기중인 신종 도입설비의 사용 시기를 뒤로 미루는 조치를 우선적으로 취했다. 시기적으로 기름 값이 상승하면 자동차 수요는 급락하기 때문에 양산설비의 투입은 별로 용도가 없다는 이유도 있었지만, 감산減産 시기에 발생하는 작업자들의 위기의식과 여유발생을 혁신의 훈련기회로 삼기 위해서였다.

에이지 사장의 "왜 설비 투입을 안 하느냐?"는 질문에 자신은 이 시기를 사원들을 단련할 수 있는 기회로 생각하고 있으니 지켜봐 달라고 부탁했고 에이지 사장은 묵묵히 따라주었다. 그 당시에는 현장의 기계화가 많이 진행되고 있었고 1960년대 말부터 관리나 기술 분야에 컴퓨터를 활용하기 시작한 탓에 개인별 노동시간은 줄었지만 관리업무량은 오히려 늘어나 결과적으로 사람이 늘어나는 현상을 보였다.

그리고 제조업에서 제일 중요한 고도의 숙련이 등한시되는 경향이 나타나는 점을 매우 안타까워한 사람이 바로 오노와 에이지 사장이었다. JIT의 수호신이 이런 현상을 보고 지나칠 수가 없었던 모양인지 오노는 이 시기에 평소 손을 대지 못했던 문제를 철저히 뒤집어서 개선하려는 심사였다. 그동안 고도성장의 증산체계 때문에 바쁘다는 핑계로 JIT의 핵심도구인 '간판'을 기피했던 공장들이나 협력사 모두 배수진을 친 오노의 지휘로 단숨에 정착할 수 있었다. 그리고 고도의 숙련이 반드시 요구되는 분야는 전부 일정한 수준에 오르도록 훈련시켜 위기의식과 목표를 추구하는 경험 하에서만 '고도의 숙련 달성'이 가능함을 증명하기도 했다.

이런 오노의 역할을 지켜 본 많은 도요타 직원들은 위기가 닥쳤을 때 다시 원점으로 돌아가 근본적이고 본질적인 문제 분야의 개선을 직원 전원이 시도하는 자체가 도요타의 본성임을 다시금 느낄 수 있었다. 오노는 자신이 은퇴하기 전 가장 활발하게 개선했던 이 시기를 돌이켜보면서 TPS 추진은 지식만으로는 부족하고 반드시 '혼'이라는 정신적인 추진력을 추가시켜야 한다는 점을 후배들에게 강조했다.

마른걸레 다시 짜기

도요타의 원가의식은 전쟁에서 패망한 직후 국가통제의 방식이 자유경쟁체제로 바뀌면서 본격적으로 싹트기 시작했다. 전쟁 기간에 거의 독점하다시피 한 사업 체제를 운영했기 때문에 원가를 굳이 따질 필요가 없던 기이치로는 전쟁이 끝나고 승용차 생산을 금지당하자 수입되는 미국 자동차의 가격을 살필 수 있었다. 그런데 수입차 판매가격이 일본보다 훨씬 경쟁력이 있는 것을 보고 놀라지 않을 수 없었다. 자유경쟁이 원가의식을 불러일으킨 결과, 정해진 시장판매가격에서 목표이익을 제외시킨 나머지로 제조원가를 꾸려나가려는 초일류의 사고방식이 이때부터 출발했다.

그리고 몇 년 후 회사가 극도로 심한 위기에 처하자 도요타자동차의 대졸 신입사원 1호인 경리부 하나이花井正八 차장이 "마른 걸레도 또 짜봐라. 물이 나온다"고 습관적으로 하던 말이 도요타의 원가사고로 굳어졌다. 하나이는 월급도 제때 안 나오고 자동차 대신에 생산한 냄비와 솥으로 인건비를 대신 주던 시기에 젊은 독신 사원들이 슬리퍼를 자주 사 신는 것을 보고 어려운 때에 몇 켤레의 짚신으로 대신하라고 주의를 주던 간부였다. 그리고 오일쇼크가 일어났던 1973년에 재무담당 전무로서 그 당시 마즈다 자동차를 위기로부터 구한 스미토모 부은행장의 우회지원(대출)을 일언지하에 거절한 인물이기도 하다.

이때부터 도요타의 절약정신이나 원가를 내리는 개선활동을 지칭할 때 경영자로부터 전 사원에 이르기까지 '마른걸레 짜는 정신'을 강조하는 전통이 생겼다.

1950년도에 위기를 극복하고 난 후 경쟁력의 강화를 위해 에이지는 설비근대화 5개년 계획을 이시다에게 제안했고, 이에 이시다는 돈을 아끼지 않는 적극적인 지원을 단행했다. 이때 많은 최신설비가 수입됐지만 수작업에 의한 생산성과 반드시 비교한 후 도입하는 신중함을 잊지 않았다. 그 이유는 자동화된 설비를 선진국에서 들여오면 그 나라의 경쟁기업과 구입가 면에서 차이가 이미 많이 나기 때문에 그 차이를 극복하는 생산성이 보장되지 못하면 경쟁력이 전혀 없기 때문이다. 특히 미국에서 트랜스퍼 머신(자동 가공기계)을 도입할 때는 운송비나 보험료가 부담이 되곤 했다. 그래서 하는 수 없이 많은 분야에서 저가

인건비로 대항할 수밖에 없었다.

노동생산성에 관심이 많던 오노 다이이치는 미국으로부터 기계를 도입하면 우선적으로 그 기계의 사용 기업을 방문하여 몇 명이 작업하는가를 관찰한 후 도요타로 돌아와 경쟁기업보다 한 명을 더 줄여 작업하지 않으면 임금을 내려버리겠다고 겁을 준 사례도 있었다. 그러한 방법으로 시작한 것이 도요타의 성인화省人化 개념이다. 즉 동일한 일을 할 때 인력이 덜 투입되게 하는 노력을 말한다.

원가개선을 생활습관처럼

도요타의 성장기에 사장 에이지는 설계부터 물류에 이르기까지 본격적인 원가저감低減 활동을 전사적으로 추진한 인물이다. 에이지의 지론에 의하면 상품 가격은 고객이 결정하니 이익은 결국 원가삭감(Cost Down, 이하 C/D라 함)으로 결정된다고 했다. 그리고 그 C/D의 실력은 제조활동 가운데 근본을 어디에 두고 재조명을 할 것인가의 사고 방식에 따라 다를 수 있다고 가르쳤다.

에이지 사장은 낭비를 없애는 활동에도 일가견이 있었다. 에이지가 낭비 제거에 집착하는 이유는, 자동차 산업은 특성상 수만 개의 부품이 결합되는 작업으로 이루어져 있고, 그 많은 작업 안에 포함된 작은 낭비나 느슨한 작업에서 생기는 낭비들을 합하면 어마어마한 규모가 될 것으로 믿기 때문이다. 따라서 특정 모델이 개발된 후 일정기간 안에 낭비제거 활동을 하고나면 곧 이어 모델 변경을 실시할 것이고 또 다시 그 모델로 활동하는 개념을 '마른 수건이 조금 젖으면 다시 짠다'는 철학이라 불렀다. 그렇다고 무조건 C/D 활동만 하는 것은 아니다. 일정액의 원가저감 효과를 취약한 부분의 보완을 위한 재투자비로 사용하기도 한다. 즉 낭비를 없애고 꼭 필요한 분야에는 돈을 투자한다는 철학이다. 만약 '수입은 늘리고 지출은 억제한다'라는 식의 일반적 원가의식을 적용했다면 오늘의 도요타는 존재하지 않았을 것이다.

도요타에서는 '원가개선'이라는 말과 'Cost Down'이라는 단어를 공용으로 사용한다. 도요타가 본격적 원가활동을 하게 된 계기는 1973년 오일쇼크가 일어났을 때다. 연간 매출의 영업이익 예상액이 겨우 50억 엔에 이르자 가장 수량이 많은 코롤라 차종을 선택해서 대당 1만 엔의

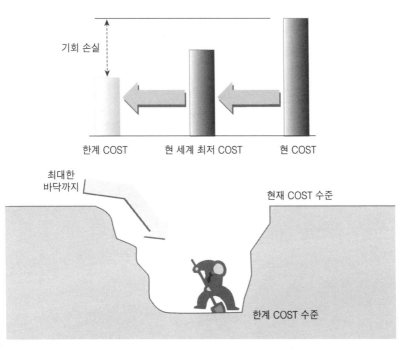

[그림 1-3] 도요타의 원가개선 활동 개념

저감목표로 C/D 활동을 하기 시작했다. 물론 활동의 결과는 설계가 50퍼센트, 제조가 50퍼센트(조달부문 30퍼센트, 생산부문 20퍼센트)의 실적을 올리면서 6개월 만에 초과달성했다. 이 활동 이후에 항상 차종의 개발 이후 1년 이내에 가격구조의 변화를 일으킨다는 습관을 30년 이상 지속하게 되었고 그것이 전통으로 변했다.

　　기업이 살찌는 현상을 매출증대라 보고 살을 빼는 다이어트 활동을 원가저감이라 간주한다면 역시 원가개선에 더 어려움이 있음을 알 수 있다. 도요타가 갖는 C/D 정신을 상징적으로 표현하면 [그림 1-3]과 같다.

TOYOTA

CHAPTER 03

차별화된 조직 구성원 개개인의
정신과 행동

도요타와 일반 기업의 차이점을 들라면 개념중심의 확대적용 능력을 들 수 있다. 도요타는 하나의 원리나 개념을 터득하면 그것을 특정한 일부 분야에 국한시켜 적용을 하고 그치는 것이 아니라 사용 가능한 모든 분야에 걸쳐 두루 연구하여 통한다는 확신만 생기면 바로 횡적 전개를 시도하는 폭넓은 사고방식을 지니고 있는 것이 특징이다.

06 낭비 발견과 제거 활동을 생활화한다

일이 그저 순조롭게 돌아간다는 것은 자원의 낭비가 많거나 목표 설정이 낮다는 것을 의미한다. 혁신 목표를 높게 잡아 일을 추진하면 그에 따른 극복 활동으로 인해 곤란한 상황에 자주 부딪히게 된다. 역동성과 치열함이 살아 있는 조직만이 발전할 수 있다.

낭비의 제거는 목적추구로 해결

도요타에서는 낭비를 공비空費라고도 부른다. 즉 자원을 투입했지만 가치가 발생하지 않고 그 목적이 무위로 소실되는 것을 말한다. 낭비의 대상과 규모를 손쉽게 파악하기 위해서는 현실의 작업 상황에서 스스로 낭비라고 판정한 대상을 제외시킨 나머지가 모두 부가가치일 것이라고 생각하는 방식보다는, 현실의 작업 상황에서 정상적인 표준작업 상황만 빼면 그 나머지가 모두 낭비라고 정의하는 방식이 바람직하다. 간단하게 도식으로 표현해보면 [그림1-4]와 같다

일반 기업에서는 위와 같은 사고로 발견해서 낭비를 제거했다고 해도 어쩔 수 없이 남겨둘 수밖에 없는 성격의 낭비는 그대로 남겨둔다. 부가가치를 위해서 발생하는 부차적 낭비라고 보는 것이다. 그러나 도요타는 이마저도 제거해버리는 사고를 지니고 있다. 즉 표준작업 내에

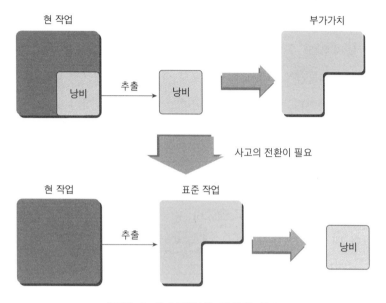

현 작업

부가가치

낭비 추출 낭비

사고의 전환이 필요

현 작업

표준 작업

추출

낭비

[그림 1-4] 낭비부문 도출의 사고

있는 필수요소로부터의 개선을 추구해서 어쩔 수 없이 발생하는 부차적 낭비를 아예 원천봉쇄해버린다.

필수요소란 작업의 3요소로 간주되는 작업 대상물의 재료, 가공기능을 담당하는 부분, 그리고 양품의 조건사양을 말하는데, 이 요소들을 재구성하거나 방식을 변경해 부차적인 낭비를 사전에 제거하는 활동을 함으로써 낭비제거 규모가 일반 기업보다 훨씬 크다. 표준작업이라 하더라도 작업상 불필요한 군살이 들어 있다는 개념으로 낭비제거 활동에 임한다면 기대 이상으로 숨은 낭비를 제거할 수 있다는 생각에서 출발했다.

작업의 3요소를 설정할 때에 조건이 완전하지 못하면 쓸데없는 군살작업이 발생하고 그 군살작업으로 인해 전혀 가치 없는 낭비도 유발된다는 논리다. 따라서 앞의 그림에서 보듯이 낭비를 우선적으로 발견하려 들지 않고 우선 낭비가 없는 '바람직한 모습'의 표준작업, 즉 가공대상물이나 기계설비가 정상적으로 사용되는 제조공정 등을 설정하고 그것을 벗어나는 것은 전부 낭비라 여기는 행동방식이 도요타 사원들의 습관이다. 군더더기 작업이나 낭비작업도 해야 할 일의 하나로 보는 사고에 사로잡히면 혁신적인 발상의 작업 개선은 도저히 엄두가 나질 않는다. 그래서 도요타 사원들은 하루 빨리 모든 군살과 낭비작업으로부터 자유로워지려고 애쓴다.

보다 더 쉽게 개개인의 업무에 내포된 낭비를 제거하기 위해서 도요타 사원들은 항상 스스로에게 "이 일을 안 하면 회사가 손해를 보는가?"라든가 "이 일이 회사에 어떤 공헌을 하며 얼마만큼의 공헌도를 갖는가?"라고 되묻는다. 이러한 자조적 질문의 습관화는 인간의 본연 감각 즉, 유용성이나 효율성은 높게 평가하되 무익하거나 낭비 혹은 무능한 것은 낮게 평가하는 인간의 본성을 십분 발휘하도록 한 것에 지나지 않는다.

도요타 사원들은 기본적으로 업무의 3분의 1 정도는 불필요한 일이라고 간주하고 있다. 그리고 나머지 3분의 2에 대해서도 과연 필수적인 업무인가를 다시 살피는 습관을 지니고 있다. 낭비를 발견하자는 맹목적인 태도로 개선을 실행하지 않고 조용히 지금 하고 있는 일의 목적이 무엇인가를 밝히는 데 주력해서 실천한다.

그러나 일반 기업에서는 심지어 간단한 사무용 필기도구 한 자루의 구입에도 복잡한 구매행위를 거치게 하는 낭비 불감증도 있다. 낭비를 제거한다는 것이 낭비를 더 유발하고 있는 상황으로 만들어간다. 그러한 기업에서는 자신들의 자리가 불안해지는 사람들이 많기 때문에 낭비제거 활동이 어렵다.

도요타에서는 가끔 간부가 부하직원에게 일의 진행상황에 대해 일부러 질문해본다. 그럴 때 순조롭다는 반응이 오면 이미 후퇴하고 있는 업무 방식으로 간주해버린다. 스스로 개선의 의지나 혁신 목표를 높게 잡아 추진하고 있다면 결코 진행 상황이 순조로울 리가 없다고 생각하고 있다. 어려운 조건에서의 극복 활동 때문에 매우 곤란한 상황들을 마주해서 난감한 느낌을 받아야 정상이라고 보는 것이다. 따라서 일이 순조롭게 진행된다는 의미는 도요타에서는 자원의 낭비가 많거나 달성하기 아주 쉬운 목표를 잡고 일하는 것으로 판단한다. 그래서 계층적인 업무 지시는 여분 없는 상태로 일을 진행시켜 항상 임전 태세로 긴장감을 보유하도록 하는 성향이 강하다.

원리의 적용만으로 목표를 달성

도요타는 '7대 낭비'라는 개념을 70년이 넘는 제조 역사 속에서 스스로 찾아 사원들의 정신과 행동 속에 깊숙이 자리잡게 했다. 그 개념은 업종을 불문하고 모든 도요타 관련 기업에서 적용하고 발전시켜 최고의 효율을 발휘시키는 기본개념으로 활용된다. 도요타 그룹은 모든 업종을 보유하고 있기 때문에 도요타 내부에서 효과적으로 활용되는 방법의 응용은 전 산업분야에 걸쳐 응용될 수 있다. 일부 지각없는 경영자나 비전문가들이 도요타 방식의 한계성을 강조하고 자신들과는 관계없는 체계로 간주하는 오류에 동의하지 않는다면 도요타 방식의 응용은 무궁무진하다고 느낄 것이다.

7대 낭비 중에서 특히 과잉제조에 따른 재고의 낭비를 가장 경계한다. 재고의 증가나 발생은 업무의 분업화에서 유발된다고 보고 있다. 산업혁명시대에 각광받던 분업이론이 이제는 더 이상 최적 시스템이 아닌 것이다. 업무를 통합하면 재고의 체류 포인트나 발생 포인트Stock Point는 줄어든다. 분업의 효율성을 발휘하기 위해서 증가시켰던 기능별 거점과 재고 발생 포인트를 역발상으로 해결한 것이다. 따라서 공정간 갈아타기 횟수를 감소시켜 시간을 단축하는 동시에 재고를 감소시키는 이중효과를 노리고 개선한다.

또한 도요타는 분업의 비효율성이 사람이 하는 업무 성격에만 있다고 보지 않고 부품의 다양성이나 공법의 다양성도 역시 분업 현상의 하나라고 간주했다. 따라서 업무상의 통폐합은 물론 부품의 공용화나 모듈화 그리고 설비의 공용화를 추진하여 재고 발생을 극력 저지하고 있다.

도요타와 일반 기업의 차이점을 들라면 개념 중심의 확대적용 능력을 들 수 있다. 도요타는 하나의 원리나 개념을 터득하면 그것을 특정한 일부 분야에 국한시켜 적용하고 그치는 것이 아니라 사용 가능한 모든 분야에 걸쳐 두루 연구해서 통한다는 확신만 생기면 바로 횡적 전개를 시도하는 폭넓은 사고방식을 지니고 있는 것이 특징이다. 단순기술 적용능력Technical Skill보다는 개념 적용능력Conceptual Skill이 강하다는 뜻이다. 재고 하나만 보더라도 '재고를 줄이면 현장은 진보하지만 재고를 보유하는 사고로 일관하면 진보는 멈춘다'는 개념을 심어주고 있다. 원리가 갖는 가치를 확대하는 적극적인 기업으로서 기본적 사고인

원리만으로 고도의 문제해결에까지 활용할 수 있으려면 지속적인 관계 경험을 축적시켜야 한다는 생각을 갖고 있다. 그런 사고로 응축된 원리가 바로 TPS(도요타생산방식)의 원리라 할 수 있다.

도요타가 구사하는 경영방식이나 관리방식은 이론에 그대로 따르거나 여타 기업으로부터 모방한 것은 거의 없다. 규모가 작은 시절부터 단순히 모든 일에 내포된 낭비를 제거한다는 발상에서 출발했을 뿐이다. 하지만 그런 행동을 하는 과정에서 터득한 방법들이 모여서 지금의 도요타방식을 구성하고 있다. 그런 결과로 세계 어디에도 없는 방식이 탄생됐고 다른 기업이 흉내를 내려 해도 저변이 마련되지 않고는 잘 적용할 수도 없는 방법론이 탄생됐다.

따라서 도요타 방식의 어느 하나를 한번 해보면 어떨까 하는 발상은 오류를 낳기 쉽다. 도요타를 진정으로 벤치마킹하려면 기법이 아니라, 누구라도 원리의 실천을 통한 지속적인 변화로 자기에게 맞는 가장 효율적인 창조적 방식을 구축할 수 있다는 정신을 우선 터득해야 한다.

도요타가 자원빈사 상태의 기업에서 초일류 기업으로 거듭 태어나기까지 사원들이 적용한 가장 큰 원리는 간단하다. 이루고자 하는 '바람직한 모습＝궁극적 목표'에 도달하기 위해서는 자원과 수단이라는 두 가지가 필수적으로 동원돼야 한다는 공식 A+B=C를 만들었다. 여기서 A는 자원, B는 수단, C는 바람직한 모습을 말한다. 그래서 A가 턱없이 부족하다면 B의 수준을 부단히 증가시킨다는 당연한 논리로 모든 직원의 잠재력을 이끌어내 수많은 지혜를 더한 결과 원하던 목표를 달성할 수 있었다. 그 결과 도요타는 다른 기업들과는 달리 수단이 훌륭하면 자원이 빈약해도 목적을 달성할 수 있다는 수단 중심의 경영

원리를 경영의 중심축으로 삼아 차별화된 경쟁력을 계속 만들어내고 있다. 이런 도요타의 산 증거를 볼 때 많은 기업이나 조직들이 목표를 추구하지 못했을 경우의 원인은 결국 운이나 환경 혹은 보유자원 탓이 아니라 원리에 스며 있는 진리를 사력을 다해 수행하지 않은 결과라고 봐야 한다.

TOYOTA

07 어제보다 나은 오늘을 추구한다

작은 일이라도 좋으니 자기 주위의 일들을 가볍게 보지 말고 끈기와 근면성을 갖고 매일 작은 시간 투자로 큰 변화를 이룩할 수 있다는 의식이 필요하다.

변화를 보람으로 느끼게 하라

조직체가 경쟁력을 확보하려면 전 조직원들의 정신이나 마음속에 '변화하는 것은 좋은 것' 혹은 '누가 말한 것이라도 좋다고 판단되면 즉시 실천'이라는 의식을 기초로 적극적으로 행동하는 문화가 있어야 한다. 그런데 그 문화의 형성이 그토록 어려운 것은 인간이 원래 물리적으로나 정신적으로 변화를 거부하는 동물이라서 그럴지도 모른다. 하지만 도요타 사원들은 변화에 즉응하는 체질이 되기 위해 하나의 원리를 발견했다. 과거에 집착하지 않고 즉, 과거의 연속성을 끊고 현재의 자기 자신을 객관화 시키는 상황을 만드는 일이다. '과거에도 그렇게 했다'든가 혹은 새로운 착안에 대해 '그런 전례가 없다'든가 하는 말은 도요타 사원들이 기피하는 말이다. 현재의 상황을 과거와 차단시키는 습관은 무엇이든지 현재의 돌파구로 간주하게 하고, 그것은 바로 실천하는 행동양식으로 나타난다.

도요타의 특징으로 알려져 있는 재고 극소화 현상 역시 만드는 방법을 변화시키지 않으면 불가능한 분야다. 그런 변화를 이끌어내지 못하는 기업들은 사원들의 사고방식부터 문제가 있다고 봐야 한다. 특히 자기를 절대적인 능력 보유자로 착각하여 변화에 대한 대응에 유연성이 떨어지는 말과 행동을 한다거나, 이 정도면 잘하는 것 아니냐는 식의 한계를 스스로 그어버리는 행동 그리고 남이 하는 변화행동에 대해 냉소적 시각으로 방관하는 자세 등과 같은 사고와 행동들이 장애가 된다. 이와 같이 변화의 여부는 참여하는 사람들의 자질에 달려 있는 것이 확실하지만 일단 변화를 거부하거나 두려워하는 조직은 낭비가 많은 조직으로 봐야 한다.

변화에 대한 의지가 얼마나 중요하고 또 얼마나 어려운지 옛 성현들조차 현자賢者는 하루에 세 번 생각을 바꾸어 환경에 적응하는 노력을 하고, 우매한 자는 하나의 생각을 고정시키고 영영 바꾸지 않는다고 했겠는가. 이렇게 갖추기 힘들다고 하는 변화 의지를 도요타의 전 사원들이 어떻게 마련했는가에 대해서는 6장에서 다루도록 하겠다.

도요타의 현장에서 나타나는 가장 두드러진 행동 패턴 중에 그날의 보람을 확인하는 문화가 있다. 그 보람이란 계획된 것을 달성하는 것과 같은 통상의 일이 아니라 어제와는 다른 개선된 상황을 새롭게 조성하는 일을 말한다. 마치 보람 없이 시간을 허비한 날이 최악의 날인 것처럼 간주되는 문화다.

흔히 경영자들은 조직의 변화를 거대한 물결로 간주하고 크게 자리잡고 시작하려 한다. 그런 발상과 추진은 강제적인 방식이 되기 쉽다.

강제하는 것은 변화의 주적主敵이다. 변화는 아주 작은 부분부터 시작돼도 상관없다는 의식이 필요하다. 도요타에서 변화를 추구하는 행동이 일상화된 것은 자기 주위의 일이라도 좋으니 작은 일들을 우습게 여기지 말고 가장 크게 활용할 줄 아는 능력으로 유도한 것이 주효했기 때문이다. 특히 무엇인가를 추가하려 들지 않고 필요가 없거나 이득이 되지 않는 것을 하나씩 제거해나가는 행동으로 작은 혁신을 유도했다. 즉 끈기와 근면성만 있다면 매일의 작은 시간투자로 큰 결과를 이룩할 수 있다고 보고 각자의 일상 업무에서 개선활동 시간을 한 시간씩 할애하도록 권유했다.

중세시대의 예술가인 미켈란젤로는 완성된 작품이란 사소한 것들이 모여 이루어진 것이라 했다. 작품이 사소한 것이 아니라면 사소하게 생각되는 그 구성인자들은 결코 사소하지 않다는 개념이 성립한다.

개선 또 개선

도요타의 혁신은 '일신우일신日新又日新'으로 이루어졌다. 어느 날 하자고 다 덤벼들어서 이룩한 것도 아니고 외부의 유명한 기법을 도입한 것은 더더욱 아니다. 매일의 조그마한 변화가 대하大河를 만든 것이어서 일시에 그들의 방식을 도입하여 효과를 보기란 어렵다. 먼저 이해해야 할 것은 바로 도요타의 '베터better 정신'이다.

도요타는 불가능하다고 생각될 정도의 목표를 자주 설정하다보니 추진하는 과정에서 졸속의 방법도 끼어들 수 있다. 그러나 그들은 목표 추구를 위한 것이라면 졸속을 두려워하지 않는다. 단지 어떡하면

이기는 비즈니스가 될 것인가를 고민한 끝에 나온 것이라면 다 받아들인다. 단 한 번의 해결책으로 승부하려고 실행을 자꾸 미루는 행동보다는 더 나은 착안이 없다면 현재의 착안을 실행하도록 한다. 그래서 '어떻게 하면 바람직한 모습에 한 걸음 더 다가설 수 있을까' 하는 테마에 주위의 사원들을 모이게 하는 동기를 유발시키는 데 중점을 둔다. 사실 이러한 베터 정신도 반드시 목표를 이루겠다는 '목표필달目標必達' 정신을 갖추지 않으면 수행할 수 없다.

도요타의 제조방식을 자세히 살펴보면 그들은 단지 상식적인 것을 극히 상식적으로 실행하는 것에 지나지 않는다는 점을 알 수 있다. 그런데 많은 사람들은 나름의 비법이 있는 것인 양 추정하고 있고, 의도한 것은 아니지만 도요타 자체도 남에게 비밀이 있는 것처럼 비춰지는 이유는 남들은 다 무시할 수 있는 지극히 상식적인 일을 우직하게 실천하고 있기 때문에 벌어진 일이다.

특히 JIT 철학은 도요타의 창업자가 제창했어도 알고 보면 지극히 상식적인 개념이 될 수 있다. '필요한 것을 필요한 때에 필요한 양만큼 공급하거나 만들자'는 개념은 누구나 너무 당연한 논리로 받아들일 수 있다. 이런 개념을 꾸준히 실천해 온 도요타 사원들은 오히려 다른 기업들은 왜 못하는지에 대해 더 궁금해 하고 있다. 그리고 왜 안 하는지 의문을 갖고 있다. 수많은 도요타 방문자들이 그들에게 하는 질문은 "우리는 JIT를 실천하려해도 잘 안 되는데 그 비결은 무엇인가?"라는 말로 한결같다. 답은 간단하다. 당연한 상식의 실천에는 개인적 이해 타산이 배제돼야 한다는 점이다. 공동의 목표추구가 바탕이 돼야 하는데 조직원 모두의 행동벡터Vector가 중구난방이기 때문이다.

도요타가 경영자부터 말단 종업원에 이르기까지 공통된 신조를 갖고 일하는 점이 강한 조직인 것은 주지의 사실이다. 그 중에서도 '개선 또 개선'이란 신조가 있다. 그 신조의 사례를 살펴보자. 사장을 지낸 조 후지오張副土夫는 젊은 시절에 생산관리부에서 오노 다이이치의 지도 아래 오랫동안 근무한 적이 있다. 어느 날 조가 5명이 하던 작업을 3명으로 가능하도록 개선했다고 오노에게 자랑하자 오노는 태연한 얼굴로 그때부터 어떻게 할 것인가를 조에게 다시 생각하라고 일러주었다. 자신이 한 번 개선한 것을 다시 개선시키는 사람만이 진정한 프로라고 설명해 준 것이다.

개선안이 나오면 마치 일을 끝낸 것처럼 하는 행동에 일침을 가한 것이다. 한 번 개선을 해 본 사람은 자기도 모르는 사이에 이미 또 다른 아이디어가 시작되고 있음을 깨우쳐주는 말이다. 그때 조가 받은 신선한 충격은 계속 행동으로 이어져 마침내 도요타 제일의 개선멤버인 사장직을 맡게 하는 영향력을 발휘했다. 근면과 집중이야말로 큰 결과를 내는 데 있어서 유일하게 에너지가 가장 적게 드는 방법임을 깨닫게 된 것이다.

개선 마인드를 연속적으로 가져가는 인식과 응용은 일상적인 업무에도 적용된다. 특정 사안에 대해 상사로부터 수행 방안을 강구해오라는 지시를 받았을 때 대개 복수의 제안을 보고하게 되어 있다. 그때 안을 작성한 담당자는 자신이 세운 안들 중에 마음속으로 선택한 안이 있을 것이다. 그러나 반드시 자신의 생각과 상사의 의견이 일치되는 것은 아니다. 만약 본인이 희망하지 않은 다른 안으로 상사가 추진결정을 했다면 보통 사람들은 자신의 의중이 관철되지 않았다는 불쾌감에 정작 실행에 있어서는 소홀히 추진하기 쉽다. 그러나 도요타 사원들은 비록 상사의 결정이 본인의 의중과 달랐다 하더라도 나름대로의 기준이 있었다고 보고 일단 결정된 안을 추진하되 애초에 생각했던 안보다 훨씬 경제적인 방법으로 업무수행을 하여 상사의 기대를 채워주는 습관들을 갖고 있다.

과제 해결은 스스로의 노력으로

도요타의 시스템 구축 원리에 가장 정통했던 사람은 오노 다이이치였다. 그는 사원들에게 기본적인 사고방식만을 가르치고 난 후에는 과제를 부여하고 답을 기다렸다. 사원들이 오노가 생각한 합격 수준의 답을 가져올 때까지 무작정 기다리는 것이다. 그리고 오노 자신은 무수한 답을 알고 있어도 질문만 계속 던지는 스타일이었기 때문에 작업자 스스로 고민도 하지 않았는데 답을 가르쳐주는 일은 있을 수가 없었다. 기초지식의 전달만으로도 과제의 해결능력은 충분하다고 보고 나머지는 몰입과 인내가 필요할 뿐이라고 생각해서 주어진 과제를 기회로 삼아 부지런히 이용하는 자세가 결국 그 과제를 해결해 줄 것이라고 믿었다. 그리고 도요타의 현장은 실험실로 간주하라고 알려주었다. 목표점을 가설로 세우고 그 가설을 증명하는 장소로 삼으라고 했을 정도다. 그런 오노의 사고를 충실히 실천하는 비정규적 조직이 탄생하기도 했는데 그것이 바로 '자주연구회' 모임으로서 도요타의 개선활동에 중추적 역할을 하게 된다.

오노는 사람의 배타적 심리와 천성적으로 게으르다는 가설을 설정해서 일을 후배에게 가르칠 때 특히, 개선사고와 행동을 유도할 때는 끝이 없음을 암시해주라고 했다. 사람들은 처음 정해진 일이 전부라고 생각해서 시간이 지나 더 고민하게 될 일을 추가로 주면 일이 증가하는 것으로 인식하게 되어 있는 점을 주의하라고 일렀다.

혁신은 많은 지시와 강제권을 동원해서 이룩되는 것이 아니라 더 좋은 습관을 지니게 될수록 실현 가능한 것이라서 처음에 좋은 습관이 들도록 노력하는 일이 중요하다고 오노는 믿었다. 마치 하얀 캔버스 위에 스케치하는 실력은 프로나 아마추어 간에 별 차이가 없어 보여도 색을 칠해나가는 과정을 통해 채도와 명암 그리고 덧칠 감각에 의해 최종결과가 달라지는 것처럼, 기업의 일도 다방면으로 신경을 써서 보다 나은 방향으로 계속 유도해 가느냐의 여부에 달려 있다고 보았다.

하나의 과제가 해결되지 않은 채 다른 과제로 넘어가는 좋지 않은 습관이 몸에 배지 않도록 주의해서 과제를 부여했다. 매일 문제만 발췌하고 실천은 거의 안 하는 사람들만 득실거리는 조직으로 만들지 않기 위해 부단히 노력했던 오노의 흔적은 도요타 직원들의 1:1 해결습관에서 발견할 수 있다.

겉과 속을 항상 일치시켜라

누구에게나 제품의 형태가 완성되어 가는 생산과정에서의 품질문제는 아무리 철저해도 지나치지 않다는 개념이 심어져 있다. 하지만 제품의 실체가 보이지 않는 준비과정에서는 철저함이 생략될 수 있는 여지가 늘 존재한다. 도요타는 생산 이전의 준비과정에서도 특히, 개발 과정에서 시작試作 금형을 몇 번 만드는 한이 있더라도 반복을 거쳐 철저하게 문제점을 발굴하고 해결하는 것이 관행이다. 어설픈 생략이나 보완의 행동 그리고 적당한 타협은 허용하지 않는다.

적당한 타협이 있어서는 안 되는 곳이라고 생각하면서도 실제로 가장 많이 일어나는 곳이 생산현장이다. 품질의 이치로 보면 너무나 간단하고 명백하다. 제조과정에서 100개의 제품을 만들었으면 100개가 전부 양품의 완제품으로 나와야 한다. 그런데 모든 기업이 그렇지 않은 결과를 매일 반복해서 내고 있다. 공정불량이나 출하불량이라는 이름으로 계속 쏟아져 나온다. 지극히 상식적인 개념을 손쉽게 파괴하는 데에 대해 일말의 주저도 없다.

오래 전에 도요타는 품질의 기본상식을 지키기로 결정했다. 경영자나 종업원 모두 합심하여 '백 개의 제품이 모두 양품이 되려면 어떻게 해야 하는가' 라는 고민을 한 결과 뾰족한 별 수가 없어 결국 양품을 만들어 내야한다는 상식으로 다시 귀착되었다. 그리고 양품을 만들어내려면 어떻게 해야 하는가의 반복적 질문에 양품이라고 판정될 때까지 문제의 공정에서 해결해야 한다는 상식적 결론을 또다시 내렸다. 이것이 곧 라인 정지가 정착하게 된 근본적인 배경이다. 이렇듯 다른 기업에서 감히 시도하기를 꺼려하는 대상이면서도 동시에 부러워하는 라인 정지 시스템은 너무 상식적인 사고와 행동의 실천에서 탄생된 것이다. 당연한 것을 철저하게 지속하는 것이 도요타의 파워다.

그러나 일반 기업에서는 계획량 달성을 위한 라인의 효율 문제를 들어 불량의 발생을 결국 인정하는 즉, 제조업의 금기사항을 파괴하는 적당한 타협을 하고 만다. 도요타는 이런 기업들의 행동에 '질質은 되돌릴 수가 없으나 양률은 보충이 가능하다'는 말로 치열한 극복의 행동보다 게으름을 피우며 적당히 타협하는 습성에 일침을 가한다. 적당한 타협정신으로 품질의 완전한 이미지를 갖추지 못한 채 고객만족을 준다는 걸맞지 않는 말과 행동을 하고 다니는 기업이 세상에는 더 많다. 도요타가 소비자에게 존경받는 이유 중의 하나가 바로 겉모습과 속모습이 같기 때문이다.

도요타가 품질에 대해 얼마나 비타협으로 일관하는지를 그들의 일상 행동에서 그 철저함을 찾아볼 수 있다. 현장 내에서의 품질상황 보고서는 존재하지 않는다. 현지에서 현물을 대상으로 현실의 행동으로 바로 교정하기 때문에 보고서를 쓸 시간적 여유도 없다. 보고서를 쓸 시간에 개선을 선택하여 불량을 양품으로 바꾸어 놓는다. 그러면 기록할 것도 없어진다. 그리고 가령 동일한 시간에 100개에서 110개로 10퍼센트 향상되었다고 해도 그 중에 한 개의 불량이 섞여 있다면 무의미한 것으로 받아들인다. 그래서 능률보다는 품질을 우선하는 풍토가 강하다는 점에서 도요타와 타 기업과의 차별점이 두드러진다.

조직의 규모가 클수록 다양성과 복잡성은 높아져간다. 가시적인 면은 말할 것도 없지만 잠재적인 복잡성도 작은 집단보다는 규모를 갖춘 집단이 비교될 수 없을 정도로 크다. 특히 자동차 산업은 복잡한 부품의 조립작업이 많아 오류를 범할 확률이 높다. 도요타가 유난히 제안 건수가 많은 것은 품질확보에 관련된 제안도 무시하지 못할 정도로 많기 때문이다. 비슷한 닮은꼴의 부품을 모두 통일시켜 공용화한다거나, 반대로 닮지 않은 것은 철저하게 다르게 바꾼다. 만약 바꾸지 못한다면 한눈에 식별이 가능한 방법을 동원하는 등 설계단계에서 폭넓게 준비함으로써 후속 공정인 생산에서는 간단히 작업할 수 있게 하여 생산성도 올리고 품질도 확보하는 이중효과를 노리고 활동한다.

오로지 전진하는 자세

도요타가 후퇴나 제자리 걸음을 용서하지 않는 것은 알려진 사실이다. 오로지 전진만 용납될 뿐이다. 오노는 사원 모두에게 "어제도 잊고 내일도 생각하지 말고 단지 오늘이 최악이라고 간주하고 아이디어를 고민하라"고 주문하고 과거에 비해 나아졌다고 하는 점을 더 이상 생각하지 말 것을 요구했다. 발전이 없어지기 때문이다. 그런 사고의 배후에는 철저한 행동력도 한몫 한다.

도요타 용어에 '뒷준비下準備'라는 말이 있다. 이 용어의 의미는 TPS 방식에 의거하여 체계적인 목표를 세워 개선활동을 할 때에는 반드시 개선이 이루어졌을 때의 후속 조치를 미리 설계하는 행동을 뜻한다. 즉 개선을 했어도 그대로 방치해두면 원래대로 돌아갈 것이라는 '개선 복원력의 법칙'이 염려되기 때문이다.

사실 많은 기업들이 어느 순간 개선했다고 발표했어도 얼마 후에 확인하면 모두의 관심이 사라져 원래의 모습대로 회귀해 있는 현상이 다반사로 일어난다. 그래서 매번 개선을 한다고는 하는데 효과는 제자리인 것은 바로 이런 회귀성을 미리 없애는 조치를 부차적으로 추가하지 않았기 때문이다.

도요타는 신차 발표 시에 동급의 구 모델과 비교하여 가능하면 가격을 올리지 않도록 노력한다. 신 모델이라는 명분과 편의사양을 증대시켰다는 구실로 차량가격을 높여 소비자에게 부담을 전부 떠맡기는 안이한 행동은 하지 않으려고 노력한다. 이를 위해서 신차의 원가저감 목표를 미리 높게 잡아 가격상승을 억제시킨다. 그 높은 벽을 달성하려면 모든 부품을 '0' 베이스에서 시작해야 한다. 상대치가 아니라 절대치를 놓고 시작한다. 이런 높은 목표치를 추진하는 과정에서 설계부문과 타 부문과의 감정대립이 심하게 발생하기도 한다. 가령 신 모델의 부품가격이 종래 100원에서 102원으로 2원 상승한다면 차액 2원만을 놓고 교섭할 수도 있지만, 기술이 진보되고 만드는 방법이 변하면 COST도 따라서 내려간다는 생각으로 100원에 대한 관념을 근본적으로 재검토해 버린다.

이와 같은 혁신적인 원가의 전진을 위해서는 제조과정의 사고도 혁신적이어야 한다. 그래서 도요타는 능률보다는 생산성을 추구한다. 얼핏 보면 같은 의미인 것 같지만 능률은 보통 백분율(퍼센트)로 나타내고 생산성은 정수正數로 나타낸다. 즉 능률은 100퍼센트 올랐다고 표시하지만 생산성은 2배라고 표현한다. 백분율은 표시할 숫자가 100개나 존재하지만 생산성은 정수로 표시하고 소수점 이하는 버린다. 따라서 생산성은 능률보다 어려운 개념으로 간주되고 있지만 도요타는 생산성을 선택하여 보다 높은 성과를 올리는 방향으로 개선을 추구한다.

도요타는 개선의 접근법에도 일정한 형태를 고집하지 않고 활용 가능한 방법을 모두 사용해야 높은 장벽을 넘을 수 있다고 생각한다. 특히 분석을 거친 후에 결론을 추구하는 귀납법과 목표를 우선 설정하고 추구점을 찾는 연역법 모두를 활용한다. 품질관리 서클활동에서는 문제의 현상을 품질관리 도구로 모두 해석한 후에 개선안을 내는 귀납적 방식을 사용하지만, 자주연구회에서는 대상영역에 대한 바람직한 모습을 먼저 설정한 후 수단을 강구하는 연역적 방법을 사용한다. 개선활동을 하는 주체의 지식이나 교양수준을 감안한 합리적인 선택을 하고 있는 것이다. 특히 자주연구회는 개선의 성과도 중요하지만 개선하는 방법 자체의 개선연구도 활발하다. 즉 방법의 생산성을 동시에 고려해서 본사는 물론 협력사도 공유해야 전체 원가목표를 달성할 수 있다고 보고 활동한다.

도요타의 이러한 전진 자세는 해외생산 기지에서 벌어질 수 있는 마찰에서도 십분 능력을 발휘했다. 일본 자동차 기업들의 해외진출 초기에 미국 작업자들이 일본 제조 시스템은 스트레스에 의한 관리시스템이라고 비아냥거렸다. 심지어 GM의 분分간 실질 노동시간이 45초이고 일본 공장은 57초로 하루에 90분 차이가 발생해 결국 일주일에 하루분의 노동량 차이가 발생하는 정도여서 미국 근로자들의 불만이 거셌다.

그러나 도요타가 해외로 진출한 것을 기점으로 그런 한가한 목소리는 전부 없어졌다. TPS의 강력한 철학인 '결함 제로, 재고 제로, 끝없는 COST DOWN, 무한의 제품 종류 생산' 등 감히 입을 열 생각조차 못하게 하는 강력한 개념이 한정된 표준제품만을 일정한 허용불량률로 재고를 인정했던 미국식 관리를 그 즉석에서 몰아내고 말았다.

특히 미국 켄터키 공장의 사장을 지낸 조 후지오는 그 시절에 현장에서 살다시피 한 경영자로 기록되어 있다. 그가 현장에 많이 간 이유는 가벼운 마음으로 작업 진척상황을 보러 간 것이 아니라 오로지 자신의 방침대로 종업원들이 움직이고 있는가를 판단하기 위해서였다. 라인 정지라던가 TPS와 관련된 행동들을 철저히 지키고 있는지를 확인하기 위해서였다. 만약 작업 상태나 진행 상황에 오류가 있는데도 그냥 지나치면 현지 종업원들이 현재의 행동을 인정하는 것으로 간주하고 잘못된 방향으로 습관이 드는 것을 방지하는 노력을 게을리 하지 않았다. 즉 경영자의 현장에 대한 지대한 관심도 도요타가 시행하는 후퇴방지의 뒷준비下準備 시스템에 해당하며, 전진의 힘은 상하 모든 사람들이 바람직한 행동을 습관화할 때 이루어진다는 것을 알 수 있다.

08 7가지 행동기준으로 프로가 된다

사원들이 규모와 환경 그리고 시대조건과 관계없이 항상 지혜를 낼 수밖에 없는 환경을 조성하려면 경영자의 방침을 단호히 흡수하여 그 실천 항목을 상사와의 지속적인 대화로 풀어가도록 지도해야 한다.

도요타와 관계된 주변 사람들이 도요타 직원들과의 만남과 일을 통해서 느낀 점을 평할 때 다음과 같은 일곱 가지의 습관을 칭찬한다.

1. 상대의 말을 잘 듣는 것
2. 무엇이 문제인지 곰곰이 생각하는 것
3. 격려하고 제안하는 자세
4. 어떡하면 이길 수 있는 지혜를 낼 수 있을까 고민하는 것
5. 서로 상담하는 자세
6. 현지 · 현물주의에 대한 철저함
7. 우선 해보자는 자세

상대의 말을 잘 듣자

상사는 부하의 발언을 불평으로 듣지 않고, 부하는 상사의 발언을 꾸지람으로 듣지 않아야 양쪽 모두 하나의 의견으로 받아들일 수 있다. 그리고 그 의견의 양부良否를 평가하지 말고 들어야 한다. 도요타는 서로가 의견이 분분해도 상사가 결정하면 그대로 따르는 풍토가 짙게 배어있다. 누가 말한 것이냐가 중요한 것이 아니라 좋은 생각은 채택하고 가치 없는 생각은 떨어내면 그만이라고 생각한다. 하지만 일반기업의 많은 사람들은 누가 도움이 되는 얘기를 해주어도, 그것이 무엇에 도움이 되느냐를 고민하기보다는 왜 자기에게 안 맞는지를 찾기에 바쁜 것이 사실이다.

부하라고 해서 상사의 의견만 줄곧 청취하는 것만은 아니다. 잘 듣는다는 표시로서 자신의 의견을 내는 방법이 있다. 도요타의 임원식당이 별도로 있지만 그 안에서는 자기가 의견을 나누고 싶은 사람과 마주하여 식사를 한다. 비록 회장일지라도 하고 싶은 말이 있는 임원이면 과감히 회장 앞에 착석하여 의견을 얘기하고 반대편의 회장은 들을 준비가 되어있는 시스템이 돼 있다. 그리고 아무리 높은 직책이라도 자기 자신의 의견만 내세우는 교만은 부리지 않는다. 때로는 부하를 이해시키기 위해 회장이나 사장이 위엄을 버리고 긴 시간 동안 진솔하게 얘기하는 경우도 있다. 특히 에이지 고문이 회장 시절에 많은 의견을 점심시간에 풀어 놓았다고 한다.

상대의 말을 잘 듣는 경우는 현장에서 벌어진다. 품질이나 작업속도의 차질을 미리 대비하거나 사전에 감지하려면 작업자의 요청이나 불만을 미리 접수해야 가능하다. 따라서 반장이나 조장은 항상 작업자의 말에 귀 기울이고 어떤 불만이 나오는가에 관심을 늘 쏟고 있다. 특히 신 모델을 개발하고 시작품을 만들어 현장의 전문가들을 초대해 조립 분해를 할 때는 설계자들이 현장의 목소리를 놓치지 않으려고 가장 노력한다. 또 자동화나 신설비의 투입을 담당하는 생산기술진들은 현장에 적합한 설비를 만들려고 늘 현장책임자들의 의견을 청취하는 습관에 젖어있다. 귀와 마음이 열려 있어서 도움이 되는 항목은 그대로 흡수해서 실행하고 자신이 고쳐야 할 점은 거침없이 바꾼다.

도요타의 의사결정에 비교적 실패가 적고 시행오차를 덜 겪는 이유는 바로 상대방의 의견을 잘 듣는 데에 있다. 특히 노조는 경영진의 생각과 의도를 잘 받아들여 노사가 대립하지 않고 협동하는 길을 찾는 현명한 길을 택하고 있다. 이는 경영진도 마찬가지다. 이런 분위기는 도요타의 정신풍토가 건전함을 나타낸다고 볼 수 있다.

도요타는 상사와 부하직원이 서로의 업무관계로 진지하게 둘만의 자리를 갖는 특별한 시간이 있다. 바로 방침관리와 개인별 목표업무 Challenge Program의 상담 시간이다. 이 시간에는 서로 허심탄회하게 대화를 주고받는 것은 물론이고 전 계층의 상사는 부하를 돕기 위한 의견을 줄곧 개진한다.

이런 쌍방의 커뮤니케이션의 활성화로 상대방 의견 청취의 습관이 자연스럽게 몸에 배어 내부 업무의 활성화에 일조하는 습관으로 변한다. 이런 습관은 조직의 테두리를 넘어 대외적인 협력 즉, 협력사와 고객과의 만남에서도 그대로 이어져 도요타의 대외적 신뢰도를 깊게 해주는 데 기여하고 있다.

무엇이 문제인지 곰곰이 생각하자

도요타는 전체적인 의식으로서 항상 일 속에서 문제를 찾으려고 노력한다. 얼마나 문제를 찾는 데 혈안이 되었는지 오히려 문제가 없다고 생각하는 것이 가장 큰 문제라고 할 정도다. 평소에 큰 문제가 없이 잘 되고 있다 하더라도 아직 해결되지 않은 문제가 분명히 존재한다는 강렬한 인식을 갖고 있다. 선배들도 후배를 가르칠 때 지식의 양보다는 문제를 대하는 올바른 태도를 먼저 갖추라고 조언한다.

흔히 일반 기업에서 문제가 많음에도 발견을 잘 못하는 이유로서 네 가지의 원인을 들 수 있다.

첫째, 바꾸고 싶지 않은 심정 때문이다. 즉 현상유지를 하는 데 모든 노력을 기울인다.

둘째, 자신이 없어서다. 설령 문제로 보이더라도 괜히 건드려서 실패하면 책임추궁을 받지 않을까 하는 두려움이 앞서기 때문이다.

셋째, 남의 생각을 따르기 싫은 마음이 있기 때문이다. 문제의 발견은 자신보다도 남이 하는 경우가 더 많다. 그러나 마음속으로는 긍정을 한다 해도 겉으로는 자신이 틀리지 않았다는 것을 내세우기 위해 문제에서 멀어지려고 노력한다.

넷째, 책임을 지고 싶지 않은 마음 때문이다. 문제를 드러내어 가시화 시키면 발견자에게 대부분 문제의 해결을 일임하는 경우가 많아 귀찮은 일을 떠맡지 않기 위해 문제를 덮어두려는 행동을 하기 쉽다. 가장 비열한 행동에 속한다.

문제를 찾아 노력하는 도요타의 사원들이라면 위의 네 가지 경우와 반대되는 습관을 지닐 것이다. 대부분의 도요타 직원들은 항상 바꾸어 변화해 가고 싶은 마음이 있고, 목적이 건전했다면 실패를 해도 두렵지 않고 동시에 비난을 하지도 않으며, 좋은 의견이라면 누구의 의견이든 우선 해보자는 습관이 있고, 일단 추진의 권한을 받았다면 끝까지 책임 지려는 의지들을 갖추고 있다고 평가한다. 이런 개인의 강한 문제의식 들이 도요타를 강한 기업으로 변하게 만든 요소라 할 수 있다.

문제의식이란 무엇을 위해 이 일을 해야만 하는지 그리고 목적은 무 엇인지 또 중요한 것은 무엇인지 하는 공격적 검토를 말한다. 하지만 대부분의 사람들은 왜 이런 일이 발생하는지 아니면 이것을 한다면 어 떤 결과가 초래되는지 하는 방어적이고 불필요한 검토만을 일삼는다.

도요타 직원들은 문제가 없는 것을 오히려 불안하게 여겨 문제를 찾아나서는 사람들이라는 과장된 표현이 나올 정도다. 실제로 도요타 내부에서 문제의 발견과 해결에 쏟는 에너지는 엄청나다. 모든 신입사 원들은 현장이든 사무직이든 간에 입사하면 반드시 선배로부터 OJT (On the Job Training)를 받아야 한다. 이때 가장 중점적으로 받는 훈련이 문제발견과 창의적 해결과정이다. 특히 사실에 입각한 문제발견 의식 훈련을 집중적으로 받는다. 문제를 찾아 문제점이 보이면 남에게 의뢰 하지 않고 자신이 바로 개선하는 훈련을 받는다. 이러한 훈련은 특히 현장에서 작업자가 작업표준을 변경하는 능력을 발휘하게 도와준다. 도요타의 경영원리인 자율신경 경영체계의 요소를 배양하는 모습이라 하겠다.

개인적인 문제발견 능력만이 아니고 집단적인 문제발견의 능력도 이용한다. 도요타가 1960년대에 개발기간 단축혁신(C.E : Concurrent engineering)을 시도하기 위해 크라운과 2대 코롤라를 개발할 때 시작차를 완성하고 난 후 조립부 및 기술부의 숙련자를 불러 모았다. 그들에게 시작차를 하나하나 해체하게 하여 의견을 내게 했는데, 생산하기 이전에 작업성을 고려한 설계를 위해 변경해야 할 점을 검토한 결과 도출 의견의 약 30퍼센트를 반영하는 실적을 보였다. 이때 도요타에 '곤란함은 곧 행동을 불러일으킨다'는 사고와 '문제가 있으면 전前공정으로 피드백한다'는 기본사고가 정립됐다.

도요타의 문제의식은 인간성에 두지 않고 업무를 대상으로 한다. 가령 작업의 오류나 실수가 발생했을 때 본인을 꾸짖는 것이 아니라 다만 현재의 방법이 문제임을 지적한다. 사람을 꾸짖지 않고 수행방식을 변경하는 형태로 문제를 풀어간다.

도요타의 문제의식 중 가장 유명한 것은 근본 원인의 추구방식이다. 근본 원인이 되는 독립변수(x)가 최종적인 손익을 포함하는 종속변수(y)를 결정한다는 개념인데 현장 및 관리부문의 모든 문제를 과학적인 인과관계성 질문 즉, 다섯 번의 '왜'를 거쳐 발견하는 체계를 갖고 있다. 이를 5WHY 법이라고 하는데 다섯 번 왜라고 묻는다는 것은 상당히 어렵기 때문에 적당한 타협의 문제추구는 못하게 돼 있다. 특히 도요타의 관리감독자회의는 당연히 길다. 이 다섯 번의 왜를 통해 완전한 문제추구가 끝나야 회의에 의미를 부여하기 때문이다. 결론도 내리지 못한 채 바쁘지도 않은 시간을 핑계로 대충 얼버무려 끝내는 일반 기업의 회의풍토와는 사뭇 다르다.

격려하고 제안하는 자세로

도요타의 엄격한 관리시스템이 정착되기까지는 카리스마와 리더십을 겸비한 인물들의 활약이 많았던 것은 당연하다. 그러나 정작 그런 인물들이 수행했던 업무지시 풍토는 거의 제안 형태였다. 특히 오노와 오노의 수석제자인 스즈무라鈴村喜久雄 정도의 인물을 제외하면 그다지 거친 표현을 쓴 경영자는 없었다.

명령형의 말이나 문구를 인용하지 않고 가령, "절대 불량을 만들지 마라"든가 "불량을 만들면 바로 해고다"라는 공포협박형의 형태로 의식을 만들어 간 것이 아니라 "모두 불량을 없게 해보자" 혹은 "모두 좋은 차를 만들자(이시다 다이조)"라는 제안형의 어투를 활용했다. 특히 불량에 대해서는 "불량을 받지도 말고 만들지도 말고 보내지도 말자"는 호소 형식의 제안으로 줄곧 임하여 종업원들의 호응을 얻어냈다.

특히 원가개선이 추진될 때는 협력사와의 관계에서 미묘한 기류가 일어나게 돼 있는데도 불구하고 도요타는 협력사와 큰 마찰을 발생시키지 않는다. 무조건적인 강제형의 원가 인하 지시도 하지 않거니와 평소에 늘 협력사와의 교감을 가져가서 결정적일 때 서로 얼굴을 붉히지 않고 원만하게 해결을 유도하는 것을 보면 격려하고 제안하는 자세가 그들의 습관임을 알 수 있다.

새로운 일에 도전할 때는 어느 누가 하든 압박감을 주어서는 바람직하지 않고 오히려 상대방을 존중하는 배려가 앞서야 가능하다. 도요타의 간부는 부하 직원에게 새롭게 신경 쓸 일을 맡길 때 "여유가 생기면 검토해 보라"고 무책임하게 지시하지 않고 "○○씨, 일주일 감기 걸렸

다고 할게"라든가 아니면 "교통사고로 한 달간 병원치료를 한다고 할
게"라는 식으로 편안하게 제안을 해서 스스로 일을 철저히 수행할 수
있도록 배려하는 전통이 있는데 이런 풍토는 이미 알려진 비밀이다.

이렇게 격려와 제안하는 자세로 상대방을 서로 존중하고 열린 마음
으로 대할 때 각자가 지닌 잠재력과 재능을 십분 발휘하려는 자세가 우
러나온다는 점을 도요타 직원들은 기본개념으로 인식하고 있다.

어떡하면 이길 수 있는 지혜를 낼 수 있는가

도요타의 리더들은 항상 미래를 위한 투자가 있어야 한다고 마음먹
고 행동한다. 특히 인재의 육성이 경쟁력의 최강 무기라고 생각하고
육성 방안에 온 힘을 집중한다. 가령 수요의 변동이 생겨 어느 특정 공
장 라인의 작업자를 인력이 부족한 공장에 보내줄 때 숙련도가 낮은
사람보다는 우수한 자를 전보하여 상황을 극복하게 해준다. 일반 기업
이라면 사람을 내주더라도 숙련자는 자기가 확보하고 나머지 중에서
인력지원을 하는 것이 관행일 것이다.

도요타는 우수한 자를 만들어 계속 방출시켜 주는 것이 조직을 강
하게 만드는 제1의 법칙임을 실천으로 보여준다. 하기 쉬운 일만 하고
싶은 것이 일반적 심리라고 할 수 있지만 대신에 조직은 정체될 수 있
다. 유능한 사람에게 새로운 일을 접하게 해주어 더 성장시켜 미래의
리더 역할을 할 수 있게 해야 한다.

자동차와 같은 종합 산업을 운영하려면 수많은 조력자가 필요하다.
우수한 집단을 조력자로 두는 일은 내부에 우수한 인재를 육성하는 일

이상으로 중요하다. 협력사의 육성 면에서도 도요타는 미래를 위한 투자가 철저하다. 오노 다이이치가 공장장 시절에 갖고 있던 협력사관은 지금도 전통으로 이어져 오고 있다. 어려운 것과 이익이 나기 힘든 까다로운 일은 자사가 하고, 쉽고 돈이 되는 일은 협력사에게 주라는 원칙이다. 이러한 원칙으로 일관해온 도요타는 모든 중소기업이 협력사로 등록하고 싶게 만들어 가장 훌륭한 조건을 갖춘 기업을 파트너로 선정할 수 있는 기회를 보유하고 있다. 협력사는 혜택을 받는 만큼 품질과 원가저감 활동에 사력을 다해 도요타의 경쟁력을 만들어준다. 최고의 경쟁력을 만드는 하나의 방법론이다.

기업이 커지고 성장하면 사원들은 쉬운 일만 하려고 든다. 조금 어려워 보이는 일은 전부 외부에 위탁하려는 습관이 붙는다. 기업은 커지는 반면 종업원의 능력은 오히려 낮아지는 현상으로서 대기업 병이라 부른다. 이를 경계한 도요타는 대기업 병을 고치기 위해 방침관리라는 도구로 사원들을 높은 차원의 목표에 도전하게 한다. 경영자의 방침을 우선 저항 없이 흡수하게 한 다음에 상사와 의논해 가면서 목표를 달성하도록 지도한다. 따라서 도요타는 규모와 환경 그리고 시대와 관계없이 항상 지혜를 낼 수밖에 없는 환경에서 일을 한다.

서로 논의해 보자

도요타 WAY의 하나로 '팀워크'라는 항목이 있다. 소니와 혼다의 이미지가 개인의 능력을 이끌어 내는 면이 강하다면, 협동의 능력을 강력하게 추구하는 기업이 도요타일 수 있다. 원래 개성과 경험이 서로 다른 사원들끼리 의견의 일치를 보는 것은 쉽지 않다. 가치관의 인자因子 배열순서가 동일해야 공통된 믿음에 입각한 의견 일치가 발생할 수 있다. 도요타 사원들이 의견 일치에 타 기업 사원들보다 빨리 도달할 수 있는 이유는 신입사원 시절부터 선배로부터 철저히 OJT를 통한 도요타식 사고를 터득했기 때문이고, 현장의 리더들은 정식으로 근무하기 이전, 도요타공업학원 시절부터 도요타류流를 정규적인 교육을 통해 습득할 기회가 많기 때문이다. 따라서 일반 기업보다 가치추구에 대한 공동인자의 배열이 훨씬 더 체계화 돼 있어서 의견을 일치시키는 데 오래 걸리지 않는다.

도요타 사원들이 상하 간이나 동료 간에 서로 상담하는 자세가 강한 이유는 크게 두 가지로 볼 수 있다.

첫째, 타사보다 사원들이 경영진이나 상사를 신뢰하는 경향이 강하다.

둘째, 사원 동료끼리의 의사소통이 좋은 편이다.

위의 두 가지는 일반적인 업무 가운데서도 선배들의 OJT에 의한 가르침이 있기도 하지만 방침관리와 능력향상 도전 프로그램이라는 특수한 동기부여의 활동이 있기 때문이다. 상담을 하지 않고는 부여된 개인적 혹은 조직적인 일들을 소화할 수 없는 여건이 정착돼 있다.

도요타만이 보유한 또 다른 상담문화는 비정규적 모임단체에서 출발한다. 도요타 내부에는 직종별, 직급별, 출신별, 소속별 비정규 모임단체가 상당히 많다. 일반 기업에서는 이러한 비정규 모임을 파벌조장의 온상으로 여겨 권장하지 않겠지만 도요타는 오히려 장려하고 있다. 신뢰감과 가치관을 공유하는 네트워크에 사원들이 자유로이 참여하도록 유도하는 것은 그 단체에서의 경험, 즉 생각이 다른 사람들 틈 속에서 사고를 정리하고 좋은 의견에 동의할 줄 아는 습관을 자연스럽게 업무로 연장시켜 훌륭한 상담문화를 정착시키려 하기 때문이다. 또 팀플레이 역량을 우선시하는 도요타에게는 사원들의 이러한 모임참여가 장점으로 작용하기 때문이다. 오히려 도요타는 이러한 모임 자체가 서로 믿음을 주고 마음을 활짝 열어 대화를 많이 나누는 조직 분위기로 조성해주길 바라고 있을 것이다.

현지 · 현물주의

오노의 가르침을 받아 사장을 지낸 조 후지오는 항상 사원들에게 "현장 이외에는 개선의 씨가 없다"고 강조했다. 현물주의를 숭배하고 탁상주의를 배척한다는 의미다. 현장의 현실을 보고 전체상像을 파악하고 진원인을 찾아내야 진정한 개선이 가능하다고 믿고 있다. 여기서의 '현장'이란 단어에 많은 서비스 업종의 사람들이 공장만을 의미하는 줄 알고 자기와는 상관없는 일로 여기나 그렇지 않다. '현장'이란 말은 업무가 실제로 진행되는 장소나 때를 말하는 것으로서 영업원이면 고객과 만나는 그 순간을 얘기하고 판매업이라면 고객과 거래하는 순간이 된다.

심지어 오노는 기술자技術者라는 단어의 술術자를 "행行함 속에 구求하라"는 의미로 해석하기도 했다. 책상머리에서 해보지도 않고 안 되는 이유를 대는 사람은 기술자技述者라고 표현했다.

도요타의 역대 경영자 중에 가장 현지 · 현물주의를 철저하게 실천한 사람은 도요다 에이지와 조 후지오 사장이었다. 특히 두 사람은 현장을 둘러볼 때 눈썰미가 남보다 빠르고 넓어서 구석구석을 인식하고 기억한다. 따라서 현장을 확인하지 않고 품의서를 들고 오는 임원이나 간부는 경영자의 요구답변에 접근하지 못해 결재를 받지 못하고 돌아가야만 했다. 그런 경영자들의 실천이 도요타의 사장결재를 지구상의 기업 중에서 가장 짧게 만들었을 것이다.

우선 해보자

업무를 진행하는 조직원에게 있어서 가장 곤란에 부딪힐 때가 자기가 의도한 바를 실행으로 옮길 때와 특정인에게 요청발언을 할 때일 것이다. 실행하기 전에는 결과에 대한 염려가 떠올라서 그렇고, 상대방에게의 부탁은 안 들어주면 어떻게 할 것인가에 대한 염려 때문이다. 도요타는 이러한 실무적 방황을 하지 않도록 신입사원들로 하여금 OJT에서 선배들로부터 철저히 실천용기를 배양하는 훈련을 받도록 한다. 일 자체가 어려워서 감히 그 일을 못하는 것이기보다는 해보지 않았기 때문에 그 일이 어려워 보이는 것뿐임을 주지시켜 준다. 특히 20대 사원들에게 나이 30이 되기 전까지 문제를 발견하는 훈련과 문제의 해결책을 시도하는 기본기를 모두 갖추게 한다.

도요타 공장 내부에는 '공장기술원실'이라는 특별조직이 있다. 이 조직은 보통 조립 라인의 과장을 몇 년 바쁘게 수행해 온 중간 간부들이 중도에 1~2년간 현장라인의 개선지원 업무를 담당하면서 스스로를 재충전하는 조직이다. 이들이 하는 주 업무는 작업자들의 개선요청사항을 즉시 실천하는 일이다. 업무 중에는 설계나 생산기술과 같은 선행부서에게 요청할 일이 발생했을 때 그 중개 역할을 맡는 일도 있다.

그런데 어느 과장이 변경요청에 관해 설계실무자와의 담판이 이루어지지 않자 오노의 수석제자였던 스즈무라 주사主査(현업의 최고 직책)에게 보고했다. 이때 스즈무라는 그 자리에서 야단을 치며 담당자가 들어주지 않으면 그 위 책임자에게 가서 얘기하라고 지시했다. 그래도 이루어지지 않자 그 위인 부문장에게 보내고 또 상황이 어렵다고 느끼자 담당 임원에게 보냈다. 보내면서 하는 말이 "사장까지 가서 담판해라. 그래서 안 되면 하지 마라"는 말로 조직 끝선까지 해볼 것은 다 해보고 결정하라는 훈련을 시킬 정도로, 해보지도 않고 포기하는 비겁함은 용서하지 않았고 시간만 잡아먹는 생각보다 행동을 우선하게 했다.

문제해결을 위해서 맹렬히 돌진하는 습관을 길러주는 동시에 상대방을 납득시켰다면 언제 시행할 것인지 사후확인Follow-Up이 될 때까지 연락을 취하라고 가르친다. 말해 두었으니 염려 말라는 말은 쓰레기통에 버리라고 할 정도로 확실한 행동을 요구하는 것이 도요타의 정신이다.

Developing Factor

PART 02

초일류로 가는 성장요소

독창적 수단체계의 구현

목적이나 목표를 달성하는 방법과 수단은 헤아릴 수 없이 많다. 그 많은 수단에 유독 인간의 능력을 가장 으뜸으로 삼는 기업이 있다면 인간으로서 할 수 있는 무한의 창조를 해나갈 수 있다고 본다. 세계의 모든 문화가 물질 중심으로 돌아서고, 가치창조 활동 또한 모두가 하드웨어 중심의 지배에 들어갔다 인정하더라도 끝까지 인간의 지혜에 승부를 거는 기업이 있다면 그 기업이 결국 세계의 물질문명을 지배하리라고 본다. 그런 기업의 중심에 도요타가 있다.

TOYOTA

CHAPTER 04

모방이 아닌 조건대응의
창조적 방식

하드웨어는 누구나 접근 가능한 고정자산으로 세계 어디서나 발견할 수 있고 취득 가능한 대상이다. 하지만 소프트웨어는 동일한 하드웨어를 이용할지라도 사용하는 사람의 능력과 사고에 따라 전혀 달라질 수 있다. 흔히 말하는 생산성이나 능률은 바로 이 소프트웨어에서 차이가 생긴다.

하드웨어보다는 소프트웨어를 진화시킨다

경쟁력 있는 비즈니스를 추구하려면 누구나 접근 가능한 고정자산인 하드웨어보다는 그것을
활용하는 사람의 능력과 사고에 따라 생산성이나 능률이 달라지는 소프트웨어의 독창성으로
승부해야 한다.

능력의 차별화는 소프트웨어에서

제조와 서비스 업종을 불문하고 비즈니스를 추진하는 데에는 수단
으로써 하드웨어와 소프트웨어를 보유해야 한다. 그 중에서도 하드웨
어는 누구나 접근 가능한 고정자산으로 세계 어디서나 발견할 수 있
고 취득 가능한 대상이다. 하지만 소프트웨어는 동일한 하드웨어를
이용할지라도 사용하는 사람의 능력과 사고에 따라 전혀 달라질 수
있다. 흔히 말하는 생산성이나 능률은 바로 이 소프트웨어에서 차이
가 생긴다.

일반 기업들이 주어진 하드웨어 역량을 십분 발휘하지 못한 채로
운영하는 상태가 대부분인 반면, 도요타는 하드웨어를 소프트웨어의
지배 아래 두어 본래의 능력 이상을 발휘하게 하는 발군의 실력을 보
유하고 있다. 도요타가 소프트웨어에 차별화를 두게 된 동기는 생산

120

시스템을 이끌어나가는 주역들이 서구의 선진 기업들에 대한 정보가 어두워 자신들만의 독자적인 방법을 강구하게 된 연유에서 시작했다고 볼 수 있다.

도요타에서 창업 당시나 양산 체제를 본격적으로 가동할 시기에 미국 기업을 견학하거나 공부할 기회가 있었던 사람은 불과 몇 사람 되지 않았다. 대부분의 실무자나 관리자들은 첨단 방법이 무엇인지도 모른 채 본인들 앞에 주어진 조건들을 단지 지혜를 동원하여 풀어나갈 방법밖에 없었다. 마치 가장 형편없는 연장을 가지고 최고의 장인을 꿈꾸는 사람들과 같았다. 따라서 현재의 도요타를 볼 때 주어진 원천 조건이 최종 상황을 결정짓는다기보다는 과정에서의 전개 능력이 결정짓는다고 보는 것이 옳다.

노동쟁의가 끝난 1950년도 후반 에이지와 사이토齊藤尙一(도요타자동직기의 대졸 출신 1호 사원으로 당시 기술담당 임원)는 차례로 포드와의 협약대로 3개월 정도의 포드자동차 연수를 다녀왔다. 기이치로가 에이지에게 연수 소감을 묻자 디트로이트는 도요타가 모르는 것을 하고 있지는 않다고 전하면서 단지 다른 점은 생산 규모의 차이라서 도요타의 규모가 커지면 일본에서도 미국의 생산방식이 충분히 가능하다고 자신감을 피력했다. 겉모습의 차이는 없고 오로지 추진 방법에서 승부가 난다는 깨달음이 미래의 도요타를 결정하는 계기가 된다.

조립 산업에서는 생산기술(하드웨어 중심 기술)만으로는 적합하지 않다는 인식 아래 특히 에이지는 생산기술과 실제의 제조공정 사이에 존재하는 미개척 영역을 일관된 방식으로 개척해 나가는 데 주력했다. 이러한 틈새영역을 제조기술이라 부르고 도요타가 이 분야에 최강의 실력을 보유하고 있어서 소프트웨어 중심의 경영을 하는 기업으로 알려져 있다. 열악한 하드웨어 조건으로 희망하는 수준의 생산을 하기에는 많은 제약이 따랐다. 이런 제약들과 마주친 상황에서 철저한 타협과 비타협의 양면을 동원해 해결해 온 시스템이 결국 경쟁우위의 시스템으로 탄생했다.

PUSH가 아닌 PULL로 승부

일반적인 대량생산방식은 선행공정의 자원투입구조에 맞추어 후속공정의 기능을 결정해 가는 형태로 '선행공정 PUSH(밀어내기)방식'이라 한다. 즉 앞에서 뒤로 밀어내는 방식을 말한다. 그러나 도요타는 이 대량생산방식에 수주생산 성격을 가미해 인간과 가공물의 조화에서 부가가치로 기능하지 않는 부분(낭비)을 최소화하는 전술을 선택하여 과잉 제조로 재고가 많아지는 대량생산의 결점을 보완했다. 이를 위해 대량생산 시스템과는 반대로 후속공정에서의 기능이나 사용조건을 예정하는 동시에 그에 따라 선행공정에서의 투입구조를 필요한 시점과 장소에서 제조하도록 하는 수법을 강구했다. 이것이 바로 '후속공정 PULL(당기기)방식'이라는 도요타 특유의 소프트웨어 철학이다.

도요타의 수준 높은 결과를 유도하는 소프트웨어 구현의 기초사상은 상식적인 JIT철학이나 끝없는 개선이라는 단순함 이외에는 특별한 것이 없다. 도요타의 생산흐름은 JIT라는 확고한 철학 위에서 엄격한 계획에 의거 수행한다. 하지만 운영 면에 있어서는 상당히 유연성을 발휘해 융통성 있는 제조가 되도록 한다.

도요타가 자사의 소프트웨어 구조를 거의 완성하는 시기는 1970년대 초반 JIT 방식의 가이드를 제시하고 그 이후에 도요타생산방식(TPS)이라는 정식 명칭을 부여하던 때라고 볼 수 있다. 그 내용 중에 타 기업에는 없는 행동양식이 삽입되는데 바로 '후보충後補充 방식'이라는 개념이다. 이 개념은 결국 수많은 부품을 가공하고 조립하는 산업구조에 가장 많은 낭비의 제거를 가져다주는 효과를 발휘하는 동시에 경쟁력의 핵심개념으로 정착됐다.

후보충 생산방식은 1:1 수주생산방식이 아니다. 완성된 형태를 결정하는 조립의 착수에는 1:1로 고객이 정한 사양대로 흘려보낼 수가 있지만 단순 부품을 대량으로 만드는 가공공정에서는 조립시기의 훨씬 이전에 만들어야 하기 때문에 고객의 최종 사양과 관계없이 계속 생산할 수밖에 없다. 이러한 점만 살펴보면 부품 차원의 생산은 계획생산이라고 볼 수 있다. 하지만 무조건적인 주관적 계획에 의한 것이 아니라 최종 제품이 팔리는 속도에 맞추어 만들면 거의 1:1 수주생산과 동일한 효과를 볼 수 있다고 판단했다. 즉 선행 생산하는 부품들까지도 시간과 수량을 고객의 실수요에 맞추어 생산함으로써 대량생산 개념을 파괴한다는 발상이었다.

구체적인 정의를 해보면, 공정 내부에 완료가공물을 두는 장소를 스토아Store라 한다면 이 장소에 있는 수량 자체가 후 공정에서 필요한 것을 즉시 제공하는 동시에 해당 공정의 가공 착수를 지시하는 방식이라 보면 된다. 두 개의 공정 간에 PUSH(밀어내기) 방식은 후속공정의 필요성과 관계없이 선행공정이 물건을 만드는 개념이지만, PULL(당기기)방식은 후속공정이 필요한 때에 필요한 것을 전 공정으로 가지러

가고, 전 공정은 후속공정이 가져간 양을 다시 만들면(운반하면) 된다는 개념이다.

이런 개념은 고객의 주문에서부터 출하까지의 기간(수주~출하 L/T) 보다 생산(가공)하는 기간이 길다는 조건 때문에 발생한 방법이다. 얼핏 보면 계획생산의 성격이 짙으나 본질적으로는 수주생산을 궁극적으로 목표로 하는 접근법으로 봐야 한다. 대부분의 일반 기업에서 이러한 개념이 없는 관계로 설령 완제품의 재고는 없을지라도 가공이 진행되는 부품은 산더미처럼 재고를 쌓아 놓고도 낭비라고 생각하지 않는 뒤떨어진 사고로 일관한다.

후공정 PULL방식이 발전하면 할수록 제조현장을 지원하는 간접부문의 요원이나 설비들이 점차 축소되는 현상을 만든다. 소요되는 시간 (L/T)을 단축한 결과다. 제조기간과 영업대응기간을 합친 것이 고객이 요구하는 기간보다 길면 후보충으로 대응하고 반대로 제조시간이 더 짧은 능력을 갖추면 주문생산으로 대응할 수 있다는 개념을 쉽게 표현하면 [그림 2-1]과 같다.

도요타는 위와 같은 후공정 PULL시스템을 현장 제조부문이 자주관리 형식으로 진행한다. 누구의 간섭이나 계획의 근거도 없이 진행한다. 반면에 구미의 생산 진행은 집중관리방식이다. 컴퓨터를 동원하여 과거의 기계가동률 기준으로 차월의 생산계획을 세운다. 그리고 각 작업장은 현재의 양부良否상태를 화면이 제공하는 정보로 판단하지만 도요타는 다섯 명 정도의 작은 작업장도 화면 없이 현재의 상태를 감지하는 것이 가능하여 자주적 관리가 정착할 수 있었다. 그리고 PULL시스템을 더 진화시켜 떨어져 있는 가공장소를 본 라인에 연결시켜버리

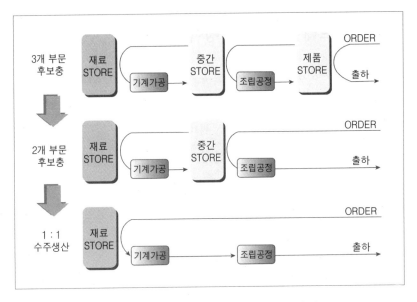

[그림 2-1] 후보충과 1:1 수주개념의 차이

는 라인 통합In-Line도 유도한다. 이렇게 두 라인 이상을 하나로 연결하면 분리된 상태에서 사용했던 작업도구(간판이 대표적임)와 자원들이 일시에 제거되어 비용도 많이 내려가고 시간도 단축되는 이중효과를 얻게 된다. 심지어 전통적인 계획생산의 계획이나 실적파악을 하는 간접공수도 전부 배제할 수 있다. 도요타가 일반 기업보다 관리공수 면에서 생산성이 아주 뛰어난 점도 결국 그들의 소프트웨어 경쟁력을 증명해주고 있는 것이다.

소프트웨어는 벤치마킹이 불가능

사람들의 행동양식을 결정하는 소프트웨어의 중요성은 원가능력에서도 힘을 발휘한다. 원가를 내릴 수 있는 경영자원을 살펴보면 사람을 주체로 한 노동생산성이 있고, 설비를 주체로 한 설비생산성이 있으며, 재료를 주체로 한 재료 생산성이 대표적이다. 이 중에서 설비나 재료는 어느 기업에서나 공통적인 요소로 작용되므로 우수한 방법론을 벤치마킹하기 쉬우나 판단력과 사고를 지닌 노동생산성은 그대로 옮기기가 불가능하다. 따라서 도요타는 사람 중심의 활동에서 차별화시킨다는 전략을 추진해 온 것이다.

특히 품질을 최종검사행위에 의한 관리행위로 해결하지 않고 만들어 가는 모든 과정에서 작업자들이 직접 확인하는 품질삽입 활동이라는 소프트웨어가 가장 적은 품질관리 요원을 두는 효과를 발휘한다. 일반 기업에서 부가가치가 없는 품질 체크, 데이터 분배와 보고행위, 재작업 지시 등에 종사하는 품질관리 및 보증 요원들이 많은 것은 품질을 삽입하는 제조 활동상의 소프트웨어 수준이 낮기 때문이다.

도요타가 보유한 소프트웨어적 재산은 아직도 무궁무진하다. 그들의 행동 형태를 명문화시켜 형식지形式知(Explicit Knowledge)로 나타낸 것은 드러나 있어서 조금이라도 흉내를 낼 수 있지만 아직 일반화시키지 않고 행동이나 습관으로 인정되는 암묵지暗默知(Tacit Knowledge)가 많아 그들의 소프트웨어가 어느 정도까지 올라와 있는지는 가늠하기 힘들다. 따라서 도요타의 소프트웨어 진화기술을 이것이다 하고 결론을 내리는 일은 속단일 수 있다.

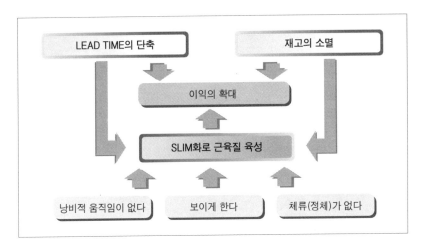

[그림 2-2] 도요타의 소프트웨어 추구 포인트

　도요타가 추구하는 소프트웨어의 결정체가 나타나는 순간을 포착할 기회는 더러 있었다. 특히 1995년 고베에서 일어난 지진으로 협력사가 부품을 공급하지 못해 도요타가 이틀 간 라인을 정지한 사례가 대표적이다. 이때의 현상을 보고 많은 사람들은 일반기업의 인식에 편을 들어 재고의 보유에 대한 향수를 불러일으켰으나 도요타는 '멈추어진 것'이 아니라 '멈추게 한 것'이라는 표현으로 그들의 소프트웨어가 발휘하는 상징성을 보여주었다. 그런 드믄 사례에서 그들이 추구하는 소프트웨어의 포인트는 가늠할 수 있기 때문에 표현을 해보면 [그림 2-2]와 같다.

10 흐름생산으로 경제성을 최대화한다

단일품종의 대량생산과 같은 흐름을 만들면서 그 내용은 다품종소량이어야 한다는 생산개념의 모순을 해결하려면 엄격한 내부규칙이나 긴장감 유지로 유연성을 해결하는 어려운 개념을 적용해야 한다.

고객은 제조의 유연성을 요구

1910년경 미국의 포드는 국민소득이 600달러일 때 2000달러의 T카를 판매했다. 하지만 10년이 지난 1920년대에 대당 300달러로 판매할 수 있을 만큼 컨베이어 흐름생산에 의해 생산성을 획기적으로 올렸다. 표준화와 대량생산이라는 효과였다.

미국의 자동차 산업 흐름은 포드가 규격화된 품종을 대량생산하여 저가격을 실현했고, GM은 다양한 고객 욕구에 따른 다품종생산 시대를 열었다. 포드의 대량생산개념은 일종의 신앙과 같은 사상으로 출발한 것이고 GM의 다양화 흡수는 우위성을 확보하는 전략 차원의 개념이다. T카 시절에는 포드가 압도적으로 우세했으나 소비자의 욕구가 차별화되는 시대에 들어서자 GM이 우세하게 되었다. 결국 시대와 맞지 않는 개념을 확고한 사상으로 간직했던 포드를 전략에 입각한 GM

의 경영방식이 무너뜨린 것이다. 영업 전략에서 우세한 GM은 1920년대에 이미 시보레, 캐딜락, 폰티악 등 차등화된 다양한 모델, 칼라, 가격의 신차를 출시하기 시작했고 또한 할부금융제도와 딜러 제도까지 도입하는 변화를 가져왔다.

이렇게 미국이 대량생산이 가능한 고급기계를 구입하고 설비가동률 중심의 사고로 재고를 쌓아가며 생산하는 방식은 만들면 팔리는 시대였기 때문에 위력을 발휘할 수 있었다. 그러나 1970년대로 들어서면서 다품종소량으로의 변화는 더욱 가속화되기 시작해 대량생산의 틀은 무너지기 시작했다. 특히 전후의 세대가 구매자 층을 형성하면서 더욱 다양한 모델과 빠른 변화를 요구했다.

이에 도요타는 시대에 맞추어 '변화는 빠르게 그리고 유연성은 풍부한 시스템'으로 돌진하기 시작했다. 1956년의 출장과 그 다음 해에 현지판매법인 설립 차 미국을 방문했던 오노 다이이치는 역시 포드나 GM의 대량생산에 회의를 갖기 시작했다. 차세대 생산방식은 분명히 지금과는 달라야 한다고 생각했다. 이런 사고를 기초로 잡은 방향이 바로 '정류화整流化' 개념이다. 이는 타사가 도요타를 모방하기 어려운 이유의 하나가 되었다.

정류整流 개념의 탄생

정류화 개념은 하나의 제조공정(가공과 그에 동반된 검사 그리고 정체가 동반된 운반으로 구성)에서 각 설비의 모델 변경에 필요한 준비교체를 시도하여 다품종 제품을 가공해야 하는 유연성을 갖는 체계를 말한다.

이 유연성은 공장 간의 긴밀한 연계라는 점에서 4차원(품종, 수량, 시점, 지점—JIT의 제 조건)의 구속성(경직성)을 전제로 운영해야 한다는 어려움이 따른다. 이런 어려움을 택한 이유는 모든 일은 최종적으로 고객의 요구에 따라 추진한다는 개념과 그 요구에 대응하는 수단을 반드시 찾아야 한다는 경영원리를 채택했기 때문이다.

제조는 다층적 차원의 구조를 갖는다. 개개의 공정이 모여 라인이 되고, 여러 라인이 모여 공장을 형성한다. 그리고 복수의 공장이 모여 하나의 기업을 이룬다. 그런 이유로 각 층에서 오로지 규모의 경제 Economy of Scale를 추구한다면 원가상승의 요인으로 바로 연결된다. 따라서 계획량 중심의 경영에서 실수요 중심의 흐름을 강조한 정류화가 필요하게 됐다. 공정이란 검사를 포함한 가공과 그리고 정체가 동반된 운반으로 구성돼 있다.

특히 자동차는 대량생산 시스템으로 다품종 대LOT생산을 전제로한다. 그런 이유로 적중률을 중시하는 예측생산을 하기가 쉽다. 하지만 도요타는 다량의 개념을 피하고 개개의 관리를 수행하는 정류방식을 택했다. 정류의 반대개념은 난류亂流다. 난류가 발생하는 원인은 공정에서 품종의 준비교체를 줄여 규모의 이익을 얻는 부분최적의 사고방식에서 출발한다. 그러나 도요타가 추구하는 정류형 생산방식은 L/T단축을 통한 이익을 중요시 한다는 점이 다르다. 대량의 사고방식은 궁핍에서 풍요로 넘어가는 소비자층의 욕망을 무시하는 처사일 수가 있다. 이러한 욕망에 의해 수요원리가 형성되고 상품의 개발원리가 변하기 때문에 이에 맞는 생산의 개념도 필요한 것이다.

도요타는 다품종다량생산을 실제수요에 맞추어 유연한 생산체계를 유지하기 위해 언제나 변화 가능한 분야의 의미로서 '제조기술'이라는 이름으로 포장하여 활동하기 시작했다. 이 활동의 초점은 대량생산 방식의 측면과 개별수주생산방식의 측면을 공존시키는 데에 있다. 오노는 제조기술의 기능을 주부가 냉장고 크기대로 장을 보지 않고 요리 중심으로 한다는 예를 들어 다품종 소량의 낭비 없는 생산구축기술을 간단히 이해시켰다.

대량생산의 폐해는 재고다. 수요가 변동한다는 핑계나 혹은 공급의 변동을 핑계로 재고를 유지하려는 것은 허락하지 않는 것은 물론, 관리자들이 노력을 게을리해서 사전관리가 미흡하거나 본인들이 해야할 일도 안하고 재고만 의지하는 데서 문제가 있다고 보았다. 왜 재고를 필요로 하는가에 대해 지속적으로 고민하고 새로운 돌파구를 찾도록 독려했다.

오노가 실현하려는 정류화는 수주생산처럼 주문을 받고 생산한다는 개념이 아니다. 어디까지나 라인이 계속 흐르도록 하고 그 생산라인에 주문이 올라타도록 하면 된다는 발상의 정류화로서 자동차 산업이라는 특성을 잊지 않았다. 이런 정류화의 개념은 하나의 생산관리방식이라기 보다는 경영사상차원의 개념이라고 볼 수 있다. 이것을 관철하기 위해서는 근본적인 사고의 변혁을 가져와야하고 복잡함을 제거하는 어려운 방법을 쓰지 않고 회피해 갈 수 있는 유연한 사고를 등장시켜야 한다. 이 모든 요건은 결국 수단에 의한 경영을 추구해야 얻을 수 있는 사고분야라 할 수 있다.

도요타 내부의 어느 문서에도 '흐름생산'이라는 단어는 있어도 '정류화'라는 단어는 찾을 수 없다. 모두 암묵지로 수행되는 현실이어서 도요타를 연구하는 전문가들이 합당한 개념을 설정하여 이름을 붙인 것에 불과하다. 결국 도요타의 외부에서 현존하는 시스템의 성격을 형식화 해주고 있는 셈이다. 물론 이 작업에 도요타의 내부전문가들을 참여시켜 동의를 이끌어내는 절차가 당연히 포함되어 있다.

'정류화' 란 무엇인가

정류란 무엇인가. 두 가지의 요건을 전제로 성립한다.

> **첫째, 전후의 양 라인(혹은 공정)의 대응관계가 확정되어 있어야 한다.**
> **둘째, 최초 공정의 투입에서부터 최종 공정의 산출까지 가공 대상의 순서가 변하지 않는 흐름이어야 한다.**

오히려 난류의 정의를 하면 더 이해하기 쉽다. 난류란 동일한 기종(직종)별로 배치한 작업상태의 공정에서 다음 공정으로 넘어갈 때 비어 있는 기계를 우선하는 원칙으로 하기 때문에 나중에 불량 발생 시 어느 기계를 거쳐 왔는지 알 수가 없는 상태를 말한다. 특히 난류의 특징은 가공 대상물의 흐름정보에 있어 전후 공정이나 라인의 대응관계가 미리 확정돼있지 않다는 점이다. 그리고 단지 가공공정별 독립적인 대LOT생산으로 인해 라인간의 재고가 관리 불능상태로 변한다. 더욱이 난류에서는 생산L/T의 확정이나 불량의 역추적이 불가능하다. 이러한 생산자 효율중심 형태의 난류를 소비자 요구중심의 흐름 상태인 정류로 만드는 것이 '정류화'다.

정류의 의미는 단일 품종 혹은 특정품의 전용라인 흐름을 의미하는 것이 아니라 품종교체에 의해 복수 품종의 흐름을 포함하는 것이다. 어떻게 보면 한 품종씩의 수작업생산을 한다는 성격을 가진다. 이렇게 대량과 수작업이라는 혼합개념을 가진 것이어서 샘플 검사가 아닌 전수검사의 방식이 동원되기도 하고 간판이나 수요속도에 맞춘 표준작업 등의 도구들이 다양하게 적용될 수밖에 없다.

일반적인 생산기술과 관리수준으로는 대량생산을 수주생산 성격으로 소화시키는 이런 모순적인 체계를 감당할 수가 없다. 따라서 도요타의 특화된 제조기술 기능은 바로 이 '정류화'를 완성시키기 위한 지혜의 총합기능이라고 봐야 한다. 일반 기업들이 자사의 관리나 생산기술 기능을 현재 수준으로 둔 채 도요타 방식을 도입하려는 것은 어불성설이다. TPS가 적용되지 않는다고 낙담할 것도 없다. 원래 불가능하게 되어 있기 때문이다.

정류화가 어려운 개념일 수밖에 없는 이유는 다품종에 대응하는 유연성을 결국 공정간의 엄격한 구속성이나 지속적인 긴장감으로 해결해야 된다는 모순을 갖는 데에 있다. 단일 품종의 대량생산과 같은 흐름은 나오면서 그 내용은 다품종소량이어야 한다는 개념이다. 이를 해결하기 위해서는 품종이 교체될 때 거의 시간이 소요되지 않아야 한다는 어려움과 각 모델이 거쳐 갈 공정 순서나 설비에 대해 미리 주소를 다 부여하는 것은 물론, 먼저 투입된 것이 반드시 먼저 나와야 한다는 작업 원칙을 준수해야 한다. 이를 극복하고 해결하는 도요타 생산방식이 세계에 없는 개념이며 또 타 기업이 흉내 내기가 어렵다는 것이 바로 이런 이유들 때문이다. 사실 모든 공정이나 전全공장을 정류화하는 일은 제조업의 이상理想이라고 할 수 있다. 도요타도 완전한 정류를 이룬 것은 아니고 현재진행형 상태에 있다.

정류형 생산의 추구는 현장에 산재해 있는 작업원들의 개인능력 및 조직능력을 향상시켜 그 능력들을 발휘시킬 때에 비로소 가능하다. 즉 능력 있는 작업자와 현장의 직제職制가 조화를 이뤄야 생산과정에서의 엄격한 규칙이나 구속성으로부터 도망가지 않고 극복할 수 있는 행동들이 가능하다는 얘기다. 따라서 도요타가 왜 현장 인력을 초일류로 교육시키는 기능(6장에서 서술)을 유지하는지 그리고 그들을 왜 조직화시키는지 이해가 갈 것이다.

앞 절에서 도요타는 부품가공공정에서 일정량의 최소 재고량을 보유한 후보충 생산방식으로 운영한다고 설명했듯이 부품 가공 분야에는 약간의 재고가 있으면서, 차체가 형성되는 용접공정에서부터 조립완료까지는 중간 재고가 전혀 없는 모습을 볼 때 많은 사람들이 도요타의 생산체계는 마치 계획생산(재고 존재)과 수주생산(재고 없음)의 혼성 형태라고 오인할 수도 있다. 하지만 가공공정에서의 소량 표준재공에 의존한 후보충 방식도 정류에 접근하는 중간과정으로 현장에 요구되는 구속성을 구축하려는 정류화의 일환일 뿐 계획생산은 절대 아님을 알아야 한다. 전통적인 계획생산은 기능별로 규모의 장점Scale Merit을 노리기 때문에 분산된 재고 발생점Stock Point이 많은 것이 특징이다.

가장 빠른 흐름을 만드는 수단

도요타는 L/T경쟁력을 올리는 데 세 가지 수단을 사용한다. 정류화, 평준화平準化, 동기화同期化가 그것이다. 도요타의 정류화 개념으로 '지속적으로 생산과정을 흐르게 하면서 주문이 오면 올라타게 하는 개념'이라는 오노의 주장을 상기해 보자. 고객의 다양한 주문사양을 생산 내부의 편리함만을 생각해서 서로 같은 모델을 동시에 묶어서 편성하여 흐르게 하면, 재고 없이 고객(최종공정으로 간주)으로부터의 다양한 주문시점에 입각한 PULL체계에 대응하는 조건은 맞출 수 없게 된다. 따라서 가능하면 다양한 모델을 최소량으로 편성하고 그 패턴을 지속적으로 반복함으로써 생산의 리듬을 타게 해주면 대량생산과 같은 효율을 발휘하면서 동시에 고객의 PULL시스템에 거의 1:1로 응할 수 있게 된다. 이것이 바로 평준화 개념(상세한 내용은 『도요타처럼...』 참조)이다.

동기화란 연속해서 달리는 자동차들이 서로 느리거나 빨라서 간격이 불일치하면 일시적 정체가 자주 일어나고 일정 속도를 준수하면 지속적인 흐름이 유지되는 현상과 같이, 제조에서도 제조 대상물의 흐름 간격을 일정 스피드로 같아지도록 하여 어떠한 정체도 일어나지 않도록 하는 노력을 의미한다. 이러한 평준화와 동기화 개념은 정류화의 부분 집합이 아니므로 서로 호완작용을 수행할 때만이 L/T의 경쟁력이 높아질 수 있다.

정류형 생산에서 가장 중요한 수단의 하나가 표준작업이다. 일반 기업에서 현장이 활용할 표준작업을 관리 스태프가 작성하여 내려주는 습관은 대량생산의 개념이 들어가 있어서다. 수주형 정류생산은 고객의 수요에 따라 탄력적으로 대응해야 하기 때문에 수시로 작업시간과 작업순서 변경이 일어날 수 있다. 따라서 가장 현실적인 변경이 일어나게 하려면 현장의 책임자가 표준작업을 작성해야 한다. 이런 요건 때문에 도요타의 진화는 표준작업으로 시작해서 표준작업으로 마감한다는 정설이 있다.

기업들이 환경의 변화에 대응한다고 말만 할 것이 아니라 환경이 변할 때 내부의 경쟁력 요소는 무엇이고 그리고 어떤 방향으로 무엇을 바꾸어 가면 대응 가능한지를 먼저 정하는 것이 중요하다.

6500만 년 전에 공룡이 멸망한 것은 다른 포유동물보다 열등해서가 아니라 환경변화 적응에 실패했기 때문이라는데, 현재 아무리 잘 나가는 기업도 변화 대응 능력을 기르지 않으면 하루아침에 공룡 신세가 될 수도 있다. 도요타가 급변하는 세계시장 환경 속에서도 초일류 기업으로 우뚝 설 수 있었던 이유는, 변화를 미리 내다보고 그 변화의 흐름보다 앞서 왔기 때문이다.

11 부문별 기능을 독창적으로 전개한다

지혜가 동반한 하나의 광범위한 진리는 많은 국부적인 효율화에 적용 가능하고 기대 이상의
효과를 가져 오기 때문에 그 수단이 정착할 때까지 긴장감을 늦추지 않는 습관이 필요하다.

개인이 모든 책임을 진다

도요타는 제조기술Plant Engineering에서 차별화를 추진하는 기업으로 알려져 있는데 그 중에서도 초기 단계인 개발에서의 관리 시스템은 타 기업보다 한 발 앞서간다. 1950년대 중반 이전까지는 트럭 중심의 생산체계로 인해 승용차 부문 진출을 못하고 있었다. 그러나 전후 복구가 끝나고 일시적 위기상황도 넘겨 지속적인 성장가도에 들어설 무렵 승용차에 대한 본격적 개발이 필요했다. 이 당시에는 도요타 내부의 기존 기술진보다는 후에 합류한 항공분야 기술전문가들 가운데 더 정통한 기술력을 갖춘 사람들이 많았다. 따라서 개발기술을 리드할 인재는 항공분야 출신들로, 그들이 도맡아 후배들을 이끌 수밖에 없었다.

특히 자동차의 핵심인 엔진 개발은 물론 그 밖의 분야에도 제대로

된 하나의 작품을 완성하기 위해 집중할 필요가 있어서 차량마다 한 명의 리더가 이끄는 팀플레이가 되도록 개발조직을 편성하기 시작했다. 본격적인 승용차로 등록된 크라운 개발에 주사主査(현재 Chief Engineer)제도를 처음 적용하여 오늘날에는 동시에 6~10명 정도의 주사가 활동하는 체제로 발전했다.

주사제도란 차종별로 개발책임을 맡는 직책제도로 기존 조직을 초월하는 권한으로 개발 기간 내에서는 거의 사장과 동등한 힘을 지니고 있다. 실무적으로 표현하면 모든 개발도면의 총책임자로서 차량의 개념설정부터 디자인, 설계, 원가, 생산준비 단계까지 모든 일련의 과정을 책임지는 일이다. 이 제도의 도입은 도요타가 추구하는 '정류화' 개념을 실물흐름의 생산만이 아니고 도면이 흐르는 개발단계에 적용하겠다는 의지를 실천하는 첫 단추인 것이다.

주사의 역할 중에 가장 중요한 포인트는 도요타가 지닌 핵심기술을 어떻게 보전해가야 하는가의 추진력과 전체의 개발을 효율화하는 방향으로 관계자들을 어떻게 이끌어 갈 것인가의 리더십에 맞추어져 있다. 개발차량의 구성부품도면은 네 가지로 진행된다.

첫 번째, 도요타가 기능 정의와 사양 결정은 물론 도면과 생산까지 모두 담당하는 것을 자체의 'Key Technology'라 한다.

두 번째, 기능 정의와 사양만 결정하고 구체적인 도면은 협력사가 설계한 후 도요타로부터 승인을 받는 '승인도'가 있다.

세 번째, 도요타가 기능, 사양, 도면까지 완료한 후 도면을 주면서 생산만 의뢰하는 경우의 '대여도'라는 형태가 있다.

네 번째, 기능만 정의하고 사양이나 현물은 기존 메이커로부터 정보를 얻어 결정하는 일반구매부문이 있다.

이와 같은 네 가지 분야에 해당되는 기술이나 영역을 어떻게 운영하면 목적하는 원가와 성능 그리고 기간을 극복할 수 있는가가 주사가 담당하는 개발과제의 핵심이라 할 수 있다.

한량생산 문화 정착

구미의 자동차기업 대부분은 도요타 내부에 대량으로 생산할 수 있는 인원이 근무하는데도 단지 실수요에 대응한 수량만을 고집하여 생산하는 것(한량생산)을 이해하지 못한다. 하지만 기본사고가 다른 기업에서 그런 관점으로 쳐다보는 현상이 나타나는 것은 당연하다고 본다. 생산 분야에서의 한량생산 시스템은 기본적인 사고방식이나 수단들이 구비되지 않으면 전혀 발동할 수 없는 체제이기 때문에 도요타가 약 30년 가까이 걸려 개념을 구축할 수밖에 없었다. TPS의 기본 사상이 한량생산을 전제로 하기 때문에 TPS의 특징을 살펴보면 한량생산의 완성요소를 대신하여 파악할 수 있다.

TPS의 첫 번째 특징은 현장 작업자가 보유한 근로 가치관의 차별화를 들 수 있다. 구미의 근로 풍토는 자기가 맡은 공정능력이 남보다 월등하다는 것을 보여주려는 문화로서 무조건 많이 만들수록 인정받는 문화이고, 도요타는 근접한 공정에 100퍼센트 보조를 맞추어 후속공정이나 선행공정과 동일한 페이스와 능력으로 흐름생산을 추구하는 행동을 좋은 이미지로 받아들이는 문화가 형성됐다.

두 번째 특징으로, 환경변화에 대한 직원들의 흡수력을 들 수 있다.

구미는 근로계약을 맺을 때 조건에 대한 변화를 거부하고 끝까지 고수하려는 계약문화가 우선하지만, 도요타는 주문 수량이나 제품의 변경 그리고 공정 트러블이 일어나도 재고를 만들지 않으려고 변동요인을 다른 조건에 우선하여 스스로 흡수하려 한다. 즉 시스템의 안정성을 추구하는 풍토로 작업자의 근로조건을 환경에 맞추는 일에 익숙하다.

세 번째 특징으로, 타협 조건Trade Off점을 찾지 않고 절대값을 추구하는 점이다. 구미의 생산형태는 LOT수량이 많으면 가공비가 작아지고 대신 재고유지비가 증가한다는 원칙 아래 가장 경제적인 생산량Economic Production Quantity을 찾는 노력을 하고, 품질비용에서도 예방비용과 실패비용의 균형을 찾으려 한다. 하지만 도요타는 LOT수량이 적어도 품종의 준비교체 시간을 줄이면 가공비는 동일하다고 보며 품질비용에 대해서도 실패를 '0'로 한다는 행동문화다.

네 번째로는 회계결과상의 오류를 불식시키는 것이다. 소량을 만들고 한량생산을 하여 L/T를 단축시키면 손익계산서의 보고이익이 감소하는 현상이 나타난다. 그러나 일반적으로 많이 만들어 재고를 두면 간접비의 전부원가Full Costing 계산에 의해 이익이 부풀려지는 다른 현상이 나온다. 많은 경영자들이 이런 현상을 보고 TPS를 의심했지만 궁극에 가서는 한량생산의 우수성이 명확히 드러나게 되었다. 1960년대에 도요타도 내부에서 생산부문과 회계부문간의 갈등이 해석차원에서 있었지만 곧바로 극복했다.

간판 시스템 운용으로 흐름생산 완성

재고를 최소화하거나 아주 만들지 않기 위한 도요타만의 방법론으로 대표적인 것이 '간판' 운용 시스템이다. 사실 간판의 최초 시도는 1940년대 말에 도요다 에이지의 지시로 오노 다이이치가 간단한 도구를 만들어 시행한 것이 최초의 일이다. 가공공장 내부에 공정간 쌓인 재고를 보고 뒤 공정이 필요한 수량정보를 앞으로 전달해서 만들면 중간에 쌓이지 않을 것으로 여겨 A4만한 크기의 철판에 수량을 적어서 전달하던 시절이 최초의 '간판' 적용이었다. 하지만 필요량만 작업하는 행동은 이미 1940년대 초반에 이루어진 적이 있었다. 하루에 생산해야 할 양을 결정하면 시간이 남아도 전표를 작성하고 집에 가는 시절도 있었다.

도요타의 간판이 갖는 통제력은 누구의 지시보다 더 강력한 힘을 지니고 있다. 복수의 제품을 혼합하여 생산할 때 위력을 발휘하는 간판의 운용에는 세 가지 불변의 법칙이 존재한다. 그 첫 번째가 간판을 발행한 이상의 수량은 가져오거나 가져가지 말라는 것이다. 두 번째가 간판을 발행한 만큼의 수량을 넘는 생산은 하지도 말라는 내용이고 세 번째는 불량품은 섞어서 보내지 말라는 것이다. 이러한 세 가지를 철칙으로 지키려면 부품을 인출하는 방식이나 작업을 하는 표준방식을 제정해야 함은 물론, 다품종 소LOT의 추진과 불량삽입방지를 위한 라인 정지 등과 같은 간판실현을 위한 행동들이 동행해야 한다. 따라서 '간판'은 단지 신경계통의 역할만 하고 실제로는 간판운영을 떠받치는 물밑 행동들이 가동돼야 한다는 점을 간파해야 한다. 즉 간판은 매개체일 뿐이고 실제로는 그 간판이 운용되기 위해 현장과 공정간의 합리화 활동이 무수하게 이루어져야 한다는 점이다. 이런 내부적 실체를 모른 채 간판을 벤치마킹하려는 일반 기업은 결국 실패할 수밖에 없다.

간판에 대한 의식이 얼마나 철저했는지는 간판정착 시절에 오노의 행동에서 살필 수 있다. 협력사 담당자가 소비된 부품의 빈 상자와 간판을 회수할 때 상자 수와 간판 수가 맞지 않음을 발견했다. 이 당시 간판의 발행은 엄격한 통제 아래 있었기 때문에 간판이 없으면 새로 발행하면 된다는 생각은 통하지 않았다. 할 수 없이 간판담당자는 분실된 간판을 찾아 현장을 헤맸지만 찾지 못하자 오노에게 달려가 새로 발행하는 수밖에 없다고 하자 당장 찾아오라는 호통만 받았다. 결국 서너 시간을 뒤적거린 끝에 적재되었던 위부분의 상자 밑바닥에 달라붙어 있던 간판을 찾아내어 간판을 소홀하게 다룰 방심은 아예 꿈도 꾸지 않게 됐다. 도요타는 하나의 수단을 정착시킬 때 완벽하게 될 때까지 긴장을 늦추지 않는 습관이 있음을 알 수 있다.

판매효율을 극대화하는 판매계열제도

'판매의 도요타'와 '기술의 닛산'이라는 말이 1970년대까지 일반적인 시각을 대변했다. 그 이유는 다른 기업보다 일찍 판매 방식을 차별화한 결과 때문이다. 창업시절에 합류한 가미야 쇼타로神谷正太郎는 GM의 영업부장 경험을 살려 도요타의 판매체계를 딜러제로 함과 동시에 할부판매제도의 개척자 역할을 했다. 특히 1950년 쟁의시절에 판매법인으로 분리 독립한 후 적극적인 판매정책으로 도요타를 국내 제1

의 기업으로 올려놓은 장본인이다. 그는 자동차를 만들기만 하면 수요가 자동적으로 생기는 것이 아니라 자동차 문화의 인프라가 우선해야 한다는 것을 강조하여 운전면허학원을 증설 운영하거나 서비스망을 확충하는 등 타사보다 판매 환경을 우수하게 정비하는 안목이 있었다.

도요타는 매월 승용차 부문의 판매 TOP 10 중 5~7개 부문을 차지한다. 그 중에는 수십 년이 된 코롤라, 크라운, 마크 2 등의 모델과 신차종이 뒤섞여 있어 안정된 판매추이를 보여준다. 특히 코롤라는 1966년에 개발하여 40년 이상 판매하는 모델로 이미 자국 내에서 1000만 대를 돌파함으로써 도요타의 판매력을 점칠 수 있다. 국내의 최고 히트품이라고 간주되는 쏘나타 모델이 1988년 이래 18년 간 총 200만 대 남짓의 내수 판매력을 보인 것과 비교해 보면 짐작할 수 있다.

도요타는 승용차와 상용차를 합쳐 약 56종의 차량을 생산한다. 그 중에 가장 많은 승용차는 네 개의 계열로 판매 대리점들을 그룹화하여 판매하고 있다. 그 중 높은 등급인 도요타점店은 기간基幹차량을 담당하는 계열로 법인단체나 부유층을 상대로 고급차량 판매를 담당하고, 도요펫점은 중형차 계열을 담당하며, 코롤라점은 소형차인 코롤라를 중심으로 취급하고 맨 아래의 신新네츠(비츠)점은 젊은층을 대상으로 한 경차를 소화한다. 이 중에 상급의 세 점포계열은 서로 중첩되는 차종을 취급하지만 비츠 계열은 완전히 독립된 계열로 타 계열과 중복되는 차량은 전혀 없다.

도요타가 딜러 판매망을 이와 같이 네 가지 계열로 분리시켜 활동하는 이유는 크게 두 가지로 나뉜다.

첫째, 별도의 각 계열은 동일 지역에 복수 대리점을 개설할 수 있게 돼 있다. 즉 일정 지역 내에서 동일 계열만 아니라면 개설이 가능하다는 것이다. 이렇게 함으로써 일정 거리를 두어야 한다는 기존의 판매 거점 논리를 파괴할 수 있다. 실제로 도심 번화가에는 한 집 걸러 도요타 대리점이 보일 정도다. 이러한 적용은 도요타와 같이 판매하는 차종이 많은 기업에서나 가능한 적용법이기도 하지만 규모의 경제를 십분 활용하는 판매전술이라 볼 수 있다.

둘째, 고객층의 지역별 분포에 따라 별개의 계열이 오픈할 수 있다는 유연성이 있다. 가령 서민층이 많이 사는 구역에는 소형차를 취급하는 계열의 판매점을 개설하고 부유층의 거주 지역은 고급차종의 판매점을 개설하면 더욱 판매효율을 높일 수 있는 전략을 선택했다.

이런 판매 전략을 선택한 도요타는 타 기업의 판매망보다 훨씬 효율이 높은 판매성과를 보여주는데, 그 결과 국내 점유율이 무려 45퍼센트 전후에 이른다.

실질투입원가를 찾아내는 현장

도요타의 경영 시스템 내에는 '관리회계'라 부르는 독립기능이 존재하지 않고 다만 원가기획만 있을 뿐이다. 그 이유는 원가계획을 세웠으면 결과야 당연히 나와야 하는 것 아니냐는 식의 발상이다. 어찌보면 도요타의 제조부문이 MBM(Management By Means, 수단의 경영)을 추구하고, 회계부문은 MBR(Management By Results, 결과의 경영)을 추구하는 면을 보인다.

구미형의 회계 원리는 당해 연도의 전사全社집약 수치로써의 재무

회계가 중요하지만 도요타는 개별제품의 이익 중심으로 한 개별제품 Life Cycle 채산성에 중점을 두는 회계관을 갖고 있다. 따라서 원가저감 활동을 추진할 때도 전면적인 활동보다는 취약한 차종을 우선 선택하여 활동하는 패턴을 갖고 있다.

본사에서는 Full Costing(전부 원가 : 조건에 의한 배분비율로 적용하는 방법)을 기본으로 적용하고 있지만 이것이 생산현장까지 지배하지 못하고 있다. 현장은 매출액이나 원가도 잘 모른 채 전체 최적을 위해서만 노력한다. 그리고 차종별 실제원가의 투입근거 데이터를 수집하는데 주력하기 위해 간접 배분비율은 사용하지 않고 실투입 비용요소를 측정 가능한 선까지 추적하는 노력을 경주한다. 특히 오노 다이이치가 역대 최고경영자 가운데 원가배부방식을 가장 혐오했던 사람 중의 하나다.

배분방식을 택하면 개선의 초점이 흐려지고 제품별 원가평가를 올바로 할 수 없음을 늘 강조하여 자체적으로 직접원가 산정을 주도하기도 했다. 공통비용과 고정설비 비용 및 간접부문요원의 내용은 가능한 직결되는 비용구분으로 변형시켜 변동비화하는 것이 라인의 자주적인 수익성 관리를 유도하는 방법이라고 봤다. 결국 각 라인의 손익계산서 합계가 기업의 총 손익계산서가 되게 하려는 것이었다. 도요타가 추구하는 '정류화' 생산이 각 라인에서 발생되는 재공, 사용 설비, 이용 비품, 서비스 등 관계성이 불투명한 존재를 허용하지 않는 개념이라고 본다면 이해할 수 있는 행동들이다.

오쿠다 히로시 회장은 재무팀이 너무 강력해서는 곤란하다고 피력했다. 단기적 수익성에 모든 초점을 둘 위험이 있기 때문이다. 먼 미래를 위한 장기적 관점의 노력이 주요 업무가 돼야 한다는 논리다. 따라서 도요타의 이러한 분위기는 자제력이 있는 재무팀을 요구하고 있다.

소少에너지 개념의 조직적 추진

TPS의 기본 사고 중에 소인화少人化 개념이 있다. 이것은 수요의 변동에 맞추어 생산량을 증감시킬 때 자원은 동일한 투입비율로 유지하면서 시간당 생산량을 조절할 때 사용하는 개념이다. 즉 하루에 100대를 생산하기 위해 100명이 투입됐다면 하루에 50대의 수요가 있을 때는 50명이 투입하도록 조건을 만들어 가는 철학이다. 즉 생산량이 변해도 원가변동은 없게 하기 위한 전술의 하나다.

이러한 인건비 투입 중심의 철저한 경제성 원칙을 누구나 쉽게 놓칠 수 있는 설비 분야의 소요경비에도 적용하자는 발상이 나온 것이 바로 소少에너지 개념이다. 이 활동의 근원은 1980년도 후반 도요타가 지구온난화의 위험을 강조해 환경친화정책을 전략적으로 내세우는 이미지를 구체적으로 실천하기 위해 자동차가 내뿜는 이산화탄소는 물론 공장에서 소비하는 연료의 사용도 고려하자는 취지에서 출발했다. 그러나 본격적인 활동을 착수한 시기는 1990년대 후반기로, 도요타는 10년 후 즉, 21세기 초반의 고유가高油價시대를 미리 예견하고 환경보호와 고유가를 미리 대비하는 원가저감 활동 차원에서 그룹사 전체의 소에너지 전술을 실천했다.

소에너지 추진 원리는 간단하다. 극히 상식적인 선에서 출발했다. 에너지 사용방식을 잘 보고 살펴서 모두가 검토해 '필요한 에너지를

146

필요한 때에 필요한 양만큼 소비'하는 활동을 하자는 것이다. 이 활동 역시 도요타의 기본 사고인 JIT 개념이 기본으로 작용한다. 그런데 왜 그동안 그런 기본 상식을 잊고 살았는지 반성한 결과 대량생산 시에 하던 에너지 집중공급 습관이 그대로 남아 있었음을 간파했다. 바쁘다는 이유로 눈여겨보지 않아 에너지 소비의식이 상당히 경직되어 있었다. 그래서 결국 실질 생산에 연결시켜 에너지가 소비되는 메커니즘을 개발하기로 했다.

에너지도 원가의 중요한 요소다. 고유가현상이 거셀수록 더 중요하다. 에너지 소비에 한량생산 개념을 도입해서 생산수량 증감에 따라 에너지 투입량도 비례한다는 원칙을 세웠다. 그 이유는 설비를 100퍼센트 가동하는 생산일 때에 비해 수량이 50퍼센트 감소해도 에너지 투입비용이 반감하는 것은 아니었기 때문이다. 자동기기는 항상 작업 대상물이 언제라도 와도 좋도록 스탠바이 상태로 대기하기 때문에 단순히 대기하는 시간에도 정격定格 운전시의 50~80퍼센트 에너지를 소비하고 있었다. 따라서 FULL가동이 아닌 때에도 좀처럼 에너지 소비는 줄지 않는 현상이 벌어졌다. 즉 생산량 변동과 관계없이 에너지는 소비될 수밖에 없다는 인식이 고정관념으로 자리잡고 있었다.

소에너지 활동의 분류를 세 가지 유형으로 나누어 실행했다.

첫째, 생산직결형生産直結型으로 생산량이 많다가 수요가 줄어 생산량이 적어지면 공정의 체류시간이 길어져 발생하는 비가동시간의 에너지 사용을 '0'으로 하는 활동.

둘째, 공정선택형工程選擇型으로 복수 라인을 운용할 시 개별 라인별로 에너지 공급을 차단(ON/OFF)하는 활동.

셋째, 공정집약형工程集約型으로 직렬로 놓인 설비 중에 특정 설비 기능을 대체(복수 기능화, Multi Function)하게끔 함으로써 중간 설비의 에너지를 차단해도 가능하도록 하는 활동.

위와 같은 활동의 기본사고로서 설비별 목적추구를 철저히 하도록 했다. "이 설비는 왜 이때에 운전돼야 하는가?"라는 사고에서 출발하여 제품을 생산할 때 반드시 에너지가 필요할 경우에도 "그 에너지가 진정 제품을 위해 사용되는 것인가?"로 치환하여 발상을 전개하게 했다. 여기서 말하는 소少에너지는 일반 기업이 흔히 얘기하는 성省에너지 개념과는 전혀 다르다. 성省에너지는 투입되는 에너지 원천을 하드웨어적으로 각각 절약하는 기술이지만 소少에너지는 생산가동과 관계없이 소비되는 에너지 요소를 변동비變動費화하는 활동이다. 이런 활동을 1990년대 후반기부터 그룹사 전체가 활동한 결과 자동차 생산 기업 중 가장 에너지를 적게 사용하는 기업으로 거듭 탄생하여 기본의 경쟁력에 또 하나의 경쟁력요소를 실어 주었다. 일본이 독일보다는 에너지 효율이 1.3배 높고 미국에 비해 1.7배가 높은 것이 일반적이지만 도요타는 동급 기업보다 무려 두 배에 가까운 효율을 보인다. 1990년대 후반에 경영을 맡았던 오쿠다 히로시는 대외적으로는 '프리우스'라는 하이브리드 자동차를 출시하여 에너지 소비혁명을 가져왔고, 내부적으로는 에너지 효율 배가라는 환경친화 전략을 완성했다.

TOYOTA

CHAPTER 05

내부보유역량 극대화 시스템

도요타 현장인력으로 권한과 책임을 지니려면 가파른 숙련의 길을 걸어야 한다. 먼저 생산 대상물의 흐름을 이해하는 기본능력이 필요하다. 그러한 능력은 대표적으로 커뮤니케이션 능력이나 인간관계의 조정능력이 대신한다. 그 다음은 경력을 통한 숙련으로, 라인의 비정형적 노동에서 발생하는 변화와 이상 현상에 대응할 수 있는 능력이 필요하다. 또한 표준화된 노동의 숙련은 이상처리능력에 한계가 있으므로 다른 지식도 많이 습득하는 종합능력을 요구한다. 이러한 지적 숙련이 높아야 도요타와 같은 현장의 자율관리가 가능하기 때문이다.

12 전략과 실행 방침을 효율적으로 실행한다

최종 목표를 달성하는 방법의 설계를 구체화한 다음 그 방법상에서의 행동 목표를 설정하고 달성한다면 최종 목표를 보다 쉽게 달성할 수 있다.

명확한 방침관리 실행

도요타는 어떻게 해서 평범한 경영전략과 방침으로부터 남다른 결과를 내는 것인가. 그 해답은 추진 절차와 내용의 질에서 찾아야 한다. 보통의 기업과 차이가 나는 점은 엉성한 절차와 성의가 없는 내용으로 일관하지 않는다는 것이다. 도요타의 업무는 나름대로 방향성을 지니고 있다. 크게 미래에 대응하는 업무와 과거를 결산하는 업무로 구분짓는다. 미래에 대응하기 위해서는 변화하는 환경에 의해 새롭게 정의되는 업무와 활동 내용을 명확하게 하고 착수한다. 그리고 과거의 반성을 통하여 불명확했던 모든 관련 업무를 새롭게 정의한다. 이러한 미래대응과 과거반성 업무를 약 7:3 정도의 비율로 배분하여 개념을 잡는다.

새로 정의하는 업무 분야를 보면 어떻게 경영전략을 달성할 것인가

하는 방향 정립이 있고, 추진 행위에 대한 명확한 절차Procedure는 무엇이며, 목표 달성을 위한 Follow Up은 어떤 방식이 필요한가에 대한 항목들이 있다. 이런 상황은 곧 모든 관리 업무가 불명확한 상태에서 이루어진다면 결과가 부진할 수도 있다는 의미를 갖는다.

도요타는 모든 종업원이 명확한 목표의식과 행동절차를 갖고 활동하도록 방침관리라는 수단으로 구체적인 실천을 유도한다. 이 방침관리는 도요타가 1960년대에 추진했던 전사적품질관리TQC 활동의 일환으로 매년 경영자의 방침목표에 의거 전사원이 일정기간 동안 각자의 목표와 수단을 정해 활동하는 전형적인 계획 대 실적평가 방식의 업무였다. 하지만 10년간 품질관리 분야 중심의 활동으로 품질이 일정 수준에 도달하고 난 후에는 방침관리를 한층 격상시켜 일반적인 경영의 틀로 삽입시켰다. 따라서 도요타의 방침관리는 역사가 50년 가까이 되고 그 활동의 질도 타 기업과는 달리 매우 높다.

일반 기업들이 매년 사업계획을 작성하고 추진하지만 그 달성도가 항상 미달되는 수준에 머무르는 이유는 종업원 개인에게까지 이르는 명확한 추진 방향과 목표가 주어지지 않아서다. 이에 반해 도요타는 경영자가 내려준 방침에 대해 정확히 부문별로 할당하고 말단 종업원에게 이르기까지 세세한 활동 항목을 결정하게 하여 1년 동안에 정해진 활동만 충실히 완수하면 모든 목표가 달성되도록 치밀하게 관리되고 있다. 이런 활동은 조직원들이 조직 전체가 추구하는 바를 사전에 아는 동시에 추구하는 과정에서의 본인 역할을 정확하게 인식하게 해주어, 설령 과정상에 부족한 결과가 나왔어도 모든 결과를 공감하고 이해할 수 있게 하고 또한 극복할 수 있는 용기도 스스로 내도록 하는 분위기를 만든다.

차기년도의 방침은 연말에 결정하지만 실제로 사원들의 활동은 회계기간을 중심으로 4월부터 착수한다. 이 3개월간의 기간에 모든 직원들은 활동의 목표, 방향, 수단, 시기 등을 명확히 세운다. 그리고 그 내용은 일방적으로 하달된 상위 목표에 대해 실천항목을 성의 없이 나열하는 것이 아니고 상사와 같이 협의하여 조정하는 치밀한 작업을 통해 완성한다. 이때 개개인들은 직장에 대한 귀속의식이 강해지는 동시에 서로 이해하고 합의된 목표를 달성하고 싶은 욕망을 불러일으킨다. 이는 도요타가 개개인의 보유능력을 그대로 인정하고 높은 목표를 세워 능력을 발휘하게 한다는 인간존중 이념을 실천하는 구체적인 방법이기도 하다.

정확한 생산성 평가를 실천

도요타의 진정한 인간존중은 시간 개념에서 출발했다. 즉 개인의 시간을 존중해야 한다는 논리다. 열심히 상품을 만드는 데 참여했으나 잘 안 팔리면 시간과 노력이 낭비된다는 개념을 말한다. 도요타의 낭비제거 활동이 사원들에게 저항 없이 받아들여지는 이유는 그 활동 자체가 일반적인 시각으로 볼 수 있는 노동 강화가 아님을 알기 때문이다. 낭비제거는 기업성과를 높이려는 것이 아니라 종업원 생애에 걸친 귀중한 시간을 최대로 활용하자는 의도임을 누구나 다 의식하고 있다. 따라서 도요타의 성과관리나 개선의 평가는 단순한 실적평가에 기준하지 않는다. 추구해야 하는 '바람직한 모습'으로부터 벗어난 차이점을 평가한다. 방침관리도 역시 이 틀에서 벗어나지 않는다.

여러 부문과 공정들의 협업으로 대량생산을 이룩하는 것이어서 각 종업원의 공헌도를 측정하기란 어려운 것이 사실이다. 하지만 도요타는 오래 전부터 라인별 소집단 규모로 생산실적에 대한 공헌을 측정했다. 도요타 현장에서는 오노 다이이치가 공장장이던 시절 생산성 평가 시스템을 염두에 두고 각 라인에 대해 작업원의 활동은 원가저감이 목적이고 그 성과로서 이익이 도출된다고 가르쳤다.

1960년대에 오노는 매월 고로모 공장과 모토마치 공장의 라인 책임자들 130여 명을 불러들인 자리에서 라인의 능률지수를 공표하고 지수가 높은 순으로 착석하게 했다. 능률지수는 작업시간의 단축개선 내용으로 평가했다. 평가를 ABCD 네 가지로 나누고 높은 실적의 A그룹은 목표시간을 다시 설정하여 도전하게 하는 활동을 지속시키면서 라인 책임자의 업적결과를 인사고과에 충분히 반영해주었다.

생산성 평가 공식을 보면 'E=기준시간/실적시간'이라는 식으로 계산하여 E가 1보다 크면 효율이 향상했고 1보다 작으면 개선 효과가 없었음을 표시했다. 실적수치는 생산관리부가 집계하여 발표하고 월별 성과급의 차등지급을 철저히 실행했다. 이러한 인물 평가는 1980년대까지 조직능력 향상의 추진력으로 활용돼왔고 그 이후에는 점차 고과 반영 비율을 낮추어 다른 방식의 고과제도로 변경했다.

기계화보다는 숙련자들을 존중

도요타는 왜 강한가. 그 힘은 현장에서부터 나온다. 제조기술은 작업자의 손끝에서 나온다는 말은 기계화 시대에 맞지 않는 말이지만 해당 작업에 정통하게 되면 보다 나은 개선을 작업자 스스로가 할 수 있다. 도요타의 숙련자 층은 매우 두텁다. 숙련공을 지속적으로 확보하여 기술을 계속 선도해나간다는 제조업의 기본전략에 충실하다. 미국의 현지공장을 건설해서 진출할 때 최초의 GM 합작공장인 NUMMI (New United Motor Manufacturing Incorporated, 캘리포니아 프리몬트 소재)는 현지 종업원을 그대로 승계하여 다행히도 숙련공 확보가 가능했지만 켄터키 공장을 건설할 때는 공업지대가 아니라서 고충이 많았다. 하지만 닛산이 미시시피 공장에서 숙련자 모집에 실패한 사례를 공부한 도요타는 우수한 복리후생을 내걸어 소기에 목적한 숙련자는 확보할 수 있었다.

이토록 숙련자에 집착하는 이유는 무엇일까. 숙련자와 비숙련자의 차이는 일의 범위에서 맨 먼저 차이가 발생한다. 오랜 기간에 걸친 프로세스 개선활동은 넓은 시야의 안목을 키우기 때문이다. 초보자는 작업 방법을 의식하면서 작업하기 때문에 머리가 혼란스럽고 몸이 긴장되어 작업 속도가 붙지 않는다. 겨우 한 달 정도가 지나야 의식과 몸이 합쳐져서 머리와 몸이 따로 놀 수 있는 여유가 생긴다. 그때부터 무의식적인 작업이 비로소 가능해진다. 즉 오류를 범하면 의식 없이도 감각적으로 스스로 부자연스러움을 느껴 바로 인식이 된다.

그 이후 더 수준이 오르면 조건반사를 이용하게 된다. 약 2개월이 지나 다른 사유로 라인이 정지되면 오히려 본인이 무의식에서 의식으로 회귀해야 하기 때문에 짜증을 낸다. 작업에 익숙해지는 단계에서는 시간이 빨리 흐르는 것처럼 느끼지만 숙련자는 시간이 더딘 것으로 다가온다. 이때 좀더 넓은 영역으로 시각이 옮겨져 개선의 여지를 찾을 수 있는 여건이 된다. 따라서 이상異常이 발생해도 라인이 흐르는 시간 내에 처리하는 능력을 갖춘다. 스스로의 독자적 방법론도 이때 탄생한다. 이런 숙련자가 많으면 스피드 개선은 물론 방식의 변화까지 가져오게 돼 결국 라인의 전체적인 수준을 향상시키게 된다. 이것이 도요타가 숙련자를 지속적으로 양성시키려는 이유다.

도요타는 내수판매보다 수출과 현지생산량이 더 많기 때문에 해외 고객의 주문이 더 문제가 된다. 그래서 고객이 원하는 스피드에 맞출 수 있도록 하나의 모델을 전세계 공장 가운데 최소한 두 군데 이상에서 생산하는 전술을 택하고 있다. 따라서 미국 공장에서 소화하지 못하는 주문량은 일본 국내공장에서 생산을 도와준다. 이런 이유로 도요타의 모든 공장은 생산의 증감현상이 많이 일어난다. 항상 수요예측량의 최저점보다 20퍼센트 낮은 인력으로 계획하고 나머지는 기간공期間工으로 소화한다는 전술이므로 80퍼센트의 정식요원은 숙련공일 필요가 있다. 즉 기능 축적과 개선에 필요한 최소한의 요원 비율이 다른 기업들보다 월등 높다.

도요타는 내측에 형성된 숙련이나 학습효과를 중시하는 내부역량 중심Inside-Out 경영을 하지만 구미기업은 사람의 창의력이나 교육효과에 기대하는 그 이상으로 자동화 설비나 정보 시스템 등과 같은 방법을 외부에서 부여하는 것을 선호하는 외부역량 중심Outside-In 경영을 선호한다. 따라서 작업자들을 항상 상위 수준의 일에 도전하게 해서 성장을 실감케 해주는 것이 도요타가 추구하는 인간존중의 근로관이다.

도요타가 설비투입을 고려할 때는 인간을 대신하려는 목적보다는 작업자에게 걸린 일의 부하負荷량을 저감시키기 위함이 대부분이다. 주로 3D작업을 중심으로 기계화를 하고 조립의 후미에 자동차에 소량의 기름을 넣는 작업과 같이 정밀을 요하는 반복적 작업 등에 기계화를 추진한다. 그리고 사람이 기계의 부속장치 역할을 하는 아주 단순한 역할에도 기계화는 진행된다. 그러나 수요변동이나 다양성에 대응하기 위해서 인간이 유리한 작업들은 결코 기계화하지 않는다. 기계화가 숙련공의 대응력과 생산성을 추월할 수가 없다. 도요타는 신규설비 투입이 기술이라고 생각해 본 적이 없다. 진정한 기술은 감가상각이다 지난 후의 설비를 어떻게 정상적으로 오래 활용할 수 있느냐에 둔다. 즉 노후기계의 100퍼센트 활용 능력을 기술이라 한다. 이런 기술도 숙련공만이 수행할 수 있다고 본다.

모든 활동에 스피드 전략 구사

일반적으로 기업에서 스피드로 측정되는 핵심역량은 납기 준수 능력이다. 납기를 준수하지 못하는 이유는 두 가지다. 하나는 공정 자체의 대응능력은 있어도 정체시간이 너무 많은 경우이고, 다른 하나는 생산능력보다 수주가 많은 경우다. 이 경우 모두 체류현상이 발생한다. 수주에서 출하까지의 리드타임(L/T)은 수주정보 처리 시간과 제조 시간 그리고 물류체류 시간을 합한 값으로 정해진다. 특히 제조 시간은 각 세부공정의 작업주기(CT : Cycle Time) 합으로 결정되는데 구미기업은 이 표준 작업주기 시간을 그다지 활용하지 않는다. 하지만 도요타는 타이밍을 기준으로 이상상태를 발견해 정지시킴으로써 더 큰 사고를 방지하며 은폐행동을 사전에 막아 고객에게 불량을 건네주지 않는 결과를 만들어간다.

스피드 전략은 제조과정 이외의 영역에서도 수행된다. 특히 생산 개시 전에 개선을 집중해서 시간을 단축시킨다. 디자인 과정에서는 점토모델을 1:1로 만들어 외판의 프레스 공정 위주로 검토했으나 현재는 자동차 주행 시의 소음제거도 검토해 앞면에 장착되는 부품(Front End 품목으로, 라디에이터 그릴, 헤드램프 등)들의 사전 적합성을 미리 찾아내어 시행오차의 기간을 줄이고 있다. 설계 시에는 조립 관계자가 어떤 기준과 방법으로 부착시킬 것인가를 사전에 체크하여 양산에 들어가 설계변경으로 인한 시간 지연을 최소화하고 있다. 공정 레이아웃 설계에 있어서는 가능한 한 부품의 서브 조립을 유도하여 메인 조립 라인의 길이를 짧게 해 L/T를 단축하는 노력을 한다.

도요타의 공장별 생산량 증감현상은 빈번이 일어난다. 신차를 개발할 때는 생산량 감소가 일어나는 공장에서 고숙련 작업자를 주로 차출하여 신차 검토에 대응한다. 이때 만나는 숙련자들은 서로 차출될 인원으로 예상할 정도로 숙련자에 대한 인식이 확고하다. 또한 응원제도가 발동하여 감산하는 공장 내의 여러 라인에서 보내진 숙련자들이 증산의 공장에 가면 자주 보는 얼굴들이라 별로 어색해하지 않고 바로 협동하여 스피드를 올리는 면도 도요타의 스피드 전략에 중요한 역할을 한다.

도요타는 신차의 주문량에 지연시키지 않고 1:1로 대응하기 위해 기존의 다른 차량을 생산하는 공장에서 생산할지라도 투입한 지 5일만에 계획된 생산량 목표를 달성한다. 일반기업에서는 전용 라인을 준비해서 투입해도 한 달 가량이 지나야 겨우 목표 수량을 달성하기 시작한다. 무려 6배의 시간능력 차이가 발생하고 있는 것이다.

도요타의 스피드 전략은 세계에서 가장 뛰어나다. 도요타의 생산관리부는 조립공장의 총지휘자다. 공수를 원原 단위로 파악하는 것은 물론 공장과 과 단위 그리고 조 단위로 노동생산성을 파악하고 있다. 차종의 적정한 조립공장을 선정하는 작업에서부터 목표관리까지 다룬다. 따라서 도요타의 스피드는 생산관리부의 세세하고 정밀한 기초 데이터의 충실한 분석력으로 결정된다.

13 생산현장 부가가치 중심 경영을 실행한다

부가가치가 발생하는 현장을 보다 완벽한 조직으로서 갖추려면 권한과 책임을 보유한 숙련자 양성을 가장 우선해야 하며 그들의 장기적인 근무조건을 조성해주어 연구하는 직원 문화를 이끌어야 한다.

재고를 최소화하는 소총부대 방식 생산

구미의 대량 생산 라인과 도요타의 다품종 소량 생산 라인의 대결 구도는 마치 기관총과 소총부대의 대결처럼 보인다. 1열은 사격, 2열은 사격준비, 3열은 탄알 장전과 같은 전통적 3단계 소총사격술로 기관총의 연속사격에 대항하는 모습과 같다. 대LOT 생산방식은 시간과 장소적으로 분산된 형태로 발생하는 소비를 반대로 시간과 장소적으로 생산을 집중시키는 방법으로 대응해서 규모의 이익을 실현하려는 방식이다. 따라서 보관과 운송이 많이 필요하다. 하지만 도요타는 일관공장(주조와 프레스 포함) 형태로 하루 2교대 작업을 종업원 2000명 정도가 소화해 1000대를 생산하는 규모의 단위Unit공장 체제를 구상했다. 물론 이 공장들은 특정 품종으로 특화한 전용공장이 아니고 다품종소량 체제로 운영하는 공장이다. 월 2만 대를 생산하면 연간 24만 대를 만들고 이런 공장이 10개 있으면 연 240만 대를 소화할 수 있다. 이런 사고로 각 공장을 설립한 것이 도요타의 소총부대 전략이다. 1980년대부터 시작한 세계화 전략도 역시 보관과 운송을 없애려면 제품이 소비되는 장소와 시점에 생산해야 한다는 철학으로 출발했다.

재고가 없어야 하는 상황과 재고를 인정하는 상황의 차이는 현장의 운영방식에 차이를 가져온다. 부분최적의 합이 전체최적이라는 구미 형태의 경영은 자원의 최대 조업과 최대 가동이 최대의 이익을 가져온다는 개념이다. 따라서 그 결과 증대하는 재고 결점Demerit에 대해서는 둔감하다. 그러나 도요타는 부분최적의 합이 전체최적은 아니라는 생각으로 물류 속도의 최고 스피드가 최대의 이익을 가져온다는 개념을 세웠다. 그 결과 재고 '0'에 최대한 접근하는 논 스톡Non Stock 생산을 실현했다.

도요타가 주력한 속도는 고객 L/T(주문~납품)와 내부순환자금 L/T(재료구입~판매)다. 고객 L/T를 단축하여 시장경쟁력을 높이고 자금 L/T를 단축하여 수익성을 높이는 전략을 추진했다. 하지만 도요타가 재고감축을 실제로 수행할 때는 자금회전율 향상 차원만이 아니라 직장 수준을 나타내는 척도로도 활용했다. 따라서 각 작업장은 감축 목표를 설정하고 도전해서 결과를 내면 한 단계 높은 수준의 직장에 도달했다는 만족감을 갖는 풍토를 조성했다.

환경에 관계없이 부가가치 기능을 살린다

도요타가 내리는 부가가치 작업의 정의를 보면 '가공 대상물에 응고하는 작업'이다. 단순하면서도 쉽지 않은 접근법이다. 제조기업의 구성부분을 기준으로 부품가공이나 총조립과 같이 제조공정과 연관된 부분을 A라고 정의한다. 생산하는 현장을 간접적으로 지원하는 제조 간접부문(검사요원이나 설비점검요원 등)을 B라고 정의한다. 그리고 개발이나 설계 혹은 생산기술과 같은 준비단계 부문을 C라 하고 총무나 경리부 같은 사무 간접부문을 D라고 정한다.

부가가치 창조는 오로지 제조공정 담당 영역인 A뿐이라고 도요타는 정의를 내리고 있다. 나머지 B, C, D는 부가가치 창출의 필수불가결한 지원행위로 보고 있다. 오노 다이이치는 공장장 시절에 급여의 일부가 생산성 등급에 의한 생산수당 형식으로 지불되도록 했다. A부문은 '능률지수', BCD 부문은 '완성지수'라는 평가를 통해 매월 산정하여 수당을 지불하기도 했다. 특히 간접부문은 원래 낭비의 요소가 되므로 필수불가결한 요인만으로 존재의 이유를 검토하는 일에 냉철함을 발휘했다.

부가가치의 현장을 중시하고 숙련자를 기업의 근본가치로 인정하는 도요타는 가장 우선하여 정착시킬 문화로 장기고용문화를 선택했다. 최종적인 모습인 '정류화'를 구축하기 위해서는 연구하는 종업원의 유지가 절대적으로 필요하지만 작업자가 빈번히 들고 나는 고용체계 문화에서는 그것이 불가능하다는 것을 알고 있었다. 따라서 생산기술로는 해결되지 않는 부분을 현장의 조장이나 반장과 같은 숙련자에게 책임을 부여하기 위해서는 장기적인 근무체계가 될 수 있는 방법론을 부단히 연구할 수밖에 없었다. 이런 노력을 등한시한 채 단순한 사고로 타사가 도요타의 개선활동과 현장의 자주관리 체제를 도입하려

한다면 힘들게 느껴질 것이다. 많은 사람들은 도요타의 장기고용이 관행인줄 알고 있지만 그렇지 않다. 고용과 승진 그리고 처우 제도의 독자성이 그들을 장기적으로 붙잡고 있을 뿐이다. 경영진이 종종 장기고용을 전제로 함을 강조하지만 절대 종신고용은 아니다.

도요타에서는 매년 1500명에서 2000명에 이르는 50대 다기능공이 퇴직한다. 숙련은 본인의 노력으로 완성한 것이라 전승은 거의 불가능해서 숙련공의 가파른 감소를 메우기 위해 퇴직자의 10퍼센트 정도를 재고용하고 있는 실정이다. 그리고 따로 전승이 가능한 분야에서는 '기능 전도사'라는 제도를 만들어 기능을 철저하게 전수하도록 한다. 날이 갈수록 임시직의 증가와 사내 외주의 증가로 단순작업자와 개선활동 중심자의 구분이 더 양극화되는 실정에 있다. 이렇게 관리 대상이 자연적으로 증가하자 이를 관리할 경영관리조직의 비대화를 사전에 차단하기 위해 기존의 현장책임자들에게 권한과 책임을 더 크게 부여하는 활동을 진행하고 있다.

도요타 현장인력으로 권한과 책임을 지니려면 가파른 숙련의 길을 걸어야 한다. 먼저 생산 대상물의 흐름을 이해하는 기본능력이 필요하다. 그러한 능력은 대표적으로 커뮤니케이션 능력이나 인간관계의 조정능력이 대신한다. 그 다음은 경력을 통한 숙련으로, 라인의 비정형적 노동에서 발생하는 변화와 이상 현상에 대응할 수 있는 능력이 필요하다. 또한 표준화된 노동의 숙련은 이상처리 능력에 한계가 있으므로 다른 지식도 많이 습득하는 종합능력을 요구한다. 이러한 지적 숙련이 높아야 도요타와 같은 현장의 자율관리가 가능하기 때문이다.

기간직의 비율이 점점 늘어나자 기간직을 정규직으로 채용하는 비율도 늘어나고 정규직과 사내 외주용역의 성과측정 제도가 분리되어 있는 문제 등 여러 문제가 발생하고 있는 중에도 도요타가 꾸준히 전개시키고 있는 분야가 한 가지 있다. 1965년부터 불량을 양품처럼 취급하거나 불량을 양품으로 간주해 뒤로 보내는 바보 같은 일은 피하자는 의미로 불량방지장치Fool Proof 시스템을 지속적으로 전개했다. 기간직이 갈수록 늘어나 불량 발생 확률이 높아질수록 이 제도는 현장책임자의 책임 아래 더 확대되는 현상을 보인다. 이 제도의 근본사고는 불량검출의 아이디어를 유도하는 인재 육성의 출발점이기도 하고 품질보증의 종착점으로 알려진 '이상이 있으면 멈춰라'는 개념의 추구에 있다.

현장 기능을 고도화한다

시간이 지날수록 생산에 필요한 작업의 기능은 고도화하고 있다. 여러 차종을 다품종 소량으로 혼합 조립하는 상태에서 해당 차량마다 적격의 부품을 선택Pick Up하는 기능은 고도의 판단력과 순발력을 요구한다. 이런 복잡한 환경을 해결하기 위해 현장에서는 차종별로 세트준비체계Set Parts System로 바꾸는 전환기에 있기도 하다. 그리고 기능발휘의 환경이 복잡해지고 다양화하자 각 공장의 가장 뛰어난 작업동작을 선발 평가하여 볼 수 있는 도구Visual Manual 형식으로 만든 다음, 그 자료를 보고 많은 작업자들이 훈련하는 시스템도 동원하고 있다. 이른바 디지털 공학Digital Engineering의 시작을 알리고 있다.

또한 개선활동도 작업하는 사람들보다는 전문적으로 개선하는 팀에 의존하는 경향이 커지고 있다. 현장에 조직된 '공장기술원실'은 생산기술부, 제조부, 생산관리부의 3대 파워 부서에 이은 4번째 조직으로 작업자들을 대신하여 자유로이 개선을 실행하고 현장의 모순을 찾아 개선안을 실행하는 막중한 책임을 맡고 있다. 제조(조립) 과장을 3년 정도 거친 후에 재충전하는 장소로 약 400명이 담당한다. 이 조직이 도요타의 개선 아이디어 창출의 보고寶庫(Think Tank)다.

이러한 인재 육성 발상은 현장 책임자의 능력개발을 살아 있는 현물의 제조 및 물류현장 중심On the Job으로 수행한다는 원칙에서 탄생했다. 도요타는 현장을 벗어난 장외훈련Off the Job은 거의 하지 않는다. 최대의 효율 발휘와 인재 육성을 동시에 해결할 수 있는 방법을 택한 것이다.

고숙련의 완성으로 표현되는 조립의 '완결 작업'이라는 개념도 고도로 복잡해지는 자동차의 기능 확대에서 오는 해결책으로 도요타가 보유한 특징의 하나다. 완결작업에는 기능완결과 부위완결이라는 두 개념이 있다. 기능완결이란 헤드램프와 같은 부품을 볼트체결과 컨넥터(연결선)의 연결 및 배선의 고정과 같은 작업을 함께 연속하여 하나의 기능조립품이 온전히 기능하기 위한 조립조건을 완결하는 개념이고, 부위완결이라 함은 단순한 여러 부품으로 구성된 도어 같은 부문을 일시에 책임지는 개념이다. 도요타는 복수의 작업자들에 대한 작업 완료 성과 책임을 책임자들에게만 부여하는 것이 아니고 작업자 개개인에게도 책임을 부여하고 있다.

도요타가 안고 있는 현장의 당면과제는 두 가지인데 하나는 기능도가 높은 작업을 분해하여 기능이 낮은 작업으로 개선하는 일이고, 또 하나는 임시직의 증가와 해외생산의 증가로 어떻게 각 기능에 따른 사람들을 확보해야 하는가이다. 이런 고민을 푸는 방법으로 심지어 조립분야의 신입사원들에게 프로정신과 능력을 불어넣기 위해 불과 1주일의 교육에서도 특이한 발상으로 훈련을 실시한다. 전동드라이버의 숙련교육이나 설비자동화 개념 및 5청정 활동 등 기본교육을 마치고 마지막으로 선배들 앞에서 작업요령대로의 무언극을 연출한다. 즉 작업동작 순으로 구분해 가며 소리치면서 자신이 익힌 바를 검증받는 것이다. 그런 훈련 덕택으로 2주째에 현업에 투입해도 선배의 OJT 훈련을 받으면서 무리 없이 작업을 소화시키는 저력을 발휘한다.

14 경쟁력을 확보하는 원가개선을 실천한다

원가개선 실효를 거두고 싶으면 우선 참여자 전원이 납득할 수 있는 목표 설정 기준을 정립해야 하고, 활동에서 소외되는 조직이 없도록 전원 참가 형태로 유도하여 이익추구와 품질보장의 일석이조를 노려야 한다.

기본적인 목표원가 기획

도요타의 원가기획 활동표준을 살펴보면 그들의 원가경쟁력을 느낄 수가 있다. 근본적인 원가의 결정 절차는 우선 차량의 최종 판매가격을 CE(개발책임자)와 영업 및 재무책임자가 합의하여 결정하고 난 후 경영층의 확보이익에 대한 방침을 받고 달성원가를 결정하게 된다. 결국 판매가, 이익, 제조원가 순으로 결정한다. 하지만 조기의 판매가 결정은 예산초과 현상이나 타사의 경쟁가격 유발이 일어나므로 출시 2개월 전에 최종 판매가 결정을 다시 하고 있다.

승용차는 보통 출시 2년 전부터 개발에 착수한다. 자동차의 몸체 부문과 기능 부문(Unit라 함)으로 나누어 개발한다. 주로 엔진이나 변속 시스템은 선행해서 개발하는데 제일 중요한 사안은 '개발제안'이라고 하는 이벤트다. 기술부가 개발차량에 관한 정보를 전사적으로 알리는 단계로서 이 과정에서 승인을 받아야 시작품試作品을 만들 수 있다. 이 단계에서 기본차형에 대한 원가의 채산목표를 확정하여 제시하게 되어있기 때문이다. 1차 시작품을 검토한 후 본격적인 설비투자를 해도 좋다는 의미로 '생산이행제안' 단계가 후속으로 진행된다.

원가기획에서 가장 기본적인 전제 사항으로 판매가격, 계획한 기준 원가대로의 판매 예상 대수 그리고 설비투자 규모를 꼽는다. 따라서 '개발제안'을 하기 이전에 기본적인 전제조건을 확고히 하기 위해 과거 모델에서의 원가부담 부분을 찾아내 개선 포인트를 사전에 찾는 작업과 각 부문에서 요청한 원가저감 포인트를 우선 반영하는 회의를 추진한다.

세 부문에서 합의된 목표원가는 기능별 목표원가로 다시 분할되어 결정된다. 이때의 세부적 전개는 CE(Chief Engineer, 주사主査)가 주도적으로 리드한다. 바디(차체) 부문과 기능 부문으로 나누어 진행하는데 바디에 대한 1차 시작품의 부품 사양으로 원가견적을 검토한다. 이때 바디 부문의 목표원가를 달성하지 못하면 생산이행 허가가 나지 않으므로 원가 만들기 활동에 주력한다.

현품을 기준으로 한 VE(Value Engineering, 가치공학 : 동일한 기능을 저렴하게 만드는 기술) 활동과 생산내용 및 판매가격 그리고 수량 등의 수정을 포함한 일체의 목표달성 검토회를 갖는다. 그런 이후 3차 시작품 단계에서 한 번 더 원가를 자세하게 체크한다. 양산에 들어가기 4~5개월 전에 양산용 시작품으로 원가의 최종판을 만든다. 실적원가 확인은 양산을 시작한 후 약 6개월 정도 지나 판매가격과 원가 그리고 설비투자와 공수 등의 실적을 계획과 대비하여 달성하지 못한 부분이 있을 때는 반드시 설계변경을 하더라도 목표원가를 맞춘다. 도요타가 원가 개선의 우선분야로 두는 것이 설계변경이다. 신기술이나 공법의 적용으로 제조비용을 삭감하는 분야로 부품 수의 삭감이나 부품 공유화(Platform 공유 포함)를 추구 포인트로 삼는다.

부품 협력사의 철저한 원가기획

자동차의 경우 부품의 내작內作과 외주外注 비율이 약 3:7 정도로 협력사에 의존하는 부분이 상당히 크다. 따라서 부품 메이커의 원가기획 활동 성과에 의해 목표원가 달성 여부가 달려 있다. 부품 메이커의 원가기획 활동은 크게 3단계로 나누어 실행한다.

1단계는 'COST SURVEY'라 불리는 과정으로 본사에서 협력사로 부품마다 해당하는 원가수준의 타진 시기를 말한다. 설계 이전의 원가를 검토하는 시기다. 예를 들어 "이번 차량은 좌석의 쿠션 프레임을 이러한 형상으로 하고 싶은데 어느 정도의 비용이 요구되는가?"와 같이 구상構想설계 단계에서 질문을 해본다. 이때 협력사는 용이하게 만드는 방식으로 제안(DFM : Design For Manufacturing)하는 동시에 기존에 보유한 설비로 가능한 설계구조를 제안한다. 이 단계는 '설계 전 원가검토'로 PDC(Pre-Design Checks of Costs)라 부른다. 기존 모델의 원가 모순을 전부 검토해 제안하게 된다. 대부분의 협력사 설계요원이 차량 메이커에 설계지원 요원으로 파견되어 있기 때문에 신속하게 구상 설계 사양을 얻어낼 수 있어 대응하기가 쉽다. 이때 협력사는 목표원가를 1차로 결정하고 시작품을 만들어 원가분석을 실행한다.

앞 단계가 완료되면 2단계로 메이커는 협력사에게 정식으로 부품의 목표원가를 제시한다. 이때가 양산 약 20개월 전의 일이다. 사실 가격 결정은 그렇게 쉽게 되는 것은 아니다. 서로의 이해관계가 있어서 불협화음이 일어날 때가 많다. 이렇게 뜻대로 가격이 결정되지 않는 수가 많으므로 도요타의 구매부 신입사원은 부품가격을 결정하는 업무에서 가격 리스트와 가격결정 매뉴얼이 없이 선배의 OJT로 1:1 훈련을 받는 독특한 면을 보인다.

협력사는 사내저감 목표를 따로 정하기 위해 현행 기존품의 채산성 악화 요인을 철저히 조사하고 설비투자 목표나 이익률을 분석한 다음 목표원가를 정식으로 결정한다. 목표원가는 차량 메이커가 제시한 목표가격에서 자체의 중기이익률을 감안한 이익을 뺀 나머지로 책정한다. 차량 메이커가 정하는 공식과 절차를 그대로 협력사가 반복한다. 목표원가를 설계할 때에 예전에는 '시트가 50만 원이면 시트 커버는 5만 원으로 할 것'라는 식으로 했지만 현재는 '바늘이 몇 땀 들어가고 프레스가 몇 공정이니 얼마'라는 식으로 원原 단위 수준으로 원가를 잡는다.

3단계는 위에서 정한 목표원가를 달성하기 위해 부지런히 VE 활동을 하는 단계다. 이 세 개의 단계는 순차적으로 이루어지는 것이 아니라 거의 동시병행으로 이루어진다.

원가 개선의 추가활동

도요타가 추구하는 원가저감은 양대 축으로 분리된다. 신제품 개발 단계에서 수행하는 '원가기획'과 기존 제품의 양산 중에 수행하는 '원가개선'의 두 분야다. 일반적으로 설계나 생산착수 이전에 정한 표준(설계)원가에 실적원가가 달성되면 원가관리를 잘 하는 기업으로 평가한다. 하지만 그런 소극적인 방법으로는 경쟁력에 한계가 있어서 원가개선이라는 활동 개념이 등장하게 됐다. 원가 유지는 단지 신차 개발 및 양산 초기에 목표원가를 실현하는 의미로만 집행한다.

원가개선은 실제원가가 표준원가 밑으로 가게 하는 원가저감 활동이나 현상원가를 유지하면서 별도로 정한 기대원가 수준까지 계획적으로 내리는 활동을 말한다. 따라서 실천 활동에서는 차종별로 하는 것과 기간별로 설정하는 부문별 원가개선 활동으로 나눌 수 있다. 예로서 기간별 원가개선 활동에서의 매년 각 공장별로 할당되는 원가개선 목표는 전년도의 공장 전체 실제원가 중 해당 공장이 얼마나 차지했는가를 비율로 환산한 다음 목표액을 곱해서 산출한다.

가령 전체 개선 목표액이 100억이고 전년도 전체 실제원가가 400억, 특정 공장의 실제원가가 80억이라면 80억/400억은 0.2가 되고 여기에 목표금액 100억을 곱하면 20억이 할당된다. 간단한 수식이다. 이것을 다시 부, 실, 팀 단위의 계층별로 회의를 하여 전년도의 달성실적을 고려한 목표를 설정하게 한다. 특히 현장에서는 실제투입공수가 차종변화에 민감하게 반응하므로 차종별 환산대수계산에 의거 공평한 목표값으로 느끼게 해야 한다. 이런 결과로 라인 천정에 걸린 일일생산실적 전광판을 쳐다보는 작업자는 당연 긴장하게 되어 있다. 만약 긴장감이 없는 현장이라면 개선목표를 이해할 수 없고 납득하기도 어렵다는 분위기가 그대로 드러나는 현장이거나 관리부문의 '나 홀로 목표'로 전락한 경우로 볼 수 있다.

차종별 원가개선은 주로 경쟁력을 필요로 할 때 시도한다. 가령 미국에서 판매하는 소형차가 한국 소형차의 저가 공세에 밀린다고 판단될 경우 과감히 해당 모델의 원가개선 작전에 돌입한다. 그 모델의 부분변경(Face Lift 모델)을 불과 6개월 정도 앞두고 상세 실제원가를 집계한 후 개선활동까지 마쳐 일부의 원가저감 효과를 취약부문에 대한 품질의 보강까지 할 수 있는 활동 스피드를 보유하고 있다.

도요타는 설계단계에서의 목표원가에 일치하는 제조 부문의 수행 표준원가를 일단 설정한다. 생산은 양산 기간에 이 표준원가를 유지하는 차원으로 우선 실행하고 TPS로 원가개선을 점진적으로 수행해 나간다. 따라서 대부분의 자동차 기업에서 수행하는 혁신적 원가 개선은 개발단계에서 하는 원가기획 단계에 있지만 도요타는 양산에 들어가서도 개선하는 양동작전을 구사하기 때문에 원가개선 능력이 타 기업들을 압도한다.

특히 내부노력이 아닌 분야로서 공장입지의 우월성이 원초적 경쟁력으로 작용하기도 한다. 완성차 주변에 거의 모든 협력사가 밀집하여 경비(특히 물류비)부담을 줄여 경제성을 높인 것이 장점이다. 개발 및 생산단계 뿐만이 아니라 간접사무 부문에서도 원가의 혁신활동은 펼쳐진다. 대부분의 기업이 사무간접 부문에서 업적목표의 설정이나 원가저감 활동의 연관관계를 명확히 하기 힘들다는 이유로 원가개선 활동을 포기하는 수가 많다. 하지만 도요타는 간접부문의 원가효율 향상 분야를 방침관리 내의 목표관리 항목에 반드시 삽입하여 재고 절대금액의 변화, 업무처리공수나 시간단축의 변화를 측정하여 비용 삭감이나 공수 절감 성과를 측정하고 평가한다.

15 신뢰를 기초로 협력사들과 공존공영한다

협력사의 생산 공급행위는 곧 내부생산과 동일하다는 개념을 도입하여 단순한 원가저감 압력을 행사하기보다는 공동의 노력으로 모든 단계에 내포된 낭비를 찾는 고도의 공존공생 전략을 모색해야 한다.

제도적인 뒷받침

도요타는 부품을 자체적으로 조달하는 비율이 30퍼센트 정도다. 1980년대에 미국의 자동차 빅3 회사는 부품 내작 비율이 70퍼센트를 넘나들었다. 하지만 도요타는 매출의 50~60퍼센트를 외부로부터 조달하는 비용으로 지출한다. 따라서 도요타에서는 조달은 곧 생산이라는 개념으로 수행한다. 하지만 핵심역량 기술Key Technology은 모두 내작하는 것을 원칙으로 하고 있다.

도요타의 조달 부문 조직은 크게 세 부문으로 구성되어 있는데 제1 조달 부문이 협풍회協豊會(1차 부품 협력사 모임)를 중심으로 조달하는 부품을 관장하고, 제2 조달 부문이 영풍회榮豊會(설비와 기계제작 협력사 모임)를 중심으로 조달하는 기계설비나 보조설비를 관장하며, 조달기획 부문은 협력사의 품질관리와 개선을 담당한다. 하지만 정작 부품이나 완성차 조립의 내외작 결정은 생산관리부가 하는 것이 도요타의 독특한 면이다. 이와 같이 조달의 대부분을 담당하는 기업들이 각기 조직화된 협력회를 조직하여 활동함으로써 도요타 시스템을 형성하는 중핵 기능을 수행하고 있다. 대신 협력사들은 다른 기업의 협력사들과는 달리 거의 자금난을 겪지 않아 은행으로부터 돈을 빌리지 않는다. 대부분의 협력사가 최소한 4~5퍼센트의 순이익을 올리고 있기 때문이다.

도요타 부품협력사의 경우 특정 차종의 부품에 대한 초기가격이 결정되고 거래를 한 이후 연 2회의 정기적인 가격교섭을 한다. 우리나라처럼 무조건적인 인하압력이 아니고 공정개선의 활동을 전제로 하는 인하교섭이다. 즉 누르는 가격압력이 아니라 서로의 타협점을 찾는 노력을 한다. 이런 교섭은 협력사의 부품공정 및 소재 연구 노력에 준하여 육성정책을 펴는 전략에 기초한 행위다. 그런 취지를 잘 아는 협력사는 스스로 연구하거나 원가저감 활동을 한 후 가격인하를 제안하는 경우가 많다. 이럴 때 도요타는 협력사와의 COST DOWN 금액의 분배 원칙으로 만약 협력사가 스스로 10퍼센트 절감했을 경우, 제안 후 6개월간 종전 가격으로 납품받고 6개월 이후에는 절감 효과의 50퍼센트 즉 납품가의 5퍼센트를 삭감하며 1년이 경과할 때에 비로소 10퍼센트 절감분을 모두 적용하는 정책을 편다. 결국 1년간 협력사에게 일정한 초과 수익을 보장해 주는 것이다. 하지만 우리의 현실은 다르다. 협력사가 연구를 해서 내부원가를 절감하면 바로 납품가를 깎으려 하는 메이커의 행동 때문에 개선 부분을 감추려고 하거나 개선해도 소용없다는 심리로 활동을 포기하기도 한다.

도요타는 협력사로부터 무조건 이득을 취하려는 생각보다는 채산성을 보장하는 거래방식을 원한다. 심지어 협력사의 내부 경쟁력이 악화될 경우에는 도요타 개선 팀이 급파되어 효과가 나올 때까지 지원활동을 해준다. 조직을 위기에서 구해낼 수 있는 위기관리 능력, 위험에 빠지지 않게 사전에 요소들을 제거해 가는 준비 능력, 그리고 조직원 모두에게 행동력을 부여해 줄 수 있는 자신감을 불어넣어준다. 위기를 극복한 후에는 그 활동의 결과를 양쪽(도요타와 협력사) TOP에게 보고한다. 그러나 이런 현상을 해당 구매부에게는 보고하지 않는 철칙도 갖고 있다. 거래상에 선입감이 들어간 행동을 유발하지 않기 위해서다.

원가저감 활동의 확실한 실행 지원

협력사들로 하여금 기본적으로 보유한 기술로 판매 범위 확대를 통해 도요타 의존 비율을 점차 낮추게 하고 있다. 판매 확대로 이익이 확대되면 곧 도요타 부품의 원가저감 유도가 가능하기 때문이다. 이에 반해 협력사에게 일정 규모의 매출을 일으키게 해 준다는 구실로 무조건 가격을 후려쳐서 협력사가 타사와의 거래로 얻은 이익을 모두 빼앗아 가 자기들의 배만 불리는 것이 국내의 대기업의 실정이다.

도요타는 협력사를 육성하고 난 후 저감유도를 하는 것이지 최저가격으로 상대방의 진을 다 빨아내고 다른 곳으로 옮겨가는 그런 파렴치한 외주관은 갖고 있지 않다. 말은 그럴듯하게 동반성장하자고 해놓고 이런저런 기술을 다 빼낸 후 결정적으로 발주할 때는 인터넷 공개입찰에 따른 최저가를 기준으로 삼는 국내 대기업들의 횡포는 다반사로 일어난다. 이러한 얄팍한 사고를 벗어나지 못하면 도요타와 같은 경쟁력은 영원히 갖지 못할 것이다. 21세기 도요타WAY의 다섯 가지 중 하나인 존중Respect의 의미를 다시 생각해볼 수 있으면 좋겠다.

도요타는 협력사에게 두 번의 원가저감 기회를 놓치지 않게 한다. 첫 번째는 양산 이전의 개발단계에서 기존 사용품의 원가 모순점을 보완해 새로운 제안을 하는 VE활동과 양산 중에 주로 공정 개선의 제안을 중심으로 하는 VA(Value Analysis, 가치분석)를 철저히 실시하도록 권유한다. 권고로 그치지 않기 위해 도요타는 해마다 한 번 협력사의 원가저감활동을 고무하기 위해 협력사 회관Suppliers Center에서 신공법이나 신기술 전시회를 개최한다. 프레스, 단조, 주조, 소결, 수지 등 각 기술 분야별로 참가한다.

도요타의 기술구매 파트도 과거에는 부품 도면만을 보고 그 협력사의 설계 담당자가 누구인지도 모른 채 단가협상을 진행했으나 이제는 협력사의 실제 개발자와 마주 앉아 직접 협상하는 방식으로 협력사를 존중하는 태도로 바꿨다.

생산 공정과 공장 관리를 통한 원가저감 분야에서 기존 방식으로는 새로운 도전이 불가능하다는 것을 인식한 도요타는 1970년대 들어 자사에 정착한 TPS를 전 그룹의 관계사에게 통일된 개념으로 활동하게 해서 전체적인 COST DOWN 시너지를 얻는 착안을 했다. 이에 협력사들은 업종을 가리지 않고 모두 TPS를 추진했다. 처음에는 협력사 고유의 관리방식을 무시하는 처사에 반감도 있었지만 JIT 개념을 제대로 수행한 결과 보통 30퍼센트 이상의 효율 향상, 2배 이상의 생산성 향상을 확인한 후 더욱 TPS에 대한 확신을 갖게 되었다.

도요타의 개선활동을 대표하는 개별조직으로 '자주연自主研'(자주연구회 또는 자주연수회)이라는 모임이 있다. 도요타 그룹 내에 수백 개의 모임이 활동하고 있는 것으로 파악된다. 본사의 특정부문 기술에 관계된 사람들과 그 기술에 관련된 부품 협력사들의 연구모임에서 출발했다. 이 모임은 서로의 조직능력을 키워주는 학습조직으로서의 기능을 십분 발휘한다. 처음에는 단순 모임으로 시작했지만 후에는 시스템적으로 운영하게 됐는데 그 중에서도 가장 활발한 조직은 TPS를 직접 보급하는 임무를 지닌 생산조사실과 선정된 협력사(약 45개사)들과의 활동이다.

45개 협력사를 6개 그룹으로 나누되 한 그룹 내에는 동일 업종이 없도록 한다. 참가 협력사 중 한 곳이 일정기간 동안 장소를 제공하게 되어 있고 나머지 참가 기업에서는 개선 베테랑 요원이 2~3명씩 참가해 1년을 기약하고 참가 회사를 순번제로 돌아가며 개선활동을 진행한다. 그 조직 안에서는 대표자, 서기, 토론진행자 및 발표자 등의 역할을 순환제로 돌아가며 맡아 수행한다. 1977년에 발족하여 현재도 계속 진행하고 있는 '자주연' 활동은 장소 제공 기업의 효율 향상 효과와 참가자의 능력 개발이라는 두 마리 토끼를 잡는 강력한 수단이다. 체험 위주의 모임이어서 활동 결과의 어떠한 기록이나 지식은 남기지 않으려고 하는 것도 하나의 특징이다.

이러한 개선 전문가들의 모임에서 새로운 수법이 탄생되면 각자는 소속 기업으로 돌아가 새로 개발된 수법을 하부 담당자들과 함께 OJT 교육으로 풀어가는 세미프로 조직을 다시 발동시킨다. 이것이 '공장 자주연수회'라는 하부 조직이다. 이처럼 개선 활동도 피라미드 형태의 체계적인 조직으로 협력사가 수행할 수 있도록 지원한다.

위 상황들을 종합해 볼 때 도요타는 협력사를 일방적으로 몰아가는 원가저감이 아니라 공동의 노력으로 개발, 설계, 생산의 각 단계에 있는 중첩되고 복합적으로 내포된 낭비를 찾는 극히 높은 수준의 원가저감 활동이 진행되고 있음을 짐작할 수 있다.

협력구조의 체계적인 조직화

도요타와 협력사와의 거래형태는 크게 세 가지로 분류된다.

첫째는, 신제품개발 시기에 참여하여 제품의 컨셉에 따른 부품의 컨셉설계를 협동으로 개발하여 부품의 도면을 협력사 스스로 설계하고 생산도 실행하는 '승인도承認圖 메이커'(예를 들어 타이어, 에어컨, 브레이크, 배터리, 연료분사 기능품 등)라는 협력사 형태가 있다. 이 기업들은 VE와 VA 원가저감을 모두 실행할 수 있다.

둘째로, 도요타가 상세도면까지 설계하면 그 도면을 건네받아 단순히 부품을 가공생산만 하는 '대여도貸與圖 메이커'(예를 들어 소물 플라스틱, 가공 파이프, 내장용 플라스틱 등)라고 불리는 협력사 형태다. 이 기업들은 설계기능이 없으므로 VE활동에 의한 원가저감은 불가능하고 단지 생산 중의 VA활동만이 가능하다.

셋째로, 미리 설계되고 가공되어 시판되는 부품을 공급하는 '시판공급사'라는 협력사 형태가 있다.

특히 승인도 시스템 분야에는 보이지 않는 공정이 있을 수 있어서 가격상의 문제가 발생하기 쉽다. 오히려 내작 부품보다 승인도 부품의 원가항목이 더 자세하고 복잡할 경우가 많다. 이런 문제점은 담당하는 협력사를 선정하는 데 있어 복수 거래처 개발로 해결하고 있다. 따라서 개발 시에 협력사가 승인도 부품을 잡으려고 참여했어도 승인도 검토 과정에서 상대 경쟁사에게 질 수 있다. 서로 최선을 다하려는 선의의 경쟁이 치열하다.

단순히 도면을 받아 가공만 하는 '대여도 협력사'는 승인도 협력사들보다 비교적 수월할 것 같아 보이지만 제작기계나 치구 혹은 공구 면에서 남다른 노하우가 많아야 원가경쟁에서 이길 수 있다. 임금과 토지가 싼 후진국의 도전을 물리칠 정도로 기술력이 막강하기 때문에 기술의 해외유출도 염려할 필요가 없다.

협력사가 담당하는 부품은 차량 당 대개 2만 개의 부품으로 복잡성을 덜기 위해 일단 4000개의 중간단위 조립 UNIT품으로 일차 압축하고 그 처리 과정은 피라미드형 생산구조를 통하여 해결한다. 이 과정에 참여하는 협력사들의 모임으로 2005년 현재 협풍회協豊會에 약 212개사, 영풍회榮豊會에 약 123개사가 등록되어 있다. 그리고 그 협력사들의 하부에 다시 가공생산 협력사들이 피라미드처럼 각 협력사를 모체로 구성되어 있어 실제로 도요타의 부가가치 창출에 관여하는 기업은 1만 개가 넘는다. 특히 협풍회에 입회하면 도요타와의 직접거래구좌를 갖게 되어 신용도가 바로 올라가기도 하지만 비즈니스 면의 요구수준은 상승하여 상당한 노력이 계속 따르지 않으면 그 지위를 유지할 수가 없다.

도요타의 1차 협력사는 대부분 승인도 메이커가 차지한다. 그 중에는 덴소와 같이 매출 2조 엔이 넘는 대기업도 다수 포함되어 있다. 부품사의 규모가 이렇게 대규모로 성장하게 된 데에는 부품의 조립 수를

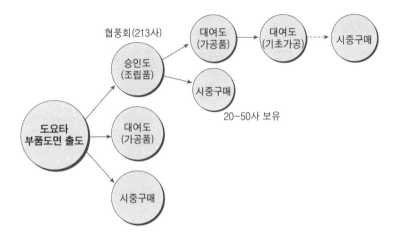

협풍회(213사)

대여도
(가공품)

대여도
(기초가공)

시중구매

승인도
(조립품)

시중구매

20~50사 보유

도요타
부품도면 출도

대여도
(가공품)

시중구매

[그림 2-3] 도요타 부품계열의 분류 형태

축소하기 위해 모듈Module화가 적극적으로 진행됐기 때문이다. 미국
의 델파이나 독일의 보슈 등 전장품의 부품 메이커가 작은 규모의 자
동차회사보다 클 정도다. 이런 대기업도 역시 생산할 부품 중에서 핵
심기술Key Technology 부분은 내부에서 제작하고 나머지는 다시 '대여
도'를 2차 협력사에게 주어 많은 단순가공 협력사를 보유하고 있다.

2차 협력사들은 대개 100~200명 정도의 종업원을 보유한 기업들
로 기술이나 기능이 독보적인 곳이 많아 좀처럼 해외의 조달처로 대체
되지 않는다. 기업 규모가 크면 기술력도 앞설 것이라는 인식이 오해
라는 점을 확인해준다. 도요타의 이러한 협력사 계통을 알기 쉽게 표
현하면 [그림 2-3]과 같다. 도요타는 계열사인 도요타차체와 관동자동
차의 설계부서 2000명을 '도요타 테크노서비스'라는 이름으로 독립시
켜 설계부문 외주협력사의 위치로 두고 활용하고 있기도 하다.

16 인사제도를 혁신하고 효율적으로 운용한다

가장 효율적인 인사제도는 각자의 소질과 능력을 최대로 살릴 수 있는 배치 제도와 능력 발휘를 공정하게 평가한 급여나 진급 제도 그리고 사원들 육성 능력을 지니고 있어야 한다.

관리 · 기술직의 연공서열 파괴

1980년대에 불어 닥친 일본열도의 버블경기가 끝나갈 무렵인 1989년에 도요타는 인사제도의 개혁을 단행했다. 근본적인 이유는 각 조직의 계층이 너무 많아 실무진에서 제안한 좋은 안들이 잘 먹혀들지 않았고 단계를 거칠 때마다 안 자체의 의미가 점점 본의를 잃어버리는 현상이 나타나 효율이 떨어지는 결과를 마주했기 때문이다. 또한 중요 사안은 협조를 거쳐서까지 결정하는 규칙으로 되어 있어 심지어 해외공장에 관한 결재는 6개월이 넘는 경우가 다반사였다. 도요타는 지식의 매뉴얼도 충실하지만 직장 내의 제도를 잘 정비하여 학습을 가속시키는 조직이다. 내부제도나 규칙Rule 자체가 사람들의 행동을 정형화시켜 가까운 미래의 불확실성을 감소시키려 만든 것인데 오히려 불확실성을 배가시키고 있는 것으로 판단한 것이다.

신인사제도는 단기간에 바꾼 것이 아니라 오랜 기간 모든 조직원들을 설득시켜 가면서 완전한 이해 속에 불만을 품는 사람을 최소화하는 동시에 새로운 환경에 적응하는 시간도 배려할 정도로 충분한 시간을 두고 진행했다. 가장 두드러진 특징은 연공적年功的 요소의 불식이다. 능력 측정이 어려운 신입사원은 제외하고 특히 과장급 이상의 기간직基幹職에만 능력평가를 적용하여 연령과 근속 연수는 이제 더 이상 진급에 관계없는 형태로 바꿨다. 간부들의 능력 측정은 주로 창조적인 업무 발굴과 부하직원 육성 능력에 초점을 맞추었다. 그리고 간부로서의 명확한 요건을 제시해 주면 새로운 환경에 적응하기 힘든 사람들이 출현하게 되는데 그들에게 새로운 일터를 적극 찾아주는 제도도 시행했다.

우선 1990년의 직제개편으로부터 본격적으로 변화를 시도했다. 부장, 차장, 과장, 계장, 담당 등의 5단계로 구성된 실무자 직책을 부장 또는 실장, 스태프 리더, 담당의 3단계로 축소시켰다. 그 결과 6000명이던 직책 보유자가 2000명으로 줄었다. 그리고 직책이 없는 사람들은 직급을 단순화해서 과장급, 차장급, 부장급을 각각 기간직 3급, 2급, 1급으로 정했다. 나이와 근무 연수에 관계없이 해당 급에 따라 기본급은 '자격급'이라 하여 모두 같고 나머지 '직능급(능력급)'에서 차이가 나도록 했다. 이 직능급 평가는 과거의 상대적인 평가에서 절대적인 세 가지 기준의 평가로 바꾸면서 평가비율도 최고인 S급(특출한 성과)은 10퍼센트, 우수한 평가인 A급(기대 이상의 성과 도출)은 30퍼센트, 보통의 평가인 B급(기대되는 성과 도출)은 60퍼센트로 결정했다. 만약 기대 이하이면 상사가 임의로 C급을 매길 수 있다. C급을 두 번 연속 받으면 임금 등급 즉 자격급이 한 등급 아래로 내려간다. 노력을 하건 안하건 처우가 같으면 곤란하고 또 능률을 저하시키는 사원은 패널티를 주어야 한다는 인사원칙에 의거한다. 이러한 변화를 일시에 일으킨 것이 아니고 급속한 임금체계에 당황하지 않도록 몇 년을 두고 점진적으로 실행했다.

성과 도출 과정 중심 평가

성과주의를 임금제도와 연계시켜 수행하려면 정확하고 공평한 평가체계가 우선해야 한다. 고과는 두 분야로 나누어 측정했다. '직능고과'와 '업적가점고과'의 두 가지인데 우선 직능고과는 승급 결정의 판단기준으로 보유능력이 아니라 발휘성과에 대한 평가로 1년간의 결과확인과 성과 판단으로 이루어진다. 업적가점고과는 주어진 역할에서 차지하는 중점 테마를 중심으로 하는 고과를 말하는데, 방침관리에서 수행하는 테마를 평가하여 성과를 평가하는 것으로 승급에는 영향을 주지는 않지만 보너스에 영향을 주게 했다. 주로 스스로 정한 MS(Mission Statement, 약속선언)에 따라 상담하고 평가한다.

이때의 고과평가는 억지로 실적수치를 만들어 평가하는 것이 아니고 도요타의 기본철학인 진행 과정의 충실도로 등급을 매겨 평가한다. 단발성 성과주의가 아니라 프로세스를 정확히 인식하여 계속 성과를 낼 수 있는가에 중점을 두고 평가하는 것이다. 따라서 한 번의 평가행위가 아니라 방침관리의 주기적 점검기간을 이용하여 고과행위도 동시에 수행한다. 방침관리라는 현실 업무에 고과제도를 삽입하는 체제로 마치 품질을 공정 중에 삽입하는 TPS 원리를 그대로 적용하고 있다.

과거 1993년경에 후지츠가 관리직에 대해 성과주의를 시도했는데 목표 달성도만으로 결정하는 방법에 폐단이 많음을 깨달았다. 6개월에 한 번씩 상사와 면담하여 개인별 목표를 잡고 그 달성도에 따라 평가하는 시스템을 운용했지만 높은 장기목표의 계획은 없어지고 오로지 단기의 낮은 목표만 설정하여 고과만 잘 받으려는 습관만 늘어나 성과가 기대에 못 미치는 결과가 되어버려 구미식의 성과급 제도를 비판 없이 받아들인 부작용의 대표적 사례로 간주됐다. 그래서 목표보다는 과정의 충실도로 다시 전환했는데 이는 도요타의 목표관리방식으로 전환함을 뜻한다.

　　도요타가 간부에 거는 기대 방향은 고과항목으로 파악할 수 있다. 고과요소는 과제 창조력, 과제 수행력, 조직 관리력, 인재 활용 능력, 인망人望 등의 다섯 가지로 구성되어 있는데 특히 인망 부분은 타 조직에서 좀처럼 볼 수 없는 요소다. 특히 인재 활용 능력은 단순히 부하들에게 업무지시만 내리는 것이 아니고 부하의 노력을 효과적으로 지도하는 일을 말한다. 부하직원들이 가장 갈구하는 것은 자신이 수행하는 일의 훌륭한 진행과 그 과정으로부터 무엇인가를 새롭게 터득하는 것이 있기를 바라는 것이다. 따라서 상사들은 전문성에 의해 좁아진 시야의 폭을 허물고 본질을 제대로 파악할 수 있는 많은 지식을 보유할 필요가 생겼다. 항목의 하나로서 조직 관리력은 어떻게 하면 멤버들이 조직목표를 달성하기 위해 일사불란한 움직임이 일어날 수 있을까 하는 방안을 강구하는 동시에 그 과정을 통해 누구의 능력이 우월한가를 찾아내는 일석이조의 업무수행을 말한다. 일반 기업들은 주로 부분의 목표달성률과 업무관리를 중점으로 하는 반면에 도요타는 수치보다는 창조와 과정을 중시하는 수단능력의 수준 여부에 더 중점을 둔다는 것을 알 수 있다.

위의 다섯 가지 요소는 불과 50퍼센트의 평가 점유율을 차지하고 나머지는 전문지식과 능력을 평가한다. 부하직원이 없는 기간직을 고려하여 다섯 가지 항목조차도 부하직원과 협의하여 항목을 정한다. 경직되지 않은 고과평가제도임을 알 수 있다. 또한 공정한 평가를 위해 직속상사의 평가만 고려하지 않고 제3자의 평가를 받는 면(다면평가, 전문성 평가, 자기신고 등)도 고려한다.

도요타는 고과에만 중점을 두는 기업은 아니다. 일반 기업들의 사원들은 대부분 입사하여 한 부서에 오래 근무하는 성향이 많지만 도요타는 사원들에게 많은 능력의 발휘 기회를 가능한 많이 제공한다. 기간직은 정식으로 계장급 이상을 말한다. 현장에서 기간직으로 되는 경우는 극히 적기 때문에 대부분이 사무기술계 출신들이 차지한다. 계장 단계에서부터는 영어 시험과 같은 통과 시험 외에 펜실베니아 대학 프로그램인 재무와 생산관리 및 인재육성에 관한 일정 프로그램을 소화해야만 기간직의 업무수행 준비과정을 마치는 것이다. 그리고 5년마다 큰 테두리 내(가령 재무부문에서의 경리, 회계, 원가기획 등)에서 부서를 이동하여 다방면의 OJT를 경험해야 하는데 출중한 인물은 파격적으로 이동하고 보통의 인물은 일정 영역 내에서의 정규 이동만 경험한다. 이는 도요타의 전통적인 인사제도로 미래에 경영자로 기용될 후보를 가능한 많이 다방면의 지식과 경험을 가진 제너럴리스트Generalist로 양성하기 위한 배려다.

생산기능직 연공서열 파괴

1990년대 초반 오랜 기간에 걸쳐 관리직의 인사제도를 혁신할 때 생산직의 인사제도 개편에도 착수했다. 관리직이나 기술직과 마찬가지로 현장의 직제에도 변화를 가져왔다. 기존의 전문기능직 직책 구분 명칭인 공장工長, 조장組長, 반장班長의 세 직책과 관계없이 현장에 근무하는 3등급의 전문기능직 직급제도를 먼저 만들었다. 도요타 현장에는 기초기능직, 초급기능직, 중견기능직, 전문기능직이라는 네 등급의 기능직으로 구성돼 있다. 그리고 가장 상급인 전문기능직 가운데에서도 제일 높은 전문기능직을 CX(Chief Expert)로, 그 다음 등급을 SX(Senior Expert), 제일 하부의 전문기능자 등급을 EX(Expert)로 명명했다.

그리고 1997년에 기존에 있었던 세 직책을 모두 없애고 새로 편성한 세 전문기능직급으로 전부 편입시키고 꼭 직책이 필요한 능력 있는 리더는 다시 선발하여 기존의 세 직책 대신에 두 직책에 대해서만 공장 대신 CL(Chief Leader)로, 조장 대신 GL(Group Leader)로 다시 부여했다. 이런 조치로 2000명이었던 공장이 1000명으로 줄었고, 6900명이었던 조장이 3800명으로, 1만 명에 육박했던 반장 직책은 폐지해버렸다. 따라서 18900명의 현장 간부가 5200명으로 줄어 과거의 3분의 1 이하로 간부집단 규모가 축소되었다. 관리 성향이 짙은 사람은 동일 직급이라도 CL로 남고 작업에 익숙한 사람은 모두 라인으로 투입된 결과다. 특히 1991년 이전에는 나이가 55세 정도 되면 라인에서 빼주는 관례가 있었지만 상위 직책이 줄어들어 모두 라인으로 편입되는 동시에 이제는 60세까지 라인에서 다른 작업자와 똑같이 스피드를 맞추면서 작업하는 풍토로 변했다.

대폭적으로 현장의 간부를 축소해도 현장이 문제없이 가동되는 이유는 수십 년 동안 많은 자동화나 기계화가 이루어져 현장 간부 직제가 없어도 운용되는 작업공정이 증가했기 때문이다. 또한 조장이 많을 때는 결원이나 라인 정지 등에 의해 조장이 직접 라인에 투입되는 현상으로 조장의 주 임무인 TPS의 지도를 원활히 수행할 수 없었지만 많은 조장들이 다시 라인에 투입되고 그룹 리더(GL)들은 본래의 TPS 지도를 열심히 할 수 있도록 하는 직제 방식으로 방향성을 잡은 것이다. 도요타의 현장 전문직의 경우 직접작업과 부하의 지도 및 상하간의 중간 파이프 역할과 같은 세 가지를 수행하는 직책으로 정의되어 있다.

전문기능직의 초급단계인 EX급이 되려면 세 번째 등급인 중견기능직을 거친 후 승격하기 위해 2주간의 합숙훈련을 포함한 4개월간의 훈련을 통과해야 한다. 이 기간에는 주로 집단으로 하는 토의나 개별 리포트를 작성하는 훈련이 대부분으로 관리능력 양성과 팀워크를 이루는 훈련을 집중적으로 받는다. 중견기능직에서 EX로 승격하는 데는 경력 연수에 제한을 두어 시행하는 것이 아니라 오히려 5년이 지나지 않은 사람이면 무조건 능력에 의해 승격할 수 있다. 공고를 졸업하고 평균 7년~10년 정도가 지나면 EX로 승급한다. 현장에 들어와 우수한 자는 빨리 승격시켜 자신감을 심어주고 열등한 자는 중견기능직에서 5년 걸려 비록 자격이 안 되더라도 승격시켜주면 회사에 대한 감사한 마음을 갖게 해 결국 모두 충성심을 갖게 하는 고도의 인사제도를 구사하고 있다. 즉, 능력에 의한 차별은 철저하게 두면서 꼬리는 자르지 않는 법을 쓰고 있다. 후미의 10~20퍼센트를 잘라내어 축출해버리는

GE의 방법과는 대조적이다.

생산직도 연령급 급여체계를 폐지했다. 근무 연수가 많다고 해서 급여를 많이 받는 것은 아니다. 급여 등급을 9등급으로 책정해서 기초 기능직은 9급, 초급기능직은 7~8급, 중견기능직은 5~6급, EX 직급은 3~4급, SX는 2급, CX는 1급으로 각기 분류했다. 이마저도 1999년에 5등급으로 축소하여 기본 등급 차이를 줄이고 능력고과로 급여 차이를 두는 정책으로 전환했다.

현장의 능력 평가는 주로 문제해결 능력을 중심으로 하되 연간 스스로의 개인목표를 잡아 해결해가는 과정을 평가하는데, 이 역시 방침 관리에 속하는 활동을 인사고과의 일환으로 활용한다. 이런 방법의 추진사고는 사원 개인의 욕구가 채워지는 사이에 조직의 목표도 동시에 달성되도록 하는 도요타 특유의 문화라고 볼 수 있다. 상사와 함께 목표를 상의해서 본인이 해결할 문제와 기능의 상승 노력에 대해 약속하고 매 기간에 상담평가에 의한 정확한 성과측정을 하여 관리기술직과 거의 비슷한 형태로 고과를 실행하고 있다.

TOYOTA

CHAPTER 06

BOTTOM UP과
TOP DOWN의 조화

기업의 성장을 이끄는 방식에는 두 가지—상층부의 리더십을 중심으로 펼쳐지는 중앙
집중(Top Down식)형, 실무를 집행하는 직원들의 자유의사에 의한 결집력(Bottom
Up식)을 중심으로 새로워지는 형태—가 있다. 도요타의 혁신과 발전은 두 가지가 교묘
히 뒤섞인 방식으로 이루어져 왔다. 그 중에서도 특히 부가가치를 직접 만드는 현장조
직의 자율분산 형태의 문제해결능력은 도요타 성장의 견인차 역할을 해왔다.

17 무한 에너지를 내뿜는 자율신경조직을 키운다

특정 리더의 판단력이나 추진력에 의한 경쟁력은 일시적인 현상이지만, 실무를 집행하는 사원들의 자유의사에 의한 결집력은 자연스런 유전자를 형성해 장기적 경쟁력을 창조한다.

가장 큰 자율신경은 전원 참여

기업 발전을 위한 혁신활동 추진에서 언제나 종업원 스스로가 하고자 하는 욕구와 행동력Impact이 가장 중요하다. 강제적인 추진력으로는 많은 곤란한 상황에 부딪힐 수밖에 없다. 기업의 성장을 이끄는 방식에는 대표적으로 두 가지가 있다. 훌륭한 경영으로 이끄는 상층부의 리더십을 중심으로 펼쳐지는 중앙 집중형(Top Down식)이 있고, 실무를 집행하는 사원들의 자유의사에 의한 결집력을 중심으로 새로워지는 형태(Bottom Up식)가 있다. 하지만 도요타의 혁신과 발전은 두 가지가 교묘히 뒤섞인 방식으로 이루어져 왔다고 본다. 그 중에서도 특히 부가가치를 직접 만드는 현장조직의 자율분산 형태의 문제해결능력은 도요타 성장의 견인차 역할을 해왔다.

비록 안전의 확보나 완벽한 품질삽입 그리고 설비정지 시간의 단축

등 비교적 낭비제거 활동을 중점으로 개선 대상을 삼아 활동해 왔지만 생산현장의 전원이 참여하고 제안한다는 전원 참여 형태라는 점에 그 의의가 있다. 그런 참여 결과는 신입사원 시절부터 선배들이 1:1로 가장 기본적인 자세부터 극한의 개선정신까지 OJT를 통한 충실한 가르침이 있었기에 가능하다고 본다. 그러한 가르침은 곧 동료 간의 신뢰감을 형성시켰고 선배를 믿고 의지할 수 있는 풍토를 만든 셈이다. 그리고 선배들의 행동은 후배를 생각해주어서가 아니라 자기가 근무해온 기업조직 자체를 신뢰해서 스스로 나선 것이기 때문에 이런 의식이 후배에게 전달되어 결국 기업과 개인 간에 신뢰감이 쌓인다. 그런 신뢰감이 자율적 변화나 개선에 우선함을 도요타로부터 배울 수 있다.

도요타에 이런 풍토가 조성되는 것은 상층부의 리더들이 디젤기관차가 열차 전체를 억지로 움직이는 형태의 조직 활동을 목표로 이끌지 않고, 고속열차와 같이 각 열차가 자체의 모터로 동력을 발휘해 전체가 고속의 힘을 내는 식으로 각 하부의 작은 조직들이 자율신경으로 목표를 완수하는 체제로 방향을 잡았기 때문이다. 즉 상부가 명령 형태로 일관하기보다는 하부 구성원들의 자주성을 살려주는 자기책임의 원리를 하부 조직에 침투시킨 것에 불과하다.

조직이 작을 때는 자율신경조직이 발동하지 않아도 혁신이 가능하다. 하지만 조직의 규모가 커지면 상황이 달라진다. 도요타도 고로모 공장 하나만을 운영할 때는 몇 명의 힘 있는 중간 책임자(예를 들어 오노 다이이치)들에 의해 계획과 통제가 목표대로 움직일 수 있었다. 그러나 1959년에 승용차 전용공장인 모토마치本町 공장을 가동하고부터는 상황이 달랐다. 직원 숫자도 1만 명을 넘어가면서 드넓은 공장을 지시형

업무 형태로 이끌어간다는 생각이 잘못 됐음을 알아차렸다. 그래서 오노도 조직을 확대하고 재편하여 TPS를 이끌어나갔다. 이때부터 현장 책임자인 조·반장들의 책임의식이 커져갔다. 현장책임자들이 역량을 발휘해야 할 영역이 목표의식, 자율성 확보, 진도 평가 능력, 개선 능력 등과 같은 분야로 점차 넓어진 것이다.

자율의지의 결집은 슈퍼파워로

미국을 추월하려면 미국식으로는 불가능하다는 것을 깨달았으며, 미국과 같이 고성능기계를 구입해 기계에 의존한 대량생산은 자본 때문에 더더욱 엄두도 내지 못했다. 단지 도요타가 차별화가 가능하도록 할 수 있는 것은 현장 작업자들의 지속적인 개선의욕을 북돋워 창의적 지혜와 아이디어를 끌어내고, 끊이지 않는 변화에의 도전과 항상 보다 높은 목표를 실천해가는 도전정신을 호소하는 것이 전부였다. 그러나 이것이 오히려 조직을 강하게 밀착시키고 추진력이 제일 강한 경쟁력의 으뜸 요소인 자율신경 결집력Bottom Up으로 성장할 줄은 꿈에도 몰랐다.

그러한 Bottom Up식 추진력 중에 도요타가 유난히 빛나는 분야는 인간과 기계의 일체감을 형성시키는 능력이다. 일반적으로 구미 지역에서는 기계가 인간의 일을 빼앗아 가는 대체물로 생각해서 인간과 기계를 대립관계로 보는 가치관이 우세하지만, 도요타는 조금이라도 기계에 인간의 지혜를 넣어 개선해 기계와 인간이 일체가 되는 현장 시스템으로 변화시켜가는 능력에 중심을 둔다. 즉 구미 기업들은 인간

없이 기계를 돌리려고 하고 도요타는 반드시 인간의 지혜가 들어가고 인간이 움직이는 기계화를 추구한다는 점이 다르다. 따라서 구미는 Top Down식 업무 처리에 익숙하고 도요타는 Bottom Up식 추진을 권장한다.

도요타가 생산성을 올리기 위해 단순 기능을 벗어나 다공정을 보유한 형태의 작업을 작업자들이 온전하게 받아들이는 반면 구미 작업자들은 일의 내용이나 범위로 임금을 정한다는 생각 때문에 범위를 약간만 넓게 잡아도 임금 인상을 요구한다. 이런 작업자 문화 격차가 도요타 해외 생산의 장해물이 될 줄 알았지만 도요타의 강력한 교육 체계와 승부 문화가 결국 미국의 근로자 사고를 바꿔놓았다.

사실 미국인 작업자들이 초기에 일본 자동차 기업들의 엄격한 노동 밀도에 불만이 많았지만 실제로 일본 노동계를 가장 비판하면서 곱지 않은 시선으로 바라본 것은 독일 노동계다. 세계에서 가장 강한 노조는 유럽에 있고 특히 독일이 강하다. 임금도 가장 높은 편이다. 하지만 프리미엄급 차량을 브랜드 이미지로 고객을 확보해 매출과 이익을 올림으로써 노동의 문제점을 극복하고 있다. 독일 경영진은 노조가 무리한 요구라도 하려고 시도하면 도요타의 대표적인 노동 상황을 들어 경쟁에 뒤진다는 반 협박을 일삼는다.

도요타가 자율신경이 발달된 현상은 현장 사원들의 책임감과 도전 정신에서 찾을 수 있다. 신 모델이 생산에 투입됐을 때 현장 자체의 목표는 한 달 안에 일일 목표량을 달성하는 체계로 가는 것이다. 그래서 2주차에 닷새 중 2일 정도, 3주차에는 3일 정도, 4주차에는 전일 모두 목표량을 달성하는 날이 되도록 한다. 심지어 투입된 지 5일 만에 정량

생산을 한 적도 있다. 이 시기에는 새로운 작업 사이클 타임에 익숙하지 못한 작업자가 많아서 5미터 간격으로 정해 놓은 작업영역을 넘어 작업속도가 늦은 앞뒤공정의 작업자를 적극적으로 도와 균형을 맞추는 노력을 스스로 수행한다. 이러한 자율신경의 발달은 좀처럼 일반 기업이나 특히 구미 기업에서는 볼 수 없는 광경이다.

자율신경조직은 권한과 책임의 결정체

라인의 인력감소를 통해 생산성을 올리는 활동에서 자율신경은 가장 활발하게 움직인다. 가령 50명의 작업 라인에서 상반기에 10퍼센트의 인력 5명을 줄인다는 목표로 활동할 때 만일 1월에 5명 모두를 줄이는 개선을 했다면 나머지 5개월 간 5명의 근무지시 권한은 해당 라인 책임자에게 주어진다. 개선했다고 빼는 것이 아니라 주어진 기간을 존중해 주면서 더 많은 개선을 현장 책임자의 지휘 아래 진행되기를 희망한다. 평범한 멤버라고 여겨질 현장책임자에게도 일정한 권한과 책임을 주어 본인의 주어진 역할 이상을 하게 하는 것이 자율신경의 완성도를 높이려는 도요타의 고도 전술이다.

도요타는 단일 라인에서 가장 많은 품종의 차를 혼합해서 조립하는 것으로 유명하다. 보통 20개의 차종을 만든다. 하지만 경쟁사들은 일반적으로 5개 이내의 차종에서 소화한다. 도요타의 작업자는 조립작업을 할 때 작업자가 개인당 20개 종류의 차종에 속하는 조립표준을 기억해야 하고 오류도 없어야 하는 압박감을 갖고 있다. 신체적 부담과 정신적인 부담이 동시에 따르는 작업으로 단순작업이 아니다. 정확한 정보처리와 판단 그리고 낭비 없는 동작과 순발력은 물론 완력까지 요구한다. 이런 환경 속에서도 지속적인 생산성을 올려야 한다고 생각하면서 인력을 감축해나가는 데에는 진정으로 스스로의 욕구가 아니면 불가능하다고 본다.

이런 욕구는 개인의 욕심과 의지만으로는 불가능하고 판단된다. 그들의 성공에는 저변에 보다 큰 자기완성의 욕구가 있었음을 21세기 도요타 노사화합 신규 선언을 통해서 파악할 수 있다. 그 선언에는 다음의 네 가지 항목이 들어가 있다.

1. 글로벌 기업으로서 국제사회에 공헌
2. 상호 신뢰와 책임의 노사관계
3. 부가가치 창조에의 협조
4. 일본 전체를 시야에 넣고, 근로자가 진정 풍요로운 사회 실현

위의 네 가지 중 마지막의 선언 내용을 살펴보면 일본 전체를 시야에 넣는다는 문구가 있다. 이 뜻은 도요타의 현장 근로자가 일본 산업계를 이끌어가야 한다는 미션과 같은 무서운 의지가 담겨 있다. 도요타의 현장 작업자들은 자기만의 과업 완성에 그치지 않고 타인의 모범으로서 이끌어야 하는 리더로 비춰지는 것이다. 그래서 늘 과거보다는 나은 현장의 모습을 그려나가고 있는지도 모른다.

비정규 모임과 제도의 활성화

도요타는 비정규 모임을 활성화 시킨다는 전략을 앞에서 설명한 바 있다. 비조직 중에는 큰 조직으로서 기능양성소(현 도요타공업학원의 전신) 출신 모임인 풍양회豊養會(최근 해체되었음)와 고교 출신들의 모임인 풍생회豊生會와 도요타 공대 출신 모임인 풍진회豊進會 등이 있으며 기타 비정규 조직이 많다. 또한 도요타 협력사들의 단결력을 과시하는 협풍회, 정풍회, 영풍회 등도 있다. 이러한 자율신경조직들이 도요타의 근본적인 파워를 키워준다는 견해가 무리는 아니다. 1997년에 밸브 부품을 하루에 3만 개 생산하던 아이싱 정기精機의 부품공장이 화재로 전소되는 사고로 도요타 조립 라인이 무한정 정지될 위기에 직면했었다. 그때 덴소를 포함한 협력사들이 일제히 나서서 각자 보유한 유사 라인들을 임시 마련하여 불과 2일 후에 조립 라인이 다시 정상으로 운영되도록 극복하는 협동심과 자율적 움직임을 볼 때 도요타의 자율신경조직이 갖는 경쟁력은 무한한 잠재력을 지니고 있다고 평가해야 한다.

또 하나의 커다란 자율신경조직으로 제안제도를 들 수 있다. '제안'이란 자신이 수행하는 일 속에서 좀더 좋은 방법은 없을까 하는 사고에서 출발하여 생각한 아이디어를 말한다. 도요타에 근무하는 동안 일과 제안 및 개선 발표의 세 분야는 영원한 필수과제라는 풍토가 퍼져 있다. 제안제도가 성공하려면 근본적으로 상사는 상사대로 부하는 부하대로 개선 마인드가 철저해야 한다. 도요타의 제안제도는 '제안 즉시 실시'라는 특색을 지니고 있다. 제안에 대해 현장책임자가 권한을 갖고 즉시 시험해 보는 것이 성공의 열쇠라는 개념을 갖고 있다. 제안 심의위원회가 가부를 결정하는 안은 10퍼센트에 그친다. 나머지는 모두 시험을 거친 것이라 이미 검증이 되어버린 것이다. 따라서 대개는 포상금액을 결정하는 목적으로 심의위원회가 열릴 뿐이다.

제안제도 평가는 유형효과를 1~20점, 무형효과를 1~20점 사이에서 평가한다. 아이디어가 우수한 제안은 창의연구회에서 별도의 심사를 하는데 유용도 0~5점, 독창성 0~10점, 착상성着想性 0~10점, 노력도 0~10점 사이에서 추가로 평가한다. 우수제안은 2만 엔에서 20만 엔까지 포상이 주어지는데 참가율은 평균 95퍼센트가 넘는다. 그리고 제안에서 포상까지의 처리가 신속하여 당월 제안은 차월 말까지 처리하여 종료한다는 목표로 추진하기 때문에 이월하는 경우가 없다.

Q.C서클도 자율신경조직이라고 할 수 있으나 참여하면 해당시간만큼 돈을 지급하므로 자율적 성격이 약하다. 월 1회 수행하며 2교대 작업 후에 새벽 1시 30분 부터 한 시간 정도 진행하는데 내용의 양부良否보다는 참가율에 의미를 두어 종업원들의 관심을 한 방향으로 이끈다는 데에 의미를 두고 있다.

그 외에 '창의연구 제안'이라는 활동이 있다. 전 근로자가 제출 의무를 갖는 제안들 중에서 의미 있는 것을 골라 반장급의 책임자들이 순번제로 돌아가며 월 1회 사례를 발표하는 제도다. 제안이 없어 발표 횟수의 미달 책임자는 자체적으로 게시판에 공고되기도 한다. 이와 같이 하부에 있는 무수한 자율신경조직의 움직임들이 도요타의 경쟁력 저변을 형성하고 넓혀주는 구성요소다. 도요타가 60년 가까이 고도 성장과 흑자 경영을 해온 원동력을 알 수 있다.

18 현장 리더의 수준 향상을 최우선 과제로 삼는다

기업을 떠받치는 핵심은 부가가치 창출 과정을 책임지는 현장 인력이므로 그들의 기능과 지적 수준을 향상시키는 인재 육성만이 경쟁력을 확보하는 길이다.

창업자의 현명한 미래 예측

1938년 가을, 꿈에 그리던 대규모 일관생산 공장을 고로모擧母에 건설해서 입성한 도요타는 본격적인 대량생산 시대를 열었다. 하지만 점차 늘어갈 생산량에 대비한 전문 기능공 선발이 염려되자 생산현장의 중핵을 담당하는 인재 양성이 장기적으로 필요함을 느꼈다. 그래서 정부의 「공장사업장 기능자 양성령養成令」이라는 법령에 의거 3년제 과정의 공원工員 단기양성공短期養成工을 육성하기 위해 군부의 자금을 지원받아 양성소를 설립했다. 그 학교가 바로 1939년도에 최초로 339명이 1기 양성공으로 입소한 '도요타 공과 청년학원'이다.

군에서 파견된 육군 장교인 중위를 사감으로 임명하고 전원 기숙사 생활로 시작했기 때문에 1기생들은 군대식 규율로 양성소를 마쳐야 했다. 심지어는 아침 구보와 도열을 항상 절도 있게 시행하는 정도로 엄격했다.

이때에 받은 교육과목 중에는 영어도 있었다. 그 당시에 이미 미국과 멀어진 일본은 미국을 경원시하고 심지어 적대시하는 풍토가 생겨 영어를 사용하지 않는 것은 물론 야구 용어까지도 일본 용어로 바꾸어 경기를 진행하던 시절이었다. 하지만 도요타는 달랐다. 금기시하는 영어 사용도 국제적인 감각과 기계응용 분야에 정통하려면 영어를 배워야 한다는 기이치로의 의지에 주위 분위기를 무시하고 정식 필수과목으로 채택했다. 교사가 부족하던 시절이라 이 시기에 도요다 에이지도 시간교사로 활약했다.

이렇게 군기가 들어간 양성공들은 선후배의 구분이 확실했다. 후배는 선배를 깍듯이 대접해야 했고 현장에 배속된 후에도 선후배의 구분은 거수경례의 행동 순으로 알아볼 정도였다. 또한 선배들의 기득권이 얼마나 강한지 후배와의 말다툼 끝에 후배를 해머로 때려서 죽이는 사건도 발생했다. 이런 엄한 분위기 속에서 도요타의 기능공들이 성장했고 그 맥을 이어받아 오늘날에 이르고 있다. 생존하는 1기생들은 지금도 도요타를 향해서는 발을 두고 자지 않는다는 정도로 도요타에 대한 충성심과 애정이 대단한 사람들이었다. 그들이 바로 1940년대부터 1960년대에 걸쳐 도요타의 중흥을 이끌었던 핵심 인물들이다.

현장의 핵심 기능공들은 대졸 이상 수준

초기의 기능공 양성소가 발전한 것이 현재의 도요타 공업학원이다. 정규 공업고등학교의 형태로 되어 있다. 역시 법에 준한 3년제 학교로 우수한 기능공을 양성한다는 원래의 취지대로 운영되고 있다. 이 학교에 입학하기 위해 전국의 중학교에서 성적이 평균 90점을 넘는 학생들이 지원하고 있는 실정이어서 그 인기가 식을 줄 모른다. 주로 도요타에서 근무하고 싶어하는 학생이 대부분이고 지역적인 특성 때문에 도요타에 근무한 경력이 있는 가족들의 권유로 지원하는 학생들도 많다. 심지어 대를 이어 도요타에 뼈를 묻으려는 집안도 더러 있어 현재 3대째 근무하는 집안도 있을 정도다.

이 공업학원에 입학하면 특별한 사유가 없는 한 도요타의 정규직원으로 등록되므로 입학과 동시에 도요타의 종업원이 되는 것이다. 기숙사 생활을 하며 팀플레이 정신을 키우는 동시에 종업원 신분을 보장받기 때문에 3년 동안 예비사원에 해당하는 급료를 받는다. 현재는 약 200명 정도가 매년 입학해서 3년간 무려 5600시간에 달하는 정규교육을 받는다. 한국의 공업고등학교가 3년간 이수하는 정규 수업시간을 조사한 바에 따르면 약 3000시간 교육을 받는다고 한다. 도요타 공업학원의 교육시간에 견주려면 우리 실정에서는 공고 3년에 공대 4년(약 2200시간)을 더해야 가능하다. 따라서 도요타 공업학원을 졸업한 학생은 사실 공대까지 나온 실력을 갖추었다고 봐도 과언이 아니다.

실제로 그들의 교과 과목을 살펴보면 대학에서 배우는 수준의 공업수학이나 기초과학을 배우는 것은 물론 역학 분야까지 배운다. 따라서 도요타의 핵심 인력들로서 현장을 지배하고 유지하는 그들은 대졸 수준 이상으로 판단해야지 기능공이라 해서 우리의 사정과 비교하면 착각이다. 사실 그렇게 판단하는 사람들이 대부분일 것이다. 그렇기 때문에 왜 도요타가 그렇게 경쟁력이 있는 기업인지 또, 왜 생산부문이 세계 최강인지 이해하지 못하고 어쩌다 운이 좋아 생긴 경쟁력쯤으로 단순하게 보는 사람이 더 많을 것이다.

3년간 배우는 분야는 기능 분야가 40퍼센트 정도이고 25퍼센트가 지식 분야 그리고 나머지 35퍼센트가 교양 분야다. 아침 6시 30분에 기상하여 오후 5시 30분까지 이어지는 교육은 어지간한 인내력으로는 버티기 힘들다. 교육시간이 5000시간이 넘는 이유는 보통 학생들이 누리는 방학이 없기 때문이다. 도요타 직원으로 취급되기 때문에 사원들과 똑같이 연간 열흘 정도의 정규휴가 정도만 가능하다. 특히 교육과정 중에는 매일 4시경에 정규수업을 끝내고 그 이후에는 각자 선호하는 서클 활동을 하게 해서 개인별로 리더십을 키우는 기회를 갖게 한다. 3년간의 과정에서 국가가 시행하거나 사내에서 검정하는 자격증을 10개 이상 취득해야 하는 의무가 있다. 따라서 공장에서 발생하는 거의 모든 기능 분야는 섭렵한다고 봐야 한다. 특이할 만한 것은 교육중에 교육생 모두는 회사에 공헌해야 한다는 가르침을 집중적으로 받고 있다는 점이다.

1년차에는 기초학습을 하고 2년차에 각자 원하는 전문기능 분야를 선택하는데 9개 분야로 나눠져 있다. 이는 도요타 공장에의 배속을 전제로 한 전문 분야라서 본인의 희망과 교사들과의 상담 결과로 신중하게 결정짓는다. 3년차 후반부에는 실제 현장에 투입되어 바로 역량을 발휘할 수 있도록 TPS 기본교육, 개선 제안교육, 표준작업 변경 요령 등을 집중적으로 훈련받는다. 그리고 최종 졸업 자격은 현장에서 결정된다. 직접 자기가 근무할 후보지에 가 해당 작업을 해보면서 스스로 표준작업 개선을 시도해 여러 선배들 앞에서 체계적으로 공개발표한 후 현장책임자와 교사의 승인 사인이 나야 졸업 여부가 결정된다.

3년 과정이 훌륭한 현장인재를 양성하도록 모든 것이 설계되어 있는 것을 볼 때 환경 변화에 끄떡도 하지 않는 도요타의 저력을 느낄 수 있다. 기업 규모가 커질수록 즉응성을 발휘할 수 있는 자율신경의 담당 리더들을 많이 배출해야 한다는 도요타의 전략사고는 가히 초일류라 할 수 있다. 국내의 현장인력들은 진정한 합리화의 개념이 무엇인지도 모르는 경우가 대부분이고 제안능력도 입사 후 어깨너머로 배운 것이 고작인데 반해 도요타의 현장인력은 투입되기도 전에 철저한 지식으로 무장하는 수준을 볼 때 그들의 경쟁력을 감당할 수가 없는 것이 당연하다고 느껴진다.

고등부 외에 따로 준비된 교육과정은 고등학교 졸업자가 지원할 수 있는 1년제 전문부가 1990년도부터 개설되어 있다. 이 과정은 새로이 부각되는 메카트로닉스(기계+전자공학) 분야를 전문적으로 교육하는 곳이다. 공장에 점진적으로 로봇이나 자동화 장치가 증가하는 디지털 시대의 추세에 맞추어 설비담당이나 시험을 관장하는 인력으로 충당하기 위해 매년 100명 정도를 선발한다. 이들도 1년에 불과하지만 엄격한 통제와 과목의 이수로 대학 출신 이상의 능력을 갖추고 졸업해 곧바로 현장에 투입된다.

고등부와 전문부의 학생들을 가르치는 강사들은 전부 교사 자격증을 겸비한 도요타 직원들로서 3년제로 순환근무를 한다. 도요타는 일반교사를 택하지 않고 조금이라도 현실을 더 아는 사람이 선생이 되어 가르치는 방향을 선택했다. 특히 교양과목에서는 무모한 쟁의결과는 어떠한 결과를 낳는지에 대해 도요타의 산 역사를 현장에서 전해들은 교사들의 입을 통해 가르치기도 한다. 그리고 교원으로서 신분이 바뀐 직원들이 학생들을 가르치는 기간에 남을 가르치면서 얻는 자신의 새로운 경험과 지식을 보람으로 느끼게 하는 기존의 인재육성도 동시에 해결한다는 방식을 택했다.

이와 같은 엄격하고 혹독한 교육과정을 이수한 엘리트 자원들이 1939년 학교 창설 이래 2004년까지 약 1만 5000명이나 배출됐다. 2005년 현재 도요타에 근무하는 공업학원 출신자는 약 8000명으로 그 중의 60퍼센트인 5000명 가까운 인원이 EX(반장)급 이상이다. 심지어는 부과장급의 기술직책에도 수백 명이나 포진하고 있어서 결국 5만 명에 육박하는 현장인력들을 이 학교 출신들이 모두 장악하고 리드한다는 얘기다. 도요타의 현장에 발달한 자율신경조직의 운영은 결국 이들이 다 도맡아 진행하는 셈이다. 이들과 일반 공고를 졸업한 사람과는 차이가 워낙 많이 나기 때문에 일반 공고 출신은 일정기간의 기간공을 거친 후 정식 기능사원으로 채용될 수 있다. 정말 무섭도록 철저한 도요타의 진면목을 볼 수 있다.

이러한 교육체계도 변하는 젊은 세대들의 성향에 어떻게 하면 맞출수 있을까를 계속 고민하고 있다. 차후 해외공장의 확대추세에 따른 세계화 전략을 펴려면 학원 출신들의 강력한 리더십과 문제해결력이 더욱 필요하게 되는 점을 고려할 때 확대할 것이냐 아니면 업계 추세대로 축소나 다른 방향으로 전환할 것인가를 다각도로 연구하고 있다. 도요타의 강력한 Bottom Up식 경쟁력의 엔진이 되는 인재육성 방식이 어떤 방향으로 전개될지가 향후의 도요타 위치를 결정한다는 의식이 팽배하다.

생산성을 극대화하는 기능 수준 정립

각국의 자동차 메이커를 비교하면 생산성이 천차만별이다. 세계적으로 설비 활용 수준은 동일한데도 불구하고 이런 결과가 나오는 것은 모두 현장의 기능 능력 차이 때문이라고 풀이된다. 구미의 생산성보다 도요타가 현장에서 뛰어난 생산성을 보이는 것은 작업자들의 수준에 기인한다. 구미의 기능인들은 직능별 노동조합 체계Craft Union가 발달해 20대에 자기가 숙련공이라고 생각되면 직장이동을 자유롭게 하는 시스템을 만들었다. 그런 이유로 몇 년의 경력으로 숙련공이 된 뒤에 더 이상의 훈련을 하지 않아서 높은 수준의 생산성에는 이르기가 힘들게 되어 있다.

기능은 쉬운 일에서 어려운 일로 옮겨가는 것이 기본 원리다. 기업이 성장하려면 어려운 분야가 손쉽게 가능한 여건이 선결돼야 한다. 그러나 고급기능을 습득할 기회를 굳이 찾지 않는 구미의 기능은 쇠퇴하기 시작했다. 개인의 관점에서 보면 기업에 별로 충성심이 없어도 소속 기업의 성장에 관심을 두는 것은 바로 자신의 기능 수준을 올리는 기회가 기업의 성장에 있기 때문인데 이도 거절하는 심리라고 할 수 있다. 기업 성장의 관건이 되는 생산성을 기본적으로 지배하는 기능 차이를 설명하면 네 가지로 압축할 수 있다.

첫째, 공정 진행 중에 생기는 트러블에 따른 효율 저하를 막는 능력에 있다. 미숙한 기능으로는 불량품을 계속 만들거나 단순히 라인을 정지시키는 데만 열중하고, 능숙한 기능은 불량품의 출현을 바로 감지해 원인을 추구한 후 재발을 방지하는 점이다.

둘째, 설비점검의 능력 차이로 설비에 문제가 있을 때 능숙한 기능은 전문 인력이 올 때까지 정지시간을 늘리지 않고 해결가능한 조치가 많아 기본적인 가동률에서 차이가 발생한다.

셋째, 고객수요가 변동하여 생산량 자체가 소량을 만들 조건이 되어 작업속도를 늦추면서 거기에 비례해 인원도 적게 편성하려면 인원의 재배분이 필요하다. 이때 여러 대의 기계를 운전Multi Tasking할 수 있거나 연속된 복수의 공정을 다룰 수 있는 다기능의 숙련 정도에 따라 환경대응능력의 차이가 발생한다.

넷째, 날이 갈수록 신제품이 고도의 정밀도와 복잡한 구조로 변해가면 제조를 오히려 용이하게 할 수 있는 현장으로부터의 제안 능력이 생산성의 차이를 발생시킨다.

위와 같은 능력 차이에서 우위를 점하려면 기능 자체를 지적知的인 차원으로 올려놓아야 한다는 것을 도요타는 깨달았다. 지적인 기능이 되려면 기계적인 훈련으로는 불가능하고 실무경험을 바탕으로 한 1:1 OJT가 가장 효과적이다. 베테랑 작업자가 라인에 별 지장이 없는 한도 내에서 후배들을 직접 1:1로 훈련시키는 방법이다. 가령 프레스의 금형 준비교체 방법을 개인적으로 계속 지도하여 가장 빠른 준비교체를 할 수 있는 능력으로 키워주는 형태를 말한다. 그런 접촉지도 방법으로 1단계를 터득하면 그 다음은 스스로의 노력으로 전문지식을 쌓아나가는 방법을 택해야 한다. 직무 분야에 관련된 공학이나 최신기술정보를 계속 접하여 지식을 쌓는 노력이 필요하다. 그 이유는 현장에서 직접 체험한 작업자가 현지에서 높은 지식을 보유한 판단력으로 현물을 살펴보고 많은 문제점을 발췌해서 피드백해야 많은 트러블을 보다 빨리 해결할 수 있기 때문이다.

그러한 훈련의지와 자신의 노력을 유도하는 조직으로 성장시키려면 연공서열에 따른 대우와 평가방식으로는 불가능하다는 점을 느껴, 좁은 영역의 경험만으로 유지하려는 심리를 없애고 넓은 범위와 경험이 바탕이 되는 기능의 성장을 요구하는 도요타였기에 능력주의를 과감히 도입했던 것이다.

문제를 풀어가는 형식이나 제도 구축에서도 제안이나 QC 서클 등을 통한 감독자 주도의 집단 활동 성격을 띤 라인 밖에서의 간접적 문제해결방식Off-Line Problem Solving보다는 표준화의 근거 위에서 각자의 창의적 공부를 적용할 수 있는 작업 중의 문제처리 방식On-Line Problem Solving 방향으로 유도해야 한다는 점을 인식하고 있었다.

도요타는 기능 수준을 네 등급으로 분류하고 각 등급에 해당하는 현장인력이 최상의 등급으로 전진하도록 모든 환경을 조성하고 있다. 그리고 같은 경력의 년 수라도 능력에 따라 등급을 다르게 평가한다. 기능수준 4등급 시스템을 체계적으로 표시하면 [표 2-1]과 같다.

도요타가 정의하는 기능의 4등급 구분원리를 구체적으로 살펴보자.

LEVEL I : 조립 직장에는 보통 10~15개 직무가 있다. 그 중 하나만할 수 있는 정도를 가리킨다. 가장 낮은 수준으로 작업에 투입된 지 얼마 지나지 않아 작업속도를 따라가기에 바빠 품질 검출 여유가 없는 상태다. 기간공 수준으로 자동차 조립에 주로 나타나며 단조로운 작업에 혹사당한다는 느낌의 견해를 갖는 기능 수준이다.

LEVEL II : 직무 중에 3~5개 정도의 직무를 수행할 수 있는 기능자

기능 수준의 정의 (I, II, III, IV)	직장 내 1개의 직무	직장 내 3~5개 직무	직장 내 10~15개 직무	인접 직장 분야
늦지 않게 작업 가능 불량, 이상 많지 않음 안전 작업 분야 양호	I		II	
품질 불량 검출 설비 불량 각개 조작 가능		II		
품질 불량 원인 추구 설비 불량 원인 추구			III	
생산 준비 가능 직장 범위를 넘어선 대상의 불량 수정 가능				IV

[표 2-1] 기능 수준의 4등급 분류 체계

로 불량상태 검출이 가능하고 표시를 할 줄 아는 정도의 기능 수준이다. 어느 정도 효율 증진에 기여할 수 있다.

LEVEL III : 직장 내의 모든 직무를 수행할 수 있는 수준으로 재발방지를 위한 불량상태 원인 구명究明이 가능하다. 소형 설비를 여러 대 보유하고 설비보전을 어느 정도 스스로 수행할 수 있는 정도여서 10년 정도의 장기근무 경험이 요구되는 수준이다.

LEVEL IV : LEVEL III까지의 수준은 어느 정도의 경험만으로도 가능하다. 하지만 신규 기능이 삽입된 설비를 도입했을 때 혹은 신소재의 사용에 의한 트러블이 발생했을 때는 이론공부의 뒷받침이 필요하고 추리를 할 수 있는 논리력도 필요하다. 그리고 다양한 기계의 조작과 제품의 제조경험으로 효율에 지대한 영향을 미치는 최고의 기능수준을 말한다. 가령 예를 들어 코롤라 한 차종의 엔진에도 70여 가지가 있는데 이를 조립할 때 하나의 오품이나 결품도 없도록 하는 검출기능이 구비되려면 넓은 경험이 요구된다.

19 체계적 방침관리로 시너지를 극대화한다

가장 훌륭한 지도자는 목표를 달성하겠다는 강한 의지와 활동의 전개과정에 적극적인 관심을 부여하고 작을지라도 본인 나름의 역할을 찾아 조력을 다하는 행동력을 보여주어야 한다.

목표를 설정하고 잠재능력을 끌어낸다

어느 조직이나 개인 활동에서도 목표 설정이 중요하다. 목표가 낮으면 새로운 발상이 나오지 않고, 반대로 너무 높으면 의지가 꺾인다. 도요타의 목표관리는 이런 현상이 일어나지 않는 최대의 목표값을 정하려고 노력한다. 수준 높은 목표를 추구하려면 항상 고통이 동반된 개혁이 요구된다. 이런 개혁을 도요타는 위에서 아래로 추진하는데, 특히 관리직부터 전개한 후 평사원으로 전개하는 방식을 택한다. 맨 아래층의 개혁만 요구하는 일반 기업의 시도와는 반대방향으로 한다.

실제로 인간이 발휘하는 능력은 보유능력의 10퍼센트에 불과하다고 한다. 나머지 90퍼센트의 사용하지 못하는 능력을 끌어내는 작업이 능력개발 활동이다. 이렇게 끌어낸 능력을 새로운 목표를 달성하는 수단으로 바꾸어가는 노력이 도요타의 인재육성법이다. 하지만 능력을

210

발휘하지 못하는 이유 중의 많은 부분은 스스로의 의지부족이라기보다는 협조를 얻지 못해 일어난다. 조직이 커지면 각 하부조직이 늘어나 연계성으로 일어나는 문제에 대해서 소홀하기 쉬워져 조직원들의 많은 능력 발휘 기회를 차단시켜 버린다.

이러한 문제를 해결하려고 조직론을 부단히 연구하는 사람들이 구미의 기업들이다. 구미의 간부들은 자기 부문에 대해서만 업무 규정대로 책임을 지려고 하지만 동양의 사고는 그렇지 않다. TOP이나 부문 책임자에게 부문별 연계능력 향상의 책임이 있다고 생각한다. 따라서 동양에서는 조직의 연구보다는 조직원들의 행동문화 개선에 더 중심을 둔다. 이런 이유로 도요다 에이지는 무려 10년간 간부들에게 부문 간 연계성의 중요성을 강조했다.

방침관리를 수행할 때 가장 중요한 것이 TOP의 역할이다. 치밀한 방침관리를 위해서는 간단한 용어부터 제대로 정의해줄 필요가 있다. 예를 들어 "원가와 이익이란 무엇인가?"라든가 "생산성은 무엇인가?" 그리고 "전체최적과 부분최적의 다른 점은 무엇인가?"라는 개념을 미리 정확히 인식시켜 활동상의 오류가 없도록 해야 한다.

도요타의 방침관리는 TOP이 전제한 당년 목표를 1월에서 3월까지 1차로 고민한다. 그리고 매년 4월이 되면 하부목표를 결정하기에 이른다. 이 목표의 내용에서 가장 중요한 것은 사원 단계까지 전개할 때 반드시 공약公約(Mission)을 명시해야 한다는 점이다. 이런 방침관리의 모든 절차는 Top Down식의 대표적인 활동체계다. 하지만 공약(부문 및 개인 목표)을 설정하는 과정에서 상사와 부하직원 간의 무수한 토론이 끼어들기 때문에 Bottom Up이 가미된 Top Down으로 간주한다.

반면에 많은 기업들이 추진하는 방침관리는 TOP의 제시부터 불투명한 방침이 내려오고 또한 하부의 부문목표만 있을 뿐 구체적인 실천주체들은 목표 없이 일하는 경우가 다반사다. 설령 하부 관리자도 목표를 갖고 있다 해도 상사와의 격의 없는 토론 끝에 정해진 것이 아니라 일방적으로 지시받은 것이 대부분이어서 대개는 목표달성의 당위성을 느끼지 못한다. 이런 활동에 기초한 기업은 당연히 목표를 초과하는 성과는 낼 수 없다.

방침관리의 정착은 경영자의 책임

도요타의 방침관리는 수행 절차로 '계획→ 실천→ 점검→ 반영'이라는 PDCA(Plan, Do, Check, Action) 사이클을 이용하고, 계획 내용에 이미 중간점검 체크 일자를 삽입한다. 그리고 활동 점검에 TOP이 제안한 확실한 점검 사항이나 지침이 없으면 유명무실한 점검이 돼버린다. 대부분의 기업들이 점검할 때 두루뭉술한 단어들을 사용하는 이유는 목표 미달로 인해 그 자리를 애써 피하려는 의도도 있지만 대부분은 명확한 점검 항목이 없기 때문이다. 특히 도요타는 중간점검 시에 계획대로의 성과가 나왔더라도 그냥 지나가지 않는다. 점검하고 싶은 내용은 결과보다도 그 과정이다. 어떠한 과정으로 꾸며갔는지를 확인하고 싶어 하는 이유는 과정을 살펴보면 나머지에 대한 진행 여부도 예측할 수 있기 때문이다.

방침관리를 오해하는 간부 중에는 목표를 혼자 추진하려는 사람과 혹은 전부 부하에게 개선하라고 지시하고 결과만 보고받으려는 간부가 있다. 둘 다 문제가 있는 간부다. 실행에는 항상 어려움이 따른다. 진행이 느린 부분에 대해서는 할 수 없다고 미루지 말고 어떻게 할 것인가 같이 고민하고 행동해야 책임자의 직분을 다하는 것이다. 또한 상사의 협조가 필요할 때가 항상 있으므로 상사는 반드시 활동 멤버의 일원으로 참가해야 한다. 멤버들의 업무를 조망하면서 미리 대비책을 마련하여 모든 가능성을 타진하고서도 곤란해하는 멤버들에게 최후의 해결책을 제시할 줄 아는 덕망 있는 상사가 요구된다. 심지어 경영자도 마찬가지다.

방침관리를 훌륭히 수행하는 TOP은 다음과 같은 세 가지 행위를 명확히 한다.

첫째, 하겠다고 결정했으면 반드시 한다.

둘째, 결과만이 아니라 과정을 세세히 듣는다.

셋째, 본인이 도와줄 일은 없는가를 찾는다.

위 세 가지가 다 어려운 과제이겠으나 그 중 일반 경영자가 가장 약한 면이 두 번째 것이다. 항상 "들을 시간도 없고 결과가 궁금하니 과정은 빼고 결론만 알려 달라"는 요청만 하고 과정에는 일체 관심을 두지 않는다. 그러면서 어떻게 도울 일을 찾을 수가 있겠는가. 즉 두 번째를 소홀히 하면 세 번째를 수행하기 힘들어진다. 그리고 첫 번째 의지가 없어도 결국 세 번째의 행동은 불가능하다. 위의 세 가지는 도요타의 경영자가 방침관리를 수행할 때 지키는 원칙이다.

사실 도요타도 방침관리가 도입된 1960년대 초반에 방침을 작성할 시즌이 오면 "또 써야 되는 시기야?"라고 귀찮게 생각하는 간부가 적지 않았다. 하지만 세월이 갈수록 책임자들의 진행 요령이 늘어 '방침 10항목 설계'라는 방식을 채택했다. 가령 실행 항목이 10개이면 그중에 부하가 하기 곤란한 것을 2~3개 골라 책임자 본인이 직접 계획을 수립해 자기의 존재가치를 확인하고, 다른 2~3개는 착안점을 제시하는 선에서, 그 이외의 나머지는 목표만 주고 맡겨버리는 원칙을 따랐다.

그러한 원칙이 탄생한 동기는 부문 간의 연계업무를 최고경영자가 직접 나서서 10년간을 강조한 시절로 거슬러 올라가야 살필 수 있다. 도요다 에이지 사장은 TQC를 도입한 장본인으로 방침관리를 철저히 추진하면서 연계성을 강조하고 "못하면 그만 둬"라고 할 정도로 태도가 강경했다. 또한 강조에 그치지 않고 활동 항목에는 반드시 책임자의 몫으로 2~3개를 넣도록 지시하여 자신의 활동을 직접 TOP에게 보고하도록 했다. 이런 습관이 그 후 도요타의 책임자들에게는 불문율로 변해버린 것이다. 결국 목표 설정과 그 목표를 철저히 달성하는 도요타의 방침관리는 훌륭한 Top Down식 경영으로 인정받을 수밖에 없다.

Complementing Factor

PART 03

초일류로 가는 완성요소

CEO들의 존경받는 리더십

기업의 현재 모습은 경영 역사의 결정체다. 도요타의 궤적은 굵고 가파르다. 그만큼 역대 경영자들의 철학과 행동 패턴도 분명한 모습으로 등장했을 것이다. 조직이 커지고 행동반경이 넓어질수록 경영 이념이나 최고경영자의 의지는 구성원들에게 지대한 영향을 미친다. 기업이 보여주는 컬러와 문화는 그 시대의 생존방식도 대변한다. 더구나 그 기업이 세계의 초일류 기업으로 인정받는다면 그들의 행동문화를 이끈 CEO들의 언행에 귀를 기울여 시대와 상황을 극복하는 지혜를 가슴에 새겨 담을 필요가 있다.

TOYOTA

CHAPTER 07

이익추구에 앞선
사회적 책임의식

사키치의 일생에서 개인의 안녕이란 전혀 발견할 수 없다. 오직 자신이 가진 능력을 여러 사람을 위한 일에 쓰이도록 노력한 흔적밖에 없다. 이를 공헌이라 부른다. 만약 그가 사리사욕이나 채우는 사람이었다면 뼈를 깎는 고통이 따르는 발명에 평생을 바쳤을 리 없다. 사회 공헌에 헌신한 사키치의 이타정신은 결국 도요타 그룹 발전의 디딤돌이 되었다. 뜻을 크게 품는 사람은 결국 큰일을 이루는 법이다.

20 공공의 번영에 이바지하는 경영을 추구하다

이 넓은 세상은 언제나 도전자를 받아들일 준비가 되어 있다. 늘 세상을 향해 나 자신을 활짝
열어놓은 채 스스로 도전과제를 찾아 해결하려는 능동적이고 적극적인 사고를 길러야 한다.

발명이야말로 나와 나라가 살 길

도요다 사키치豊田佐吉(1867~1930)는 도요타 그룹의 창시자다. 도요
타자동차의 창업자 기이치로의 생부다. 사키치는 메이지 유신이 일어
난 바로 전 해에 태어났다. 이 시대는 낡은 봉건시대의 사농공상 제도
를 폐지하고 화족과 사족 그리고 평민이라는 단순한 3등급 분류로 전
환하는 시대였다. 또한 에도 시대에 정권수호 차원으로 수행했던 농민
의 거주와 이동의 제한이 풀리고 토지도 자유로이 거래할 수 있게 됐
으며 작물의 재배도 자유로워지는 변화의 한가운데에 놓여 있었다.

사키치가 태어난 고장은 일본 중부에 있는 나고야 근방의 미가와三
河 지방으로 도쿄와 옛 수도 쿄토를 잇는 중간지역다운 면모를 지니고
있었다. 형식보다는 내용을 명예보다는 내실을 중히 여기는 풍토가 강
했다. 전국시대에는 수도에 이르는 교통상의 요충지로 무장武將들 사

이에서는 미가와 지방을 지배하는 자가 일본을 지배한다는 속설이 나돌기도 했다.

사키치의 성장시기에는 해외로부터 값싼 목면이 대량으로 유입되어 국내의 섬유 산업은 타격을 입을 수밖에 없었고 이에 정부로서는 선진국에 대항할 수 있는 섬유 산업 육성이 절실했던 시기였다. 궁지에 몰린 후진국의 이러한 환경이 사키치가 직기발명을 하게 된 간접적인 동기가 된 것이다.

특히 메이지 시대의 리더들은 군사력을 강화하고 민주주의적인 정치제도를 강화하는 것도 중요하지만 우선 과학기술의 발전만이 서양 강대국의 대열에 들 수 있는 유일한 길임을 인식했고 산업혁명 이야기를 중심으로 엮은 새뮤얼 스마일즈의 『자조론自助論』을 『서국입지편西國立志編』으로 번역하여 중학교 도덕 교과서로 채택하기도 했다. 후에 이 책은 결국 사키치에게 발명 의욕을 불어넣어 직기 발명의 길로 들어서게 하는 직접적인 동기가 되었다.

사키치는 소학교 4년을 졸업했지만 집안형편이 넉넉하지 않아 진학을 포기해야만 했다. 농사 지을 땅도 충분치 않아 부친에게 목수 기술을 배워 부친과 함께 둘이서 농한기 공사장에 다녔다. 사키치는 어느 날 인근 중학교의 시설물을 고치러 갔는데 우연히 교실에 비치된 『서국입지편』을 훑어보고 신선한 충격을 받았다.

그 책에 실린 내용 중에 양모羊毛직기를 발명한 하그리브스James Hargreaves(1720~1778)의 이야기와 롤러방적기를 발명한 아크라이트 Richard Arkwright(1732~1792)의 이야기를 읽고 몸에서 뜨거운 기운이 솟아남을 느낄 수 있었다. "그래 이거다. 바로 이것이 내가 할 일이야!"라는 외침을 가슴속에 품은 때가 불과 13세였다. 직기織機라는 단어만 들어도 사키치의 머릿속에는 두 손과 발을 이용하여 밤새 천을 짜던 모친이 떠올랐을 것이다.

진학을 못한 사키치는 동네에서 야학회를 결성하고 동네 중학교 선생님을 모셔와 근근이 모자란 교육을 이어갈 수 있었다. 18세가 되던 해인 1885년 4월 야학회에 초청한 선생님으로부터 국가가 발령한 '권매특허조례'(특허법과 유사한 법령)에 대해 듣고 나서 사키치는 발명의 길에 인생을 바칠 것을 결심했다. 특출한 자산도 없는 처지에 발명이야말로 무에서 유를 창조하는 유일한 길이라고 생각했다.

특히 발명 분야를 직기로 택한 것은 고로모擧母로 대표되는 서삼하西三河 지방이 에도 시대부터 목면의 특산지역이었지만 메이지 시대에 들어서 수입물의 영향으로 쇠퇴하자 양잠업으로 재기한 이력을 지니고 있었기 때문인데, 그때는 목면시대의 후반기였다.

지칠 줄 모르는 창조정신

20세 때 동네 친구와 함께 무전여행으로 도쿄와 인근지방을 돌아다녔다. 나이가 찬 청년이 시골구석에 처박혀 있는 것이 답답하기도 했겠지만 도대체 세상은 어떻게 돌아가고 있는지가 궁금했을 것이다. 600리 길을 노숙하며 동경까지 걸었다. 돌아오는 길에 요코스카橫須賀 항구에 들러 웅장한 미쓰비시 조선소도 견학했다. 원래는 무한동력無限動力의 직기를 꿈꾸었지만 학식이나 자료 그리고 특히 스승이 없어 곤란하다고 느낀 사키치는 기계를 개량하는 쪽으로 방향을 선회했다.

이렇게 젊은 시절부터 원대한 꿈을 지녔던 사키치는 주변에서는 허풍쟁이로 소문나 있었다. 석탄과 같은 자원도 필요 없이 한 번 움직이면 영원히 동력이 발생하는 무한동력에 도전하는 사람에게는 적절한 별명이었다.

22세가 될 때까지 직기를 개량하는 노력에 모든 것을 바쳤다. 그러나 보유했던 지식이 너무 적어 한계에 부딪히자 잠시 농사를 짓기도 했다. 하지만 아이디어가 떠오를 때마다 집으로 달려가 스케치를 하곤 했다. 이 짓을 수도 없이 하자 부친은 나무랐지만 모친은 아들을 이해해 주었다.

사키치가 23세 되던 해인 1890년 4월 동경의 우에노 공원에서 헌법 발포 기념 '내국권업박람회'가 개최되자 혼자서 동경으로 갔다. 출근하다시피 매일 전시관에 들러 기계의 시범작동을 맨 앞줄에 앉아 스케치도 하면서 관찰했다. 위대한 업적을 남긴 사람과 보통 사람은 관찰력에서 차이가 난다는 것을 증명해 주듯이 박람회가 끝날 때까지 매우 세밀하게 관찰했다.

1890년 11월 박람회가 개최된 지 6개월 후에 사키치는 기존의 수동직기보다 생산성이 50퍼센트 높은 목제인력직기木製人力織機를 개발하여 특허를 신청했다. 그러나 1890년은 자본주의 도입 후 최초로 불황이 찾아온 시기였다. 개발한 직기를 만들어도 구매할 사람이 없어 그만 불행한 개발이 돼버렸다.

1892년 스스로 직기 몇 대를 만들어 면포업을 해서 발명자금을 마련하는 방법을 강구하기 위해 동경에 갔다. 그러나 수작업의 기계로는 한계가 있어 동력을 이용한 기계가 절실했다. 돈이 떨어져 고향으로 돌아온 사키치는 사키치의 방랑벽을 잠재우려는 부모의 성화에 못이겨 스무 살 때 동경에 함께 갔던 친구의 여동생 '다미'와 1893년 결혼하게 된다. 결혼 후에 부인과 함께 동경에 간 사키치는 경영에는 관심이 없고 발명에만 몰두해서 파산하게 되었고 부인 다미도 일에만 미친 남편과의 신혼생활에 별 흥미가 없었다.

다시 고향에 돌아온 사키치는 주위사람들로부터 미친 사람 취급을 받았다. 부친이 농사짓고 살라고 강요했지만 홀로 떠나 도요하시豊橋에 있는 외숙부의 집에 머물며 발명을 계속했다. 이때 모친 '에이'는 아들의 행동을 나무라지 않고 이해해주었다. 이런 사키치의 모친은 후에 도요타 가문을 일으킨 제1의 여성으로 1대 대모代母라 불리었다. 이때가 1894년인데 사키치의 아들이자 도요타자동차의 창업자인 기이치로가 태어난 해이다. 밖으로는 청일전쟁이 발발한 때이기도 하다. 사키치의 나이 27세였다. 사키치의 부인 다미는 남편의 방랑벽을 참지 못한 나머지 3개월 된 젖먹이 기이치로를 남겨두고 친정으로 돌아가 버렸다. 도요다 가家의 출발은 이토록 참담했다.

도요하시에서 신제품 개발에 몰두한 사키치는 드디어 기존 직기보다 생산성이 두세 배나 높은 최초의 히트 제품 가세구리系繰返機를 개발한다. 그 후 동생 헤이기치平吉를 불러 '도요타 상점'을 열어 직기를 판매하게 했다. 장사가 잘 되자 1897년 같은 고향 처녀 아사코淺子와 재혼한다. 사키치는 30세고 아사코는 19세였다. 아사코는 사키치의 재능을 알아보았다. 그녀는 사키치 모친에 이어 도요타 가문의 2대 대모 God Mother로 불린다. 도요타의 살림을 일구어낸 당사자이기도 하지만 특히 자동차 사업 진출을 적극 지원한 여장부이기도 했다.

왜곡된 자본주의 생리는 자신의 적

나고야의 직포공장 안에 신혼살림을 차린 아사코는 직원들의 뒷바라지와 경리를 맡아보며 안살림을 맡고 사키치는 오로지 개발에만 전념했다. 그 이듬해 둘 사이에 아이코愛子라는 딸이 태어나자 고향에 두었던 아들 기이치로를 데려와 함께 살기 시작했다. 그 이후로 사키치가 개량한 직기는 계속 히트를 쳤다. 사키치의 두 동생들이 가세해 펼친 사업은 탄탄대로를 달렸다.

그러던 중 1902년 자동저환식 직기를 개발했지만 남에게 제작과 시험운전을 맡겨 실패로 끝났다. 사키치는 이때 함부로 남에게 일을 맡겨서는 안 된다는 점과 발명만으로는 부족하기 때문에 시험을 계속해서 제품화를 이루는 것이 중요함을 깨닫는다.

1904년 부동항을 좇아 남하하는 러시아와 대륙진출권을 놓고 격돌하는 러일전쟁이 일어났다. 이때 미쯔이 물산에서 사키치에게 접근하여 자본을 투하한 본격적인 직기제조회사 운영을 제의했다. 그래서 1905년 러일전쟁의 승리로 지배권을 얻은 조선과 만주로 직기를 수출하기 위해 결국 사키치는 미쯔이 물산의 제안을 받아들여 '도요타식 직기'라는 회사를 공동으로 출자하고 본인은 기술담당 상무로 취임했다. 이때 사키치는 잘 나가던 도요타 상회의 자산을 모두 출자했다.

그 후 사키치는 1900년 파리 만국박람회에 출품된 환상環狀 직기에 대해 전해 듣고 많은 돈을 투입해 개발에 착수했으나 완성을 보지 못했다. 설상가상으로 합자회사를 설립한 2년 후인 1907년 불황이 닥쳐왔다. 미쯔이 물산 측의 사장은 적자를 메우는 처방으로 매출을 올리기 위해 신속히 직기의 출고를 요구했으나 사키치는 완전한 영업시험 이전의 출고를 반대했기 때문에 충돌이 빚어졌다. 서로 다른 가치관이 대립하게 된 것이다.

결국 자본가가 큰소리치는 기업세계에서 사키치는 결별을 선택해 야만 했고 회사 내부에서는 영업부진의 탓을 사키치의 탓으로 돌렸다. 직기의 로열티를 제외한 모든 투자금을 이미 잃은 상태가 됐다. 여기 서 사키치는 자본과 기술을 별개로 하면 반드시 문제가 생긴다는 것도 깨닫게 된다. 동시에 자본가의 비정함과 자본의 논리가 우선하는 기업 풍토를 절실히 통감했다.

실의에 찬 사키치는 일본에서 발명을 접고 미국에서 한번 해보겠다 는 마음으로 1910년 부인과 아이들을 동생들에게 부탁하고 동료이자 부하직원인 니시가와西川秋次와 함께 미국으로 향했다. 가족에게는 추 후에 부르겠다고 약속하고 다시는 일본으로 돌아오지 않을 작정으로 떠난 것이다. 이때 기이치로는 겨우 중학생이었다.

미국의 시애틀에 도착한 사키치는 개인적으로 미국의 직기공장견 학을 신청했지만 이미 알려진 인물이라 모두 기피하는 바람에 동부로 이동했다. 이때 뉴욕 맨해튼의 자동차 물결을 목격하게 된다. 이 시절 에도 미국은 자동차 회사가 이미 80개를 넘고 있었다. 동시에 미국의 직기들도 상당한 수준에 있음을 살펴본 사키치는 일본과는 달리 아직 미국이 시험에 많은 돈을 들인다는 것을 깨닫고 자기의 수준이 한 수 위라는 것을 확인하게 된다. 이런 상태에서 만약 본인이 미국에서 개 발하면 모두 미국 자본이 될 것으로 생각한 사키치는 차라리 자국에서 더 노력하는 것이 바람직하다는 결론을 내리고 귀국을 결심한다. 가져간 특허를 등록하고 영국을 거쳐 프랑스, 벨기에, 러시아, 독일을 거친 총 8개월의 여행을 마치고 마침내 일본으로 돌아온다.

개발력과 자본력을 동시에 구비하라

구미 시찰 여행을 마치고 돌아온 사키치는 차후 직기를 발명하려면 반드시 직포공장이 필요하다고 인식했다. 실이 나쁘면 직기의 미묘한 메커니즘의 시험이 어렵기 때문이다. 그래서 직포업계로의 진출은 기정사실화 해놓고 있었다. 그런데 공장 자체도 대규모여야 채산성을 맞추기 때문에 막대한 자금이 소요된다는 장애가 가로놓여 있었다. 그러던 차에 평소에 사키치의 능력을 흠모해 온 미쯔이물산의 나고야 지점장 고다마兒玉一造(후에 사돈이 됨)의 권고와 도움을 받아 직포계에 다시 뛰어든다. 고다마의 개인적 투자로 재출발한 것이다.

스스로 차입경영은 절대 금물이라는 것을 느꼈어도 어쩔 수 없는 상황이라 1911년 나고야에 직기 100대로 '도요타 자동직포 공장'을 설립해 재기의 발판을 마련하고 이듬해에 공장을 완성해 네 식구가 다시 모여 살게 됐다. 그리고 결별했던 도요타식직기로부터 주식이양대금으로 80만 엔을 받아 운영비로 사용하면서 두 동생의 지원 속에 사키치는 연구에만 몰두했고 도요타식직기에서도 우수한 인재를 스카우트했다. 준비가 끝났는데 마침 1차 세계대전 덕택으로 대호황을 맞게 된다.

호황을 맞은 공장은 증설이 필요했고 사키치는 도요타식직기에 남아 있는 특허권리를 8만 엔에 넘기고 일시불로 돈을 받아 100대의 직기를 증설하는 투자를 감행했다. 하지만 호경기로 인해 그 회사도 판매가 증가해 일시불의 인수대금을 받지 않고 판매 로열티로 받았다면 300만 엔이 넘는 액수여서 결국 큰 손해를 본 거래가 돼버렸다.

사키치는 독자적으로 1903년과 1907년에 개발했던 무정지자동저환無停止自動杼換 장치를 사업화하는 노력을 기울였다. 이 장치는 일본의 실로는 불가능해서 미국에 잔류해서 공장운영을 배워 입국한 니시가와에게 방적공장의 건설을 제안했다. 그런 마음에는 영리를 목적으로 하는 기업에서는 발명과 사업이 양립할 수 없는 관계로 자신의 발명을 지속하기 위해 자금공급처가 반드시 필요하다는 개념이 앞서 있었을 것이다. 그러나 자금이 문제가 되자 고다마는 다시 신공장에 대한 새로운 제안을 했고, 서로 합의 하에 세운 것이 1914년 가동을 시작한 '도요타 자동방적공장'이다.

1918년 신규 공장과 이전의 공장을 합쳐 개인회사에서 '도요타 방직주식회사'로 변경하면서 주식시장에 상장하게 된다. 외부차입을 경계하기 위해 주식의 60퍼센트를 도요타 일가 25명의 가족 명의로 사들였다. 사장은 사키치가 맡고 실질적인 경영은 데릴사위가 된 리사부로豊田利三郎(동업자 고다마의 동생)가 상무를 맡아 출발했다.

전쟁을 일으킨 독일이 중국 상하이에서 권리를 잃게 되자 일본이 외교력으로 이를 가로챘다. 사키치는 이때 드넓은 중국시장 진출을 위해 상하이 공장을 건설할 계획을 세우기 시작한다. 전쟁특수로 도요타 방직은 24시간 2교대로 돌려도 부족했다. 동시에 많은 인재가 회사에 속속 들어오는 시기였다.

발명의 완성은 고객의 만족에서

1920년이 되자 전쟁의 후유증에 의한 불황이 찾아왔다. 리사부로는 미쯔이물산의 정보망을 통해 주가의 대폭락이 일어날 것이라는 정보를 입수해 신속히 주식거래를 수행하여 주식폭락사태를 피해나가는 능력을 발휘했다. 특히 섬유 산업은 시대상황에 민감해서 섬세한 경영이 필요한 업종이라는 인식이 강했다. 그러나 자동차 산업은 성장일로에 있어 그 해에만 전세계에서 238만 대의 차를 생산하고 있었다.

1921년 4월 드디어 도요타방직에 사키치의 아들 기이치로가 대학을 졸업하고 입사하게 된다. 처음부터 어려운 개발부에 배속시키지 않고 부담 없는 방적부문에 발령을 낸 부친 사키치의 세심함이 드러나곤 했다. 고생뿐인 발명의 길을 피하라는 배려와 직기의 발명 근거는 품질 좋은 실에 있으므로 기이치로에게 해결 과제를 동시에 주는 사려 깊은 행동이었다. 그 해 7월 사키치는 기이치로를 딸 아이코 부부와 동행시켜 구미 여행을 보낸다. 이듬해 4월 입국할 때까지 기이치로는 미국과 유럽을 여행하면서 직기에 관련된 기계 산업과 자동차의 물결을 체험하고 온다.

1922년에는 두 가지의 일을 착수했다. 하나는 직기를 시험할 수 있는 공장을 세우기 위해 가리야刈谷 지역에 10만 평의 부지를 사들인 것이고, 다른 하나는 중국에 도요타방직의 자회사로 2만 평의 대지 위에 방적과 방직의 일관공장을 지어 가동한 일이다. 이는 국내 인건비 상승과 중국의 수입관세 상승으로 차라리 중국의 현지공장을 세우는 것이 유리하다고 판단했기 때문이다. 상하이 공장은 사키치가 1년간 지휘하고 후에는 니시가와에게 맡겨 자신은 다시 개발에만 몰두했다. 이 시기는 대외적으로 관동군이 만주사변을 일으켜 부의溥儀 황제를 내세운 만주국을 세워 군국주의를 시작했고, 대내적으로는 이시가와지마石川島자동차 제작소와 다트자동차가 병합해 이스즈 자동차가 탄생했고 광업계와 주물 산업의 재산가 아유가와鮎川義介가 닛산이라는 자동차 기업을 설립한 시기였다.

1923년에 가리야에 직기실험공장을 짓고 200대의 직기를 들여놓았다. 이때 부지 매입에 가교 역할을 한 사람은 다름 아닌 가리야 군수인 오노 다이이치의 부친이었다. 그 계기로 10년 후에 오노가 대학을 졸업하고 도요타방직에 입사할 수 있었다. 또 그해에 30세가 된 기이치로는 교토 섬유계통 집안의 딸 하다코二十子와 결혼했다.

1924년은 도요타 역사에서 길이 남는 해로서 공전의 히트를 기록한 G형자동직기를 개발 완료하여 특허를 등록시킨 해다. 그 당시의 미국식 직기가 작업자 1인당 4~5대의 직기를 관리할 수 있는 능력이었는데 반해 이 자동직기는 1인당 60대를 관리할 수 있어 10배나 되는 생산성의 차이가 있었고 고장도 없고 스피드 또한 40퍼센트 이상 향상시킨 개발품이었다. 이때의 '자동自働'이라는 표현에 움직일 '동動'자가 아닌 사람 인亻변이 붙은 '동働'자를 사용했다. 이 의미는 기계가 이상이 있을 때 스스로 정지하여 사람을 부른다는 의미다. 그러나 나중에는 자동적으로 복구하는 체계로 발전시켜 기계의 성능을 한층 올려놓았다.

사실 기이치로가 자동직기의 특허를 낸 본인이지만 기이치로가 입사할 시절 이미 많은 진척이 이루어졌고 본인 또한 개발부 소속도 아니었기 때문에 단지 도요타식직기제작소와의 특허 분쟁을 피하기 위해 사키치가 아들의 이름만 빌린 것으로 판명된다. 기이치로가 자동직기에 지대한 공헌을 한 것처럼 평가된 것은 오류라고 본다.

하지만 정작 영업시험이 끝난 것은 1926년이었다. 이때 직기의 전문공장을 설립하는 안을 만들어서 기존의 가리야 시험공장을 독립시켜 그 유명한 '도요타 자동직기제작소'를 설립하게 된다. 그러나 양산을 준비하기 위해 직기의 프레임을 주물회사에 주문하자 거절을 당했다. 그 이유는 과거 사키치가 발을 들여 놓았던 도요타식직기에서 사키치의 특허를 이미 소유하고 있었기 때문에 동일한 설계의 프레임은 만들수 없다고 제동을 건 것이다. 프레임의 주물회사 역시 도요타식직기의 자회사였기에 다른 설계로도 제작을 할 수 없게 됐다.

모든 주문을 잃을 수도 있는 이런 긴박한 상황 속에서 2개월 만에 새로운 프레임의 설계와 제작 업자를 찾아 기술 수준을 해결하는 일은 바로 기이치로가 담당해야 했는데 그는 이 일을 아주 말끔하게 해결해 버렸다. 이 일은 사키치가 기이치로의 능력을 결정적으로 인정하는 계기가 되었다. 그 이후로도 사키치는 기이치로가 설계한 직기의 도면을 힐끗 보고 탄복하는 경우가 많았다.

1926년 자동직기제작소 설립 이후 도요타는 성장가도를 달렸다. 특히 자동직기의 특허를 영국의 직기회사(Platt사)에 판매하는 조건으로 막대한 자금을 형성한다. 무려 1000만 엔(현재의 1000억 엔)에 가까운 규모로, 이 자금은 후에 기이치로의 자동차 개발자금으로 쓰이게 된다. 사키치가 유지遺志로 기이치로에게 자동차 사업을 해보라고 했다는 근거는 어디에도 없다. 사키치는 죽기 직전까지도 못다 끝낸 환상環狀직기의 개발에만 몰두했기 때문이다. 단지 기이치로가 후에 자동차 사업의 논란을 사전에 막기 위해 본인이 주장한 것으로 봐야한다. 1930년도에 들어서자 사키치는 뇌경색이 심해져 언어능력이 상실되는 상태가 됐지만 황실로부터 발명공로로 훈장을 받기에 이른다. 사키치가 받은 발명포상금은 6000여 명의 종업원에게 전부 나눠줘 기쁨을 종업원과 함께 누리는 경영자의 사랑을 보여주었다. 그런 일이 있은 후 사키치는 뇌일혈로 결국 숨을 거둔다.

사회 공헌은 기업 번영의 뿌리

사키치의 일생에서 개인의 안녕이란 전혀 발견할 수가 없다. 오직 자신이 가진 능력을 여러 사람을 위한 일에 쓰이도록 노력한 흔적밖에 없다. 이를 공헌이라 부른다. 사리사욕에 찬 사람은 숨을 거둘 때까지 그 어려운 발명행위를 하지 않는다. 결과적으로 사회에 큰 공헌을 한 사키치의 정신은 그 이후의 도요타 그룹 발전의 디딤돌이 된다. 특히 도요타방직의 회사 정관에 '발명'이라는 분야를 공식적으로 삽입해서 항상 시류에 앞서가는 개발을 하는 기업의 칼라를 만들었다. 제조보다는 개발의 힘과 노력으로 오히려 더 큰 성향의 기업으로 성장시키려 한 것을 사키치의 일관된 행동에서 엿볼 수 있다.

사키치는 "장지문을 열어보라. 밖은 넓다"는 인상 깊은 말을 남긴다. 이는 언제든지 도전자를 맞이할 준비가 되어 있는 넓은 세상을 향해 나 자신을 활짝 열어놓은 채, 늘 깨어서 스스로 도전과제를 찾아 실행하는 능동적이고 적극적인 자세를 가지라는 메시지로 풀이된다. 사키치가 졸업한 초등학교의 교가 2절에 "세계에 자랑할 직기왕"이라는 구절로 표현된 그의 업적은 늘 기억될 것으로 보인다. 그는 발명을 마치 태평양의 새로운 섬을 발견해 영토를 확장하는 의미로도 비유했다.

사키치가 영향을 가장 크게 받은 『서국입지편』은 새뮤얼 스마일즈가 영국인을 계몽하기 위한 목적으로 만든 것이지만 근본적인 사상은 개척Frontier정신을 강조하는 기독교 사상이다. 하지만 전통적 불교의 지배 하에서 살아 온 사키치는 보덕교報德敎라는 지방색이 짙은 믿음과 기독교 정신이 혼합된 도요타 이념을 만들 수밖에 없었다. 만약에 기독사상에 기초한 개척정신의 영향을 받지 않았다면 오늘날의 도요타는 존재하지 않았다. 메이지의 일본 정부도 정치제도는 독일의 방식을 모방하되 전체적인 국가 운영의 모습은 영국식으로 방향을 정했다. 그 결과 『서국입지편』이 만들어졌다.

사키치의 사고방식에는 이익이란 개념이 별로 없다. 이익은 단지 발명을 계속하기 위한 자금의 공급처 정도로 생각했다. 오로지 국가의 산업을 일으켜야 한다는 일념으로 일생을 보냈다. 결국 그가 생각하는 기업은 사회에 공헌하기 위해 이용하는 단순한 도구라는 결론이 나온다. 이런 사고의 출발이 결국 현재의 도요타가 환경정책과 에너지 문제를 해결하며 사회공헌에 앞장서는 형태의 초일류 기업을 만들어낸 것이다. 그렇다면 지금까지 매우 이기적인 제조사상으로 임했던 많은 기업들은 시대에 살아남지 못할 것으로 여겨진다.

도요타는 사회공헌이라는 신조가 자연의 순리대로 행동하는 것으로 보고 있다. 개인의 뜻이나 의지대로 미래가 형성되지 않음을 깨닫고 있는 것이다. 그래서 더더욱 교만이나 과시는 용서하지 않는 풍토가 조성돼있다. 이러한 사키치의 사고와 행동이 현재의 직원들에게도 존경을 받아 도요타의 직원들은 도요타 가문의 인맥이 기업을 경영할 때 더 안심하는 경향을 보인다. 군림하고 통치한다고 보기보다는 조직에 봉사한다는 인식이 더 커서 저절로 로열티(충성심)가 형성되기 때문이다.

사키치는 평생 별로 말이 없고 비사교적인 성품이었다. 골방에서 연구만하는 인생을 살았고 술을 좋아해 흥이 나면 국가경제론을 들먹이며 시간가는 줄 모르고 달변을 쏟아냈다. 오로지 갖고 있는 재능은 집념뿐이었다. 이런 성격은 그대로 아들 기이치로에게 대물림되었다.

사키치는 분명 사업가가 아니고 발명가였다. 그가 지닌 것은 바른 생각이요, 야심찬 포부였다. 가진 것은 없어도 그의 뜻과 실력을 인정한 많은 사람들이 그를 정진하게 해주었다. 그 중에는 조건 없이 발명 자금을 대주는 사람도 있었는데 도요타의 3대 사장을 지낸 이시다 다이조가 젊은 시절 근무했던 직포판매회사의 사장은 사키치의 자금 요청에 무조건 응해 주었다. 비록 자기 자신은 세계대전 후의 불황으로 스스로 목숨을 끊었지만 사키치를 지원하는 데에 있어서는 조건을 붙이지 않았다.

사회에 공헌하는 뜻을 분명히 지니고 실력을 갖춘 사키치의 인격이 결국 자기 주위에 도와줄 사람들을 끌어 모으는 매력으로 바뀌었던 것이다. 경영자의 위치도 동일하다. 기업을 올바른 방향으로 이끌겠다는 의지와 그에 맞는 실력을 갖추었다면 많은 조직원들의 헌신적인 도움을 받을 수 있다고 본다. 사키치는 사회에 공헌한다는 발명 의욕만으로 초일류 기업의 기초를 닦음으로써 그것이 곧 기업이 오랜 수명을 유지하는 비결임을 모든 기업인들에게 알려주고 있다.

21 자주적 경영으로 성장을 지속하다

기업의 경쟁력을 유지하려면 반드시 무소불위의 황제 경영을 피하고, 누가 나와 가까운 사이냐가 아니라 누가 실력이 있느냐를 기준 삼아 사람을 써야 한다.

능력은 받는 것이 아니라 만드는 것

도요다 기이치로豊田喜一郎(1894~1952)는 아주 불우한 유년기의 추억을 갖고 있다. 발명 연구에 몰두해서 가족을 등한시한 부친 때문에 생모가 친자식을 저버리는 아픔까지 겪어야 했다. 4살 때 부친과 나고야에서 다시 결합할 때까지는 태어난 농촌 마을에서 병약한 몸으로 조부모와 막내 삼촌인 사스케佐助의 품에서 자라야 했다. 재혼한 부친은 예쁜 여동생 아이코愛子를 만들어주었다. 공장 뒤편의 주택에서 자란 기이치로는 세 살 아래의 동생에게 늘 책을 읽어주며 둘이서 보낸 시간이 많아 어떤 오누이보다 남매애가 깊었다. 심지어는 기이치로의 센다이 유학 시절 하숙집 주인은 매일 오다시피 하는 아이코의 편지를 보고 애인으로 오해하기도 했다.

기이치로가 스물네 살이 되던 1918년 일본 군부는 대륙으로의 진출을 꿈꾸며 침략전쟁에 꼭 필요한 기동성을 준비하기 위해 군용자동차 보호법을 공포하고 국산화를 지원했다. 일본이 그 시대에 자동차에 비해 항공기술이 발달했던 것은, 항공기 제조기술은 구미보다 뒤처져 있어도 처음부터 육군이나 해군이 사준다는 전제로 생산했기 때문이다. 제조회사들은 기술적인 어려움이 있지만 기업도산의 위험은 없다는 안정감 위에서 출발했다. 이에 반해서 자동차는 기업 측이 전면적으로 책임을 져야 하기 때문에 육군에서 재벌 기업인 미쓰비시에게 타진해도 별 흥미가 없었다.

기이치로는 1921년에 동생 부부와 함께 구미 여행을 할 기회가 있었다. 그때 미국의 세계적인 직기회사를 방문하고 살핀 결과 배울 점도 많았지만 종업원들의 모럴Morale(근로정신)은 일본이 우수하다는 느낌을 갖고 귀국했다. 또한 영국에 잠시 들렀을 때는 기차 시간을 몇 분 차이로 놓쳐 낭패를 본 경험으로 JIT 철학 발상의 원점을 얻기도 했다.

1920년대 후반 불황기에 도요타자동직기의 기술을 총괄하던 기이치로는 직기만으로는 헤쳐나가기가 힘들 것으로 판단해 직기만 만들기로 되어 있는 정관을 무시하고 방적기紡績機(정방기精紡機)를 개발하여 사세를 만회해보려 했다. 하지만 매부 리사부로는 사키치가 G형자동직기를 만들려고 세운 회사임을 강조하며 반대했다. 그러나 기이치로는 모든 것을 무시하고 본인의 뜻대로 1929년 정방기를 만들어 판매가 폭발하는 대히트를 쳤다. 사실 이때부터 이미 기이치로는 리사부로의 사무적인 경영 자질을 무시하기 시작했다. 현실감과 미래감각이 뒤떨어진다고 판단했다.

그 이후로 1936년까지 기이치로는 많은 특허를 등록하게 된다. 기이치로는 자동직기의 특허권을 영국 기업에 판매하기 위해 교섭차 영국을 방문하게 됐다. 도중에 미국으로 건너가 디트로이트에 있는 부품 회사들과 기계 가공 메이커를 방문하고 돌아와서 핑계 김에 현재의 모든 낡은 기계를 바꿔야 한다면서 신규 설비를 구입했다. 기이치로는 섬유산업의 기계 제작으로는 회사가 쇠퇴할 확률이 높음을 감지하고 새로운 사업을 모색하던 중에 미국의 현실을 보고 자동차가 유일한 길임을 이미 느낀 것이다.

1930년 부친 사키치가 뇌일혈로 쓰러져 입원했을 때 기이치로는 부친이 그동안 기록해온 '발명 사기私記'를 읽었다. 학력이 없는 아버지가 직기를 발명하는 것을 보고 어렵지 않을 것이라 생각했지만 기록을 읽고는 감동의 눈물을 소리 없이 흘렸다. 발명은 오로지 노력에 의해서만 달성됨을 깨달은 것이다.

그러나 기이치로가 대학을 졸업하고 회사에 들어와 자동방직기나 다른 모델의 직기 개발에 여러모로 도움을 주었지만 부친의 명성에 가려 좀처럼 그의 역할은 빛을 보지 못했다. 기이치로의 장남인 도요타의 명예회장 쇼이치로豊田章一郎는 그가 어릴 적에 부친이, "내가 방직기에 전지전능하지만 세상은 전부 사키치가 했다고 말한다. 이제 별 흥미가 없다" 며 낙담했다고 회고한 적이 있다.

눈앞의 이해타산보다는 장기적인 안목으로

1931년에 정방기의 주문이 폭주하고 특허이관 비용 중에 일부를 전 직원에게 포상금으로 지급해 분위기가 무르익은 상태에서 기이치로는 자신의 자동차 사업을 위한 도락행동의 시기가 도래했다고 느꼈다. 전후 사정을 볼 때, 부친 사키치가 본인은 직기 발명으로 공헌했으니 아들은 자동차로 국가에 공헌하라고 했다는 유언은 결국 기이치로 스스로가 자기의 진로를 정당화 시키기 위해 한 주장일 확률이 높다.

1933년 말에 기이치로는 직기 공장의 창고 한구석에 자동차부部를 만들어 합판으로 외부를 가린 채 주로 밤에 개발요원들을 위해 강의하고 연구했다. 자동차 생산을 위한 부지로 고로모 지역의 100만 평을 알아볼 때 사장인 리사부로의 방해가 집요했다. 그런 방해가 오히려 기이치로의 의욕을 불타게 만드는 역효과를 낳았다

1933년 12월 30일 임시주총이 열렸다. 이 자리에서 기이치로는 미국이 230만 대를 생산할 때 일본은 고작 1000대를 생산하는 형편에서 자동차 사업은 해볼만 한 것임을 닛산의 출범을 예를 들어 강조했다. 이에 사장인 리사부로도 부서로 승인하고 200만 엔의 연구자금을 지원하기로 했다. 사실 이 자금은 리사부로가 제2의 방직공장 부지를 사려고 준비한 돈이라 이시다가 물색해 놓은 중부지방의 후보지 구입을 포기해야 했었다. 그리고 바로 이듬해인 1934년 1월 29일 주총에서 자동직기제작소의 정관에 자동차와 제강사업을 추가하면서 자본금을 100만 엔에서 200만 엔으로 증액시켰다.

사키치는 발명가고 그의 아들 기이치로는 사업전개 능력을 지닌 개발 전문가라는 데서 차이점이 있다. 자동차제조에 있어서 당시의 관건은 엔진의 실린더 블록을 위한 양질의 주철鑄鐵 생산이었다. 이를 위해서는 더 많은 자금이 필요해 일단 500만 엔을 추산했지만 리사부로의 결심이 중요했다. 기이치로는 내심 그 돈으로 안 되면 포기를 결심할

정도였다.

1934년부터 세계의 승용차 모델은 전부 유선형으로 변해가고 있었다. 미국의 시보레 신형 모델을 구입한 후 그 차의 엔진을 그대로 모방하기로 결정했다. 드디어 유선형의 승용차인 최초 모델 A1이 결정되는 순간이다. 하지만 중요한 문제는 엔진 주물을 어떻게 해결하느냐에 있었다. 95퍼센트 이상의 수율이 돼야 양산성이 있지만 오히려 90퍼센트의 불량이 나왔다. 직기의 주물과 자동차 엔진의 주물은 전혀 달랐다. 그 해 10월 엔진 시제품을 만들어 탑재한 후 시험을 해본 결과 시보레 엔진이 60마력을 보인 반면 시제품은 불과 절반인 30마력밖에 나오지 않았다. 이때부터 다시 개조하는 작업을 계속 반복했다.

1935년 결국 시행착오 끝에 A1 승용차를 개발했다. 이때까지 소비한 돈은 모두 480만 엔으로서 초기의 자금 200만 엔은 바닥나고 300만 엔이 더 필요했다. 기이치로가 투자금을 더 요구하자 리사부로는 난색을 표하며 불쾌한 심정에 있었는데 부인 아이코마저 기이치로를 도와주라고 하니 사면초가를 느꼈다. 이런 아이코를 도요타 가문에서는 세 번째 대모God Mother라 불렀다. 또 계모인 아사코가 사내대장부가 하고 싶은 일을 하며 살라고 간접지원까지 해 주었다.

이렇게 리사부로가 고민만 하고 결정을 미루고 있을 때 기이치로는 자금 당당 오카모토岡本藤次郎에게 직접 자금을 해결해 달라고 부탁했고 중국에서 상하이 방직공장을 운영하던 니시가와 사장이 오카모토의 얘기를 전해 듣고 바로 입국했다. 중국 공장의 돈은 결국 사키치의 돈이므로 그 돈을 아들의 사업에 투자하는 것은 당연하니 추가자금 300만 엔은 본인이 출자하겠다고 나선 것이다. 부담이 없어진 리사부로는 이 결정을 반기면서 속으로는 가슴을 쓸어내렸다. 기이치로 본인은 결국 죽은 아버지의 도움을 받은 형세가 돼버려 부친의 그늘을 벗어나지 못했다.

모두에게 신뢰감을 주라

1935년도 5월 A1 3400CC 승용차의 시제품을 완성한 후 중국과의 전쟁에는 트럭이 유리하다는 정보를 입수했다. 그래서 바로 트럭의 최초 모델인 G1을 만들었다. 이때는 이미 군부의 제국주의 성향이 강해 영토 확장을 기치로 내걸고 침략전쟁을 준비하는 목적으로 자동차의 국산정책을 준비하던 시절이었다. 기이치로는 도요타가 지방의 소규모 재벌기업으로 자본력이 취약하다는 점에서 자동차보호법의 지정회사로 인정받는 것이 자동차 사업을 계속 할 수 있는 유일한 길임을 절실하게 느꼈기 때문에 어떻게 해서라도 허가를 받아내야만 했다.

승용차와 트럭을 개발한 기이치로는 판매 실적을 올리기 위해 GM 출신의 가미야를 영입한다. 가미야는 기이치로를 만난 자리에서 수요는 그 분야의 베테랑을 집합시켜 시장을 창조하는 것이라고 역설해서 감명을 주었고 판매의 일체를 책임지게 됐다. 가미야는 미쓰이 물산의 싱가포르와 런던의 지점장을 지냈고 일본 GM의 본사 부지배인과 판매광고부장을 역임한 일본 내 최고 베테랑이었다. 그가 평소에 주장한 것은 자동차를 포함한 모든 히트 상품은 결코 자연적으로 발생하지 않는다는 것이다. 판매 담당자들의 최대 단점은 어떻게 하면 수요를 창출할까를 생각하지 않고, 이런 저런 이유로 안 팔리는 것만 강조하는 습관이라고 지적했다.

이 당시 닛산은 포드나 GM과 자본 제휴를 희망했으나 포드는 자체적으로 요코하마 옆에 공장을 확대하려 하고 있었고, GM과의 물밑 협상은 자기들의 허가 없이 작업을 벌인다는 괘씸죄를 적용한 육군성의 반대에 부딪혀 합병을 포기했다. 하지만 1936년에 보호회사로 지정될 때의 닛산은 연간 3000대의 생산 능력을 갖는 공장을 요코하마에 갖추고 있었다. 도요타는 불과 몇백 대의 실적을 갖고 보호회사로 지정됐으니 도요타의 행운이라고 봐야 한다. 이런 행운 속에서 제2의 대모인 아사코는 할 일을 다 했다는 듯 세상을 떠났다.

보호법의 지정회사로 선정된 그 이듬해인 1937년 드디어 도요타자동차공업(주)가 설립됐다. 자본금은 1200만 엔으로서 도요타방직과 자동직기의 자본금을 합한 것보다 많았다. 사장은 명분상 리사부로가 맡고 기이치로는 부사장이 되어 실질적인 모든 권한을 행사했다. 우선 고로모擧母 공장을 짓기 전에는 자동직기 공장의 일부를 사용하기로 하고 자동차를 만들기 시작했다.

고로모 공장의 후보지는 58만 평으로서 땅주인이 182명이나 됐다. 수용하기 어려운 조건이었다. 그리고 잡목뿐인 야산을 평지로 만드는 일도 쉽지는 않았다. 기이치로는 지역민들에 대한 신뢰감이 우선 형성돼야 땅을 매수할 수 있음을 알았다. 그래서 지역민들이 모인 자리에서 기업의 사회공헌과 책임감을 제시하고 만약 도요타가 실패해도 세워진 공장의 설비를 방치할 사람은 없으므로 제2, 3의 사업자가 반드시 활용할 것임을 강조했다. 즉, 지역사회의 지속적 기여를 약속한 것이나 다름없었다. 기이치로도 부친과 같이 평소에는 말이 없지만 한 번 말문이 터지면 웅변가 이상으로 달변이었다. 그래서 친구도 의외로 많았다.

1년 남짓의 돌관공사 끝에 1938년 11월 3일 준공식을 가졌는데 이 날이 곧 도요타자동차의 창립기념일이다. 5000명의 직원과 20개 동 건물이 들어선 일관제조공장이었다. 도요타는 자신들이 설계하여 자기네 생각대로 공장을 지은 반면 닛산은 미국 설비로 미국식 라인의 공장을 건설했다. 도요타의 자주적인 발상이 시작되는 원천지인 것이다. 또한 닛산은 전쟁 전인 대공황 시절 미국의 부도난 한 자동차 회사를 매수하여 그 직원들로 하여금 닛산의 기술자를 훈련시키게 했다. 닛산은 결국 전부 미국식의 기술과 사고를 갖게 되었다.

미래는 준비하는 자의 것

1937년의 중일전쟁이 일어나기까지 트럭의 판매가 저조했다. 그러나 전쟁으로 트럭의 대량생산을 시작하게 됐다. 1936년에는 1400대, 1937년에는 4000대에 그쳤던 생산이, 전쟁이 한창인 1942년에는 15000대까지 생산했다. 하지만 1940년 당시 전세계적으로는 494만 대의 차량이 생산됐기 때문에 도요타는 고작 0.2퍼센트에 불과한 수량이었다.

이렇게 제대로 된 공장을 짓고 자동차 제조를 처음 시도함에도 불구하고 기이치로는 적합한 방침과 사양에 대해 명확히 해주었다. 철저하고 세심한 준비성은 기이치로의 성격을 그대로 반영한 것이다. 기이치로는 자동차 산업을 단순 조립 산업으로 보지 않고 전형적인 장치산업으로 간주했다. 조선 산업과 같은 업종은 생산할 자원만 준비돼 있으면 수주를 받고부터 일의 착수가 가능하지만, 자동차는 설계와 생산을 준비하고 마지막에 누구나 할 수 있는 생산조건을 미리 만들어야 하기 때문에 항상 준비된 자세 즉, N-1 시스템을 강조했다.

공장이 본격적으로 가동되자 사촌동생인 에이지로 하여금 미국식의 야드 및 파운드 측량 체계를 모두 세계 표준의 미터법으로 바꿀 것을 명령했다. 그러자 모든 공구를 버려야 했고 도면치수도 모두 변경해야 했으며 나사의 인치 규격을 바꾸는 일도 만만치 않았다. 그것은 마치 도요타를 통째로 바꾸는 일과 같았다. 하지만 닛산은 예전 그대로 사용했기 때문에 부품업체로서는 양사가 서로 호환이 안 되는 점을 매우 안타깝게 생각했다. 닛산이 바꾸지 못한 것은 경영자가 엔지니어가 아니었기 때문이다.

도요타가 미국의 포드자동차의 생산체계를 그대로 답습한 것이라고 보는 일부의 견해도 있지만 확실한 차이점을 갖고 있었다. 구미의 자동차 기업들은 생산자 입장의 PUSH방식으로 만들고 싶을 때 만들고 싶은 양만큼 만든다. 그러나 도요타는 소비자 중심의 PULL식 생산 방식을 한다. 역발상에 해당한다. 앞 공정에서 후속 공정으로 밀어내는 것이 아니라 그 반대로 수행한다.

1941년 미국과의 전쟁 전까지 포드나 GM은 일본에서 연간 3000대 공급제한법에 걸려있었다. 수입관세를 올렸는데도 도요타의 차는 팔리지 않았다. 품질이 근본적으로 차이가 났기 때문이다. 그래서 1936년에 포드와 합병을 하려했던 도요타로서는 육군성의 파벌싸움으로 수포로 돌아간 과거에 더욱 미련이 많았다. 1941년에 기이치로는 정식으로 사장에 취임했다. 그 해의 생산대수는 14400대지만 승용차는 겨우 200

대 가량 생산한 것에 그쳐 1.4퍼센트에 불과했다. 하지만 도요타는 10년이 지난 1951년에도 승용차를 불과 1470대(10.3퍼센트) 정도밖에 생산하지 못해 취약한 기반으로 남았다. 기이치로는 자기의 원대한 뜻(대중을 위한 승용차 생산)을 이루지 못하자 초조한 마음으로 술과 벗하는 날이 많았다.

태평양 전쟁 시에는 미국은 450만 대의 자동차를 보유했고 일본은 불과 5만 대도 안 되었다. 힘에서 100배가량의 차이가 있었다. 자동차의 수로 능력을 가늠하는 이유는 전쟁에서 가장 필요한 것은 수송능력이기 때문이다. 즉 병참Logistics 능력에 의해 결정된다고 본다. 선박은 영국, 철도는 프랑스, 자동차는 독일, 항공기는 미국 등으로 특징을 짓는데 일본은 과연 무엇을 할 수 있는가를 생각할 때, 기이치로는 전쟁은 무리라고 봤다. 일본 군부는 합리주의가 아니라 정신력으로 이기려는 생각이었는지도 모른다.

1943년 12월 패전 가능성이 짙어지자 기이치로가 가장 염려했던 군수회사법이 시행되어 도요타도 군수회사로 지정됐다. 고로모 공장은 호국 20호, 가리야 공장은 호국 24호로 강제 개칭을 당하고 경영권은 군부가 강탈했다. 기이치로는 절망으로 출근하지도 않고 동경에 머무르면서 술로 나날을 보냈다. 당시에는 자원이 극히 부족하여 트럭에 헤드램프를 하나밖에 부착할 수 없었으며 브레이크는 트럭임에도 불구하고 뒷바퀴에만 장착했다. 기이치로는 기술자적 양심의 가책으로 차마 출근할 수 없었던 것이다. 이때의 KB형 트럭 형체를 정상의 트럭과 비교하여 나타낸 것이 [그림 3-1]이다.

전쟁 중의 트럭은 헤드램프가 하나밖에 없는 관계로 고장이 날까봐

[그림 3-1] KB형 트럭의 정상 모델과 전쟁 투입 모델

두려웠다. 그리고 차체도 무거워 말을 타는 중국 팔로군의 추격이 불가능할 뿐 아니라 도망도 제대로 못가는 형편이었다. 그런 이유로 병사들이 이동하기 위해 차를 탈 때면 늘 제비뽑기를 했다. 다행히 미국제 트럭에 타게 되면 만세삼창을 불렀고 일본제 차를 타면 물로 술잔을 채워 인생 마감하는 기념주를 마시는 시늉을 했다. 이런 불행 속에서도 기이치로는 무슨 이유로든 보호받는 사업과 독점사업은 개혁하지 않으면 안 된다는 생각이 들었다. 전쟁이 끝나 자유경쟁과 시장개방의 시대가 오면 도태될 것에 대비하는 것이 현명할 것 같았다. 마음속으로 이미 긴장에 들어간 것이다.

전쟁이 끝나자 미국은 폭격조사단을 도요타공장에 보냈다. 폭격의 효과를 조사하기 위한 조치였다. 폭격이 있기 전에 기이치로가 공장의 지붕과 벽에 페인트칠을 해서 마치 하치장이 공장인 것처럼 꾸며 조종사들을 헷갈리게 만들어 결국 폭격을 피해갈 수 있었다. 사실 미군의 지도와 사진에는 '도요타자동차 공장'이라고 선명하게 기록돼 있었고 사진도 깨끗이 촬영돼 있었다. 만약 항복이 며칠 지연됐더라면 8월 21일 공장은 무차별 폭탄사례를 받았을 것이라는 말에 직원 모두 식은땀을 흘렸다. 그런 폭격 계획도 모른 채 전쟁 종료 직전에는 에너지 자원이 부족하자 인해전술식 제조 시스템을 적용했다. 감옥 수감자와 젊은 학도병까지 모아 생산했던 것인데 그 소리를 듣고 보니 기가 막힐 일이었다. 기술적으로 애초에 상대가 안 되는 전쟁이었다.

늘 처음처럼

전쟁이 끝난 1945년 연합군사령부GHQ가 국가통제에 들어갔다. 기이치로는 이제 자유롭게 승용차를 생산하고 싶었지만 일본은 아직 대량생산체계가 아니라고 본 GHQ는 승용차만큼은 미국에서 수입하라고 지시했다. 월 500대의 트럭 생산만으로는 수량도 적고 만들 자원도 부족해서 많은 직원을 먹여 살리기에 부족하다는 어려움에 부딪혔다. 하루에 온전한 차를 10대 정도밖에 생산하지 못했다. 의식주에 관계된 것이면 모든 사력을 다해 사업을 벌였다. 이런 고난의 시대에도 불구하고 기이치로는 자동차 시대가 도래할 것을 믿고 종업원을 함부로 해고하지 않았다.

특히 자동직기 시절 대졸 1기 사원인 사이토齊藤尚一(후에 회장을 지냄, 1908~1981)는 기이치로 고향 근처의 호수에서 송어나 미꾸라지 양식장을 맡아 사업을 수행할 정도였다. 사촌동생 에이지는 가리야 공장 안에서 솥이나 냄비, 고로모 공장은 자전거나 농경용 엔진 등을 대신 만들도록 했다. 그리고 기이치로는 안으로 소형 승용차를 개발하면서 밖으로는 승용차 생산허가를 받아내는 청원을 계속했다. 결국 1947년에 연간 300대 이하에 한해서 승용차를 추가 생산할 수 있다는 허락을 받아내서 준비하고 있던 955CC의 4인승 승용차 '도요펫Toyopet'을 제작했다.

전시에는 자동차 3사(도요타, 닛산, 이스즈)가 일본자동차 배급회사日配에 통합되어 통제를 받았으나 이것이 해제됐고 4대 재벌(미쯔이, 미쓰비시, 스미토모, 야스다)이 강제로 우선 해체된 후 위기는 서서히 도요타와 같은 중견재벌 쪽으로 옮겨갔다. 따라서 기이치로는 계열사의 이름을 바꾸고 경영자들의 중복을 피하는 조치를 취했다. 이때 자동직기는 리사부로 사장이 병석에 있어 이시다 부사장이 대신 경영을 맡고 있었다.

1945년 12월 22일 노동조합법이 공포됨에 따라 도요타도 1946년 2월 노조를 설립했다. 이에 유연히 대응할 수 있었던 미쯔이 출신의 노무 담당 아까이赤井 부사장이 하필 1945년 12월에 교통사고로 죽어 제대로 대응할 수가 없었다. 이 사고는 기이치로에게 두고두고 안타깝게 기억된다. 할 수 없이 노무임원을 대신해 자동차 전문가인 동경공업대학 교수 구마베隈部一雄를 상무로 채용했지만 별 효과가 없었다.

종전 직후 닛산자동차는 영국의 오스틴 사로부터 제조공정 기술을 전수받았다. 하지만 전문정보지에 기사가 실린 미국 록히드 항공사의 슈퍼마켓 방식을 미국 자동차가 응용하면 어떻게 하나 걱정하던 생산부의 오노는 하루빨리 PULL방식을 도요타에 심으려고 노력했다. 즉 도요타는 본인들의 생각대로 하려 하고 닛산은 무조건 선진국 시스템을 들여오려 한 차이점이 드러난다.

전후 일본에는 군인들의 퇴직금과 복원 비용 및 군수회사 손실 배상금 등을 위해 적자공채를 발행하고 있었다. 게다가 원자재가 부족한 탓에 악성 인플레가 계속됐다. 부흥금융공고復興金融公庫의 대출도 석탄이나 철강 산업에만 집중적으로 지원하여 다른 산업은 돈을 보기조차 힘들었다.

1946년 6월에는 GHQ의 정책으로 지방에 분산된 자동차 배급회사를 해산시키고 판매점은 메이커 별로 독립할 것을 지시했다. 이런 정보를 미리 입수한 판매책임자 가미야는 한 달 전에 배급회사의 대표자들을 고로모 공장으로 초청해 도요타의 향후 비전을 제시했다. 그리고 11월에는 나고야의 요정으로 그들을 다시 초청하여 기이치로와 가미야가 직접 대표자들에게 술을 따라주며 부탁 인사를 했다. 하지만 닛산은 이와 반대로 전쟁 이전에도 판매회사 대표들이 본사를 찾아와 알현인사를 올려야 겨우 사장이 만나주는 풍토였다.

1946년도 1월에는 제1차 배상보전 설비 시설을 400개의 군수공장에 지정했는데 그 중에 고로모 공장과 가리야의 두 군데 부품공장이 지정됐다. 하지만 기이치로가 전후 일본경제의 부흥에 기여한 점을 참작하여 1946년 8월에 고로모 공장이 배상시설 지정공장에서 해제됐고 1948년 3월에는 가리야 남공장이 해제됐고 1952년 4월에는 마지막으로 가리야 북공장이 해제됐다.

도움을 받으려면 먼저 베풀어라

1946년도 11월에는 재료비와 인건비 등이 인플레 이상으로 오르자 자동차 값도 계속 오르는 악순환이 벌어지기 시작했다. 특히 임원들의 생활은 비참했다. 정부가 제한회사(군수회사 위주로 지정) 임원의 급료 인상을 금지시켰다. 명색만 임원이지 작업자보다 낮은 수준을 받았고 주식도 배당받지 못했다. 1947년도에는 기이치로의 장남인 쇼이치로가 대학도 졸업하기 전에 북해도에 있는 어묵공장의 관리를 맡겨야 할 정도로 심각했다.

그 해 5월에는 도요타 설립 이래 누계생산이 10만 대를 달성했지만 1년에 2만 대가 가능한 공장에서 월 200~300대에 불과한 생산으로 달성한 수치여서 빛이 바랬다. 이 시기부터 사내의 인원정리 문제가 불거지기 시작했지만 기이치로는 도요타 강령을 내세워 반대했다. 6월에 발표한 소형승용차의 소량 판매허가로 인해 미리 개발한 '도요펫 SA'와 SB 소형 트럭을 출시하는 동시에 BM 대형 트럭 모델도 개발에 착수했다. 최초의 도요펫 SA 모델은 [그림 3-2]와 같다.

[그림 3-2] 소형 4인승 승용차 도요펫 SA 모델

1947년에는 SB형 트럭의 양산체제에 돌입했지만 운영자금이 문제였다. 대당 20만 엔의 트럭에 대해 대당 10만 엔씩 미리 선불해 달라고 딜러들에게 부탁하는 회의를 8월에 했는데 불과 두 달 만에 완납하는 실적을 보였다. 이런 결과는 이전에 도요타가 딜러들에게 470만 엔씩 자금을 융통해 주었던 데 대한 보답이었을 것이다. 서로 운명공동체임을 느끼는 순간이었다.

혼다에도 흡사한 경우가 있었다. 전후 배기량 50CC의 신형 오토바이를 개발한 후에 전국 5만 5000개의 자전거 점포에 개발공문을 띄우자 3만 개 정도의 점포에서 관심이 있다는 회신이 왔다. 2만 5000엔의 상품을 1만 9000엔에 판매하는 대신 선금을 받겠다는 소식을 전하자 1만 5000개의 점포가 허락했다. 이것이 바로 1952년도에 발표된 '커브'라는 모델로서 월 6500대씩 양산하는 모델이 생기는 사건이었다.

1947년 12월에는 GHQ는 과밀도 경제집중배제법을 공포했다. 그 이듬해 2월에 광공업 257사, 배급서비스업 68사가 심사 대상이 됐는데 그 중에는 도요타도 포함되어 있었다. 즉 325개사가 일본의 경제를 66퍼센트 차지하여 상황을 쥐락펴락한다는 평가를 내린 것이다. 도요타도 이때 덴소를 분리시키는 작업을 단행했다.

1947년에 발매한 도요펫은 당시 소형차 중심으로 전환되는 시기여서 택시용의 수요를 목적으로 했다. 하지만 가격도 비싸고 유럽형 스타일이라 미국형에 익숙한 소비자들에게는 잘 팔리지 않았다. 이것이 비즈니스 세계의 냉혹함이다. 결국 SA형 도요펫은 213대를 팔고 막을 내렸다. 아주 비참한 결과였다. 다시 1948년 5월 도요펫 SD형 신형 승용차와 트럭을 동시에 개발했다. SA형과는 대조적으로 대중적인 이미

[그림 3-3] 도요타 최초의 히트 차량 도요펫 SD트럭 모델

지가 강했고 특히 트럭은 승용차의 겸용으로 인기가 좋았다. 도요타 최초의 자동차 히트품이 나온 것이다. 1948년부터 1952년까지 5년간 1만 2000대를 넘게 팔았다. 부드러운 스프링으로 승차감을 높인 것이 주효했던 것이다. 이 모델은 [그림 3-3]과 같다.

드디어 1948년 5월에는 경제안정본부에서 경제자립을 목적으로 경제부흥계획 1차 시안을 발표했다. 이 안은 자동차 산업의 부흥을 전제로 한 것이다. 첫째로 국산차를 증산한다는 것, 둘째로 배급통제를 점차 해제 및 폐지한다는 것, 셋째로 경영합리화를 거론했다. 그 해는 매우 혼란의 시기로서 판매 책임자인 가미야가 최초로 월부판매 제도를 단행했고 전년도에 비해 66퍼센트나 증산한 해였다. 버스와 트럭이 특히 호조를 보이자 무조건 만들면 다 팔겠다고 생산을 독려한 것이 결국 무모한 행동으로 결부될 줄은 꿈에도 몰랐던 것이다.

이상과 현실을 혼동하지 마라

1949년이 되자 GHQ는 인플레의 억제 정책으로서 '더지플랜'을 발표했다. 그 계획의 중심에는 두 가지 핵심 정책이 들어가 있었다. 첫째로 미국 국민의 세금으로 지원한 11억 5000만 달러의 원조로 생활을 지탱하는 것을 금지한다는 항목, 둘째로 일본인 스스로 보다 낮은 비용으로 생산해 저축과 검약 생활에서 자본을 축적할 것의 두 가지다.

이런 발표 이후에 곧바로 초긴축 정책으로 들어가 민간 기업은 타격이 컸다. 부흥금융공고는 부흥채권을 더 이상 발행하지 못하고 신규 융자도 모두 정지당했다. 1달러에 360엔으로 환율이 고정됐다. 도요타가 3~6개월로 해주었던 할부금도 납입이 저조했다. 인플레 시대는 할부금 제도가 유리하지만 디플레 시대에는 치명적인 것을 몰랐다. 할부금을 결국 1년 연장해주긴 했으나 어려운 것은 마찬가지였다.

이때 많은 회사들이 긴박하게 저울질을 하기 시작했지만 결론은 정리해고밖에 없었다. 더지플랜의 영향으로 이스즈 자동차는 그 해 9월에 1300명이 넘는 인원을 정리했고, 닛산은 10월에 20퍼센트에 해당되는 1800명 정도를 해고했고 잔류 사원들에 대해 10퍼센트의 임금삭감도 단행했다. 하지만 도요타는 '경영조사실'의 진두 아래 원가저감이나 생산성향상 운동을 펼쳤다. 9월에는 급기야 월급을 주지 못했고 구매대금마저 바닥이 났다. 이 시기는 월 3억 5000만 엔 출하에 2억 엔이 회수되는 최악의 상황이었다.

기이치로는 인원정리를 피하는 것이 경영자의 최고 덕목임을 자랑해왔지만 스스로는 어려운 시기에 돌파구를 찾는 경영의 리더십이 부족함을 뼈저리게 느꼈다. 해고불가론은 부친 사키치의 경영원칙이자 강령에도 나와 있는 온정주의를 편 것이고, 또한 헨리 포드가 지은 『나의 인생 나의 일My Life and Work』을 애독한 영향이기도 했다. 이와같은 기이치로의 정신을 이어받은 후대의 도요타 경영자는 위기에 처한 미쓰비시 자동차 직원 500명을 승계 고용하는 미덕도 발휘했다. 도요타의 사명감이라고 해도 과언이 아니다.

도요타 역사 중에 적자는 창업년도와 '더지플랜'의 영향을 받은 1949년밖에 없다. 그 당시 자본금이 2억 1000만 엔인데 반해 부채는 10억 엔으로 500퍼센트의 부채비율을 기록했다. 기이치로는 1949년 말 위기를 느끼고 감산정책을 하려했으나 생산량이 바로 수입과 직결되는 조합원들은 말을 듣지 않았다. 만드는 족족 판매점의 재고로 쌓였다. 7개월의 어음 판매를 시행할 정도였다. 특히 11월에는 2억 엔의 자금이 없으면 도산할 지경이었는데도 도요타방직의 사장인 리사부로는 도와주지 않았다. 만약 도와주면 밑 빠진 독에 물 붓기 식이 되어버려 줄도산을 초래할 수 있기 때문이다.

이런 사태가 지속되자 국책은행인 일본은행의 나고야 지점장 다카노리利高利壯大가 중부지방의 300개가 넘는 도요타의 협력사를 살려야 한다는 가미야의 부탁으로 시중은행을 움직여 협조융자단을 구성했다. 융자단은 1억 8000만 엔을 융자해 주는 대신에 자구책을 요구했다. 자구책에는 생산량을 월 1440대에서 40퍼센트 삭감한 850대로 할 것과 1600명의 잉여 인원을 정리하라는 분석이었다. 기이치로는 판매 부책임자인 가토加藤誠之가 분석한 자구책을 보고 수고했다고 전하면서도, 하지만 우리 도요타에는 안타깝게도 불필요한 인원은 한 사람도 없다는 말로 일축해버렸다.

사실 뜻은 좋지만 현실성이 너무 부족했다. 그 해 12월 23일 10퍼센트의 임금삭감과 구조조정을 시행하지 않는다는 것을 약속한 노조각서가 교환됐다. 결국 이 각서가 6개월 후 기이치로 퇴진의 빌미가 된다. 이 각서는 융자단의 의지를 꺾는 계기가 됐다. 일본은행의 나고야 지점장인 다카노리는 기이치로를 배제하고 세 가지의 조건을 제시한다. 첫째로 생산과 판매를 법인 분리할 것, 둘째로 생산량을 제한할 것, 셋째로 인원을 정리할 것을 제안했다.

도요타 판매회사가 분리할 기회가 여러 번 있었다. 1946년부터 매년 있어 왔다. 그러나 그런 계획이 유산된 것은 과도경제력 집중배제법에서 벗어나기 위한 방편일 뿐 기이치로는 분리할 생각이 없었다. 그리고 노조의 주장은 판매회사가 독립하면 중간착취 기관으로 변신할 염려가 있다는 것이었다. 하지만 판매책임을 맡았던 가미야는 달랐다. 오래 전부터 생산부문과 독립적으로 마케팅 기능을 갖는 판매회사 설립에 대해 연구하고 구체화도 해왔다. 그 기회가 온 것이다. 결국 1950년 4월 3일 파업이 일어나기 일주일 전에, 노동조합은 20년간 하나로 운영하다가 1970년 분리한다는 조항과 도요타의 맥을 유지한다는 조건을 걸고 분리에 합의했다. 이때의 자본금은 가미야가 스스로 모아온 8000만 엔이었다. 그러나 노조는 판매회사의 독립은 인정하면서 인원 삭감에는 동의하지 않았다. 그러자 월급도 못주고 냄비나 솥으로 대신 지급하니 생활이 될 리가 없었다. 부부가 공동 직업전선에 나서거나 한 입이라도 줄이기 위해 처가로 보내는 수밖에 없었다.

'희망'은 사업가의 마지막 자산

1950년 4월 7일 노조는 1945년에 독립한 덴소가 그 해 3월 30퍼센트인 473명을 정리해고한 것을 빌미로 쟁의에 돌입하기로 결정했다. 노조원들은 다들 다음이 우리 차례라는 인식으로 미리 선수를 치는 의미가 강했다. 4월 11일 24시를 기하여 파업이 시작됐다. 이때부터 상호 신뢰가 무너지자 회사는 무정부상태로 변했다. 주식값도 반으로 폭락했다. 투자가들은 '도산은 초읽기'라는 식으로 방관했다. 돌파구를 모색하기는 하나 시간만 갈 뿐이고 해결책은 인원 감축밖에 없었다.

4월 22일 기이치로가 직접 단체교섭에 참가해 6대 항목을 제시하면서 설득했다. 주로 생산량 감축, 인원 감축, 인건비 삭감, 대여금 정리 등을 제안하였으며, "모두 침몰하든가 아니면 일부 선원이 하선하여 잔류 선원을 도와주든가 하라"고 외쳤다. 하지만 노조는 죽어도 모두 함께 가야 한다고 맞섰다. 노조원들을 개인별로 만나 설득했지만 노조는 법원에 회사 측 안의 집행정지 가처분을 신청했다. 즉 구조조정 안을 철회하라는 요구였다. 그런데 "임금을 10퍼센트 삭감하는 대신에 인원은 감축하지 않겠다"는 과거의 각서에 대표이사의 사인이 없고 법적 효력이 없는 고무도장만 찍힌 것을 빌미로 변호사가 기각신청을 했다. 결국 회의까지 열어 에이지가 그래서는 안 된다고 했지만 이미 법원에서는 기각으로 처리되었다.

기이치로는 원래 희망퇴직자만 모이면 자진해서 퇴진할 생각이었다. 하지만 세월만 가고 해결기미가 보이지 않자 기이치로는 6월 5일 전격적으로 몇 명의 임원과 동반 퇴진할 것을 발표했다. 사원들은 동요하기 시작했다. 이대로 있다가는 퇴직금도 받지 못 할 거라는 염려가 있던 사람들은 앞다투어 희망퇴직을 신청했다. 남아도 지옥이요 떠나도 지옥이라는 생각에 결국 희망자는 예상보다 많은 1760명이나 됐다. 최종적으로 2146명이 퇴사했고 잔류 인력은 6000명 정도였다.

이런 악조건 속에서도 기이치로는 파업 직전인 4월 초순 가미야에게 소형승용차의 개발력이 부족하니 해외기술협력선을 알아보라는 지시를 내렸다. 그 당시 GM은 엔진이나 주요부품은 자사가 생산하는 전략을 취했고 포드는 주요부품도 제휴거래처가 현지에서 생산할 수 있는 전략을 갖고 있었다.

6월에도 포드의 헨리포드 2세(헨리포드의 손자)와 접촉을 시도하고 있었다. 포드 기술진이 도요타를 지도하기로 약속하고 2차 협약을 하려는 순간 한국전쟁이 터졌다. 그러자 미국 정부는 모든 기업에게 전쟁 확대 대비책으로 기술진 파견과 외국에 대한 직접투자는 중지하라는 명령을 내렸다. 따라서 포드 기술진이 오지 않는 대신 도요타 직원 두 명이 연수를 한다는 조항을 넣었다. 이로써 역사적으로 두 번에 걸친 포드와의 협약은 무의로 돌아가고 에이지와 사토의 단기(3개월) 연수에 그치는 것으로 마감했다.

아무리 하려 해도 도요타는 독자적으로 수행하라는 신의 계시와도 같았다. 그리고 한 번 더 포드와의 접촉을 시도했다. 1951년에 승용차 기술로 닛산과 함께 포드와의 기술협약을 시도했으나 무산되고 말았다. 결국 세 번의 시도(1936년의 3사 합병 노력, 1950년의 기술협약 포함)는 모두 수포로 돌아갔다.

원하는 결과는 올바른 수단에서만 가능

기이치로는 잡담은 일절 도움이 안 된다는 생활철학이 있어 말수가 극히 적었다. 필요 이상의 말은 하지 않았다는 것은 내성적인 성격과는 다른 문제다. 또 집중력이 뛰어나 오로지 개발에만 매달렸다. 간부와 같이 낚시하러 가서도 고기가 걸리면 오히려 화를 냈다. 생각하러 온 것인데 고기가 걸리면 생각을 못한다는 이유였다. 마치 부친인 사키치를 보는 듯하다.

사촌동생 에이지가 미국연수를 다녀온 후 포드와 도요타는 단지 규모만 차이가 있을 뿐 기상천외한 것은 없다고 한 말에 미래를 맡겨도 된다고 생각했을 것이다. 사실 본인이 퇴진한 후 향후 도요타를 맡을 사람은 당연히 에이지라고 생각했다. 둘은 나이 차이가 많이 났기 때문에 에이지는 어려서부터 기이치로를 형님으로서가 아니라 아버지와 비슷한 감정으로 대해왔다.

1950년 6월 퇴진 이후에 기이치로는 동경에 머물며 쇼이치로를 옆에 두고 불연주택인 콘크리트로 집을 짓고 헬리콥터로 그 위를 날아다니는 모습을 꿈꾸고는 했다. 이때 쇼이치로에게 콘크리트 조립주택 Pre-Con 개발을 지시해서 후에 주택사업을 벌일 수 있는 터전을 마련하기도 했다. 기이치로는 남의 것을 베끼지 않고 스스로 찾아낸다. 또 그렇게 하려고 노력한다.

기업이 성장할 때나 어느 정도의 규모를 갖추고 운영될 때 그 기업의 기반이나 경쟁력을 위한 응집력은 근본적으로 차이가 발생한다. 단순한 상품거래(장사)로 시작한 창업주와 발명이나 개발로 시작한 창업주의 기업 경쟁력은 다르다고 본다. 장사로 출발한 사람은 주로 사업성(이해타산)에 주력하지만 개발 출신은 기술력과 인재개발에 주력한다. 사업성에 주력한 기업은 마치 여러 눈덩이를 주워와 덕지덕지 큰 눈덩

이를 만든 것이어서 한 번의 충격만 가해도 잘 부서지는 반면 개발력 중심의 기업은 일정한 궤도를 약속이나 한 듯 착실하게 지속적인 접착력을 쌓은 눈덩이로 변해 외부 충격이 와도 좀처럼 파괴되지 않는 응집력을 지닌다. 도요타가 바로 이 응집력의 대표기업이라 할 수 있다.

가문이 원래 호주가好酒家 집안인 기이치로는 파업 이후 술이 늘어 고혈압의 증세가 점점 악화됐다. 도요타가 한국전쟁으로 다시 회복하고 성장하기 시작하자 경영을 대신했던 이시다 사장의 권유로 다시 복귀를 준비하던 중에 1952년 3월 21일 쓰러져 결국 27일 세상을 떠났다. 57세로 생을 마감한 것이다. 쓰러질 때 소형승용차의 엔진 도면을 작업하고 있었는데 주위에 사람이 없어서 조치를 못하고 영원히 작별을 고했다. 그로부터 3개월 후인 6월 3일 매부인 리사부로도 세상을 떠났다. 그는 죽기 전에 에이지에게 트럭이 아니라 승용차를 꼭 만들어야 한다고 부탁했다고 한다. 자동차를 늘 반대하던 입장의 사람이 마지막 남기고 간 말이었다.

도요타가 비창업자 계열에게 경영을 맡기는 경향은 기이치로부터 출발한다. 기이치로가 1950년 파업으로 자리를 물러나면서 자동차 소속이 아닌 자동직기의 이시다 사장에게 맡긴 일과 판매법인의 독립 때 가미야에게 책임을 맡긴 일은 기이치로의 현명함을 보여준다. 기이치로는 누가 우리 가족이냐가 아니라 누가 실력이 있어 회사를 살릴 수 있느냐에 가치를 둔 사람으로서 많은 재벌사들이 쫓아가지 못할 유전자를 남겼다. 이런 기이치로의 행동으로 경영층에 형성된 특징이 있다. 전문 경영인들은 기능적 중개자의 힘을 발휘해서 사원과 오너의 중개 역할을 훌륭하게 수행한다는 점이다. 그리고 걸출한 리더의 건강

상태가 좋을 때는 전원이 따라가고 상태가 좋지 않을 때는 주저하지 않고 원로들의 합의제로 경영한다는 점은 국내의 무소불위 황제 경영자들이 배워야 할 점이다. 지금도 기이치로가 날린 유전자는 도요타의 본체를 관통하여 흐르고 있다.

TOYOTA

CHAPTER 08

위기의식이 경쟁력을 키운다

하나의 기업이 초일류 수준에 이르기까지는 가장 강력한 적을 물리쳐야 하는데 그 적은 다름 아닌 내부 저항이다. 이런 저변에 깔려 있는 내부 저항은 TOP의 경영자가 억누를 수는 있어도 근본적으로 저항을 적극적 의지로 쉽게 바꾸지는 못한다. 결국 몸을 부딪쳐 가며 하나하나의 사고를 전향시켜줄 수 있는 실천가가 필요하다.

22 마른걸레 짜기로 자립경영을 이루다

자금 사정으로 어려움을 겪었던 기업은 빚은 파멸의 원인임을 깨달아 빚을 지지 않도록 사력을 다해야 하고, 인원 문제에서도 혼란이 발생했다면 과도한 인원은 극력 피해야 한다.

사키치로부터 배운 사회공헌 사상

도요타의 3대 사장인 이시다 다이조石田退三(1888~1979)는 나고야 중부국제공항이 들어선 도고나메常滑 지방에서 농부의 5남 1녀 중 막내로 태어났다. 중학교를 졸업하고 집안 사정으로 진학을 포기한 채 시골의 소학교 임시교사를 하면서 상급학교인 해군 기관학교(해양대학)에 응시하여 국비학생을 원했지만 낙방하고 말았다. 그 이후 곧바로 사회에 진출하여 서양가구 판매회사의 점원이나 동경의 양복판매회사의 세일즈맨을 전전했다. 나중에는 나고야에 있는 섬유제품 상사 하츠도리服部商店에 취직하여 오사카 지점장까지 올랐다. 이 회사의 사장은 도요타 그룹의 창시자인 사키치에게 발명자금을 대주는 후원자였다. 이시다와 사키치와의 인연은 사키치가 상하이에 방직공장을 세우고 운영할 때 비즈니스 관계로 시작됐다. 발명가는 연구를 통해 국가에 봉사하고 상인은 돈으로 발명가의 연구를 도와 간접적으로 국가에 봉사한다는 사키치의 철학에 이시다는 동의했다.

1927년, 38세의 이시다는 어느 정도 경력이 쌓인 실력자로 도요타방직 오사카 지점장으로 입사했다. 도요타의 데릴사위인 리사부로 가문이 이시다의 외가쪽 사돈이었는데, 평소 비즈니스 계에서 이시다의 능력을 눈여겨 본 리사부로의 추천으로 도요타에 합류했다.

사키치 사망 후에 방직공장의 국내 건설 계획을 갖고 있던 리사부로는 이시다에게 공장 부지를 물색하는 일을 맡겨 가계약 상태까지 갔지만, 기이치로가 자동차 연구비 지원을 갑자기 결정한 나머지 방직공장 건설을 취소할 수밖에 없었다. 이때부터 이시다의 마음속에는 자동차 사업에 대한 반대의식이 싹트기 시작했다.

1937년 도요타 자동차가 발족할 때 이시다는 48세의 나이에 도요타방직의 한가한 직책인 감사역監查役으로 발령받아 스스로의 위치에 한탄하고 있었다. 기이치로가 도요타방직에서 이시다를 우연히 만났을 때 이시다의 반대 의견에 대해 곧 자동차를 선보여 그에게 선물로 줄 것이니 운전면허나 따놓으라고 말한 적이 있다.

한가하게 근무하던 1939년에 이시다는 자동차로 불려가 조속히 피스톤 링의 제작처를 수배해 달라는 오카모토의 부탁을 받았는데 무료해 하던 중 잘됐다 싶어 얼른 수락했다. 그는 하마마쯔浜松 시에 약관 30세의 사장이 운영하는 동해정기東海精機중공업을 찾았다. 그 젊은 사장은 다름 아닌 뒷날 혼다자동차를 세운 혼다 소이치로本田宗一郎였다. 혼다는 어린 나이에 고향을 떠나 동경에 있는 카센터에서 근무하며 기술을 익힌 후 고향으로 돌아와 카센터를 열고 피스톤 링의 국산화를 연구하고 있었는데, 그때 이시다를 만난 것이다. 이시다는 혼다의 패기를 믿고 도요타와의 거래를 의뢰했다.

혼다가 만든 피스톤 링은 처음에는 거의 불량 판정을 받아 불량회사라는 낙인이 찍혔다. 하지만 혼다는 신경 쓰지 않고 품질 향상에 전력을 기울인 끝에 특허를 확보하면서 품질 평가도 개선되고 대량의 물량을 확보한다. 1942년 도요타 자동직기로부터 40퍼센트의 자본금을 지원받아 1200만 엔의 자본금으로 선박이나 항공기 엔진에 들어가는 피스톤 링을 전문적으로 만드는 종업원 2000명의 회사로 키웠다. 명목상의 사장에는 이시다를 앉히고 혼다 자신은 상무 직함으로 활약했다. 그러나 1944년 12월 동남해東南海의 지진으로 직원들이 죽고 공장이 대파되는 재앙을 만났다. 이에 혼다는 실의에 빠져 헤매다가 이시다에게 사의를 표명하고, 보유 주식을 모두 자동직기에 팔아버리고는 홀연히 떠났다.

상식에서 출발하는 당당한 경영

전쟁이 끝난 1945년 이시다는 경영자의 사명은 기업에 이익을 내는 것이라는 철학을 세우고 도요타자동직기 전무로서 지병으로 고생하는 리사부로를 대신해 경영권을 행사했다. 종전 4일 후에 자동직기의 전 직원을 모아 놓고 회사의 형편을 얘기했다. 떠날 사람은 떠나고 남은 사람은 고생을 각오하라는 메시지였다. 6800명의 종업원 중에 5200명이 희망 퇴직하자 잔류 인원은 모두 고정 멤버들만 남게 됐다. 그 후 GHQ를 방문해 3일간 연속으로 수출허가 담당 장교를 찾아가 수출허가가 아니면 밥을 달라는 호소 아닌 떼를 써서 600대의 수출허가를 받고 창고에 쌓아 둔 방적기를 모두 처분하는 능력을 보여주었다.

이시다의 인생철학은 스스로 열심히 돈을 번 내에서 가져간다는 사고다. 1949년도에 '더지 플랜' 여파에 도요타자동직기도 비켜가지는 못했다. 자동직기도 역시 어려워져 종업원들의 임금인상이나 노동조건 향상 등의 조건을 들어줄 수 없었다. 특히 법외 퇴직금 100개월분을 지급하라는 노조의 요구는 더더욱 응할 수가 없었다. 이에 반발한 노조는 그 해 하순 파업을 단행했다. 사장인 이시다는 노조에게 100개월분의 퇴직금을 기본급의 60개월분으로 낮춰 지급한다는 제안을 일방적으로 통보하고 그들이 거절했다는 연락을 받자마자 집에 돌아가 칩거에 들어갔다. 오히려 일이 없어 숨을 돌릴 기회가 생겼으니 다행이라는 여유를 부렸다.

사장이 이렇게 집에서 농성을 하자 극렬투쟁을 선언한 공산당원이 개입하는 파업으로 전개됐다. 그들은 이시다 사장을 박살내 피바다를 만들자는 발언까지 서슴없이 내뱉었다. 이시다는 그 말을 전해 듣고 오히려 재미있는 현상이라고 받아쳤다. 지금 식량도 부족한 판에 한두 사람 죽어나가면 오히려 도와주는 것이니 국가를 위해서도 좋고, 자신은 석두라 피도 안 나온다는 농담도 하면서 피바다가 돼도 좋다는 식의 배수진을 친 태도를 취했다. 서로의 대립으로 시간이 길어져 노조원의 참여가 점점 식어가자 노조의 요청으로 이시다가 협의에 참가했다. 이 자리에서 노조원들에게 잘 생각해보라고 서두를 꺼내면서 시끄러운 회사가 이익내는 것을 본 적이 있느냐고 물었다. 싸움보다는 이런 시기에 힘을 합쳐 한 번 더 뛰어보지 않겠느냐고 제안하면서 자신도 월급쟁이로서 동병상련 하고 있는데 과연 이런 행동이 자기를 믿고 따르는 행동들인가를 반문했다. 이 설득으로 노조는 기가 꺾여 사태가 곧바로 수습됐다.

인플레 시대에 이런 일련의 사태를 극복한 이시다는 닥쳐올 디플레 폭풍을 염려해 자동차의 인원감축을 제안했다. 이러한 점은 경영자로서 이시다의 예리함을 엿볼 수 있다. 파업을 해결한 전력이 있던 이시다는 1950년에 발생한 자동차 파업 때문에 골머리를 앓고 있었다. 스스로 생각할 때 본인이 나서면 파업은 어느 정도 해결할 수 있겠지만 그것으로 문제가 해결되는 것이 아니고 자동차의 경우는 재건이라는 문제가 더 마음에 걸린 것이다.

거대하고 건강한 야심을 품어라

어느 날 자동차의 경리 책임자가 이시다를 우연히 만난 자리에서 불편한 얘기를 꺼냈다. 이시다의 사위가 경리부 직원인데 월급을 선불 받아 시내의 술집에 들락거린다는 불손한 행동 정보를 어렵게 알려주었다. 이시다는 혹시 자기에게도 올지 모를 자동차의 경영에 누가 되는 점이라고 판단해 딸을 불러 얘기했는데 오래된 행동임을 알게 되었다. 화가 치민 이시다는 딸에게 결심을 요구했고 딸은 기꺼이 이혼을 받아들였다. 측은하기도 했지만 오히려 잘 터진 일이라 생각하고 경리부 간부를 시켜 사위를 일단 퇴직시키라고 통보했다. 나중에 기이치로가 복귀하면 복직시킬 것으로 생각됐지만 그런 날은 오지 않았다. 이런 이시다의 행동을 보면 야심이 굉장히 큰 인물로 여겨진다.

자동차의 파업투쟁이 한창 벌어지고 있던 1950년 5월 20일 기이치로를 포함한 관계 임원이 총 사퇴한다는 발표가 있자 집에 기거하던 리사부로는 이시다를 불러 이런저런 시국담을 하며 차기 경영자의 인물을 찾는 대담을 했다. 이때 리사부로는 이시다를 지목하면서 도요다 가문이 아닌 사람이 사장이 되는 것은 금물이지만 당신이라면 적격자라는 말을 했다. 이시다는 겉으로는 자기 같은 무능력자에게 무슨 그런 말도 안 되는 얘기냐고 너스레를 떨었으나 내심으로는 올 때가 왔다는 쾌감을 느꼈을 것이다. 자동차의 임원 중에 동반퇴임하지 않는 인물에 오카모토 전무도 끼어 있었다. 오카모토는 판매의 책임자 가미야를 기이치로에게 천거한 인물로 기이치로가 총애하는 재무통인데 거친 시기를 감당하기에는 너무 온화한 면이 있었다. 어떻게 보면 항상 이시다와 라이벌이었다.

　자동차 사업 진출을 반대해 온 이시다는 기이치로와 소원한 관계에 있었지만 혹시 자기를 불러줄 수 있을까를 타진하기 위해 오카모토를 만났다. 그 자리에서 오카모토는 이시다가 후임을 맡으면 우량기업의 수장이 자동차를 겸임하기 때문에 은행에서도 안심할 거라는 기이치로의 생각을 전해주었다. 이때 이시다에게 다가온 통쾌함은 이루 말할 수 없었을 것이다.

　결국 도요다 가족회의를 열게 되었는데 그 자리에 리사부로의 추천을 받은 이시다도 참석했다. 그 회의에서 기이치로가 이시다에게 사장을 맡아줄 것을 부탁했다. 이미 시나리오를 구상했던 이시다는 처음에 형식적으로 도요다 가문도 아닌 점과 환갑의 나이 등을 이유로 고사했다. 하지만 기이치로가 거듭 부탁하자 기꺼이 수락하겠다는 말로 본인의 작전을 완전하게 마무리했다. 그리고 이런 상황이 올 때를 대비해 준비한 조건 달기도 잊지 않았다. 일체의 경영 간섭이 없어야 한다는 조건이었다. 임원들이 퇴진하는 마당에 무슨 간섭이 있겠느냐는 말로 기이치로가 약속하자 이시다의 시선은 이미 정복자의 눈빛으로 변해 있었다.

은행의 구제 금융을 받아들인 도요타는 이시다를 새 경영자로 받아 들여 전열을 정비했다. 판매회사로 간 오카모토 대신에 재무를 담당할 전무에는 은행 측에서 천거한 제국은행 오사카 지점장 출신 나카가와 中川器男(후에 도요타 사장 지냄)가 새로 임명됐다. 주주들은 주총에서 이 시다가 토해내는 멸사봉공滅私奉公의 읍소를 듣고 더 이상 전직 경영 인들에 대한 질책을 생략하기로 결정했다.

위기의 도요타를 맡은 이시다는 한 번 자신이 맡은 회사는 절대로 발전시키지 않으면 안 된다는 신념을 되새겼다. 도요타는 활동제한회 사로 지정이 돼 있어서 사장을 겸직하지 못하고 실질 권한만 행사했 다. 이시다는 자동차를 맡는 순간에 어떻게 해서라도 '이시다 자동차' 로 만들겠다는 생각이 강했다. 월급쟁이 사장의 주제넘은 말같지만 그 정도의 기백과 책임감이 없다면 기울어진 회사를 바로 세울 수가 없었 을 것이다. 이런 이시다의 자세는 많은 월급쟁이 CEO들에게 고용된 마담식의 센스는 금물이라는 교훈을 주고 있다.

돈은 꼭 필요한 곳에만 써라

확고한 신념으로 도요타를 떠맡은 이시다에게 행운이 깃들었다. 한국

268

전쟁이 발발해 전쟁의 지휘본부가 요코하마에 주둔한 것이다. 1950년 7월 31일 도요타는 제한회사에서 풀려나 이시다는 정식으로 사장이 되고 판매회사도 독립한 상황이라 누구의 간섭도 없는 환경이 됐다. 취임식 날 미군이 한국에 가져갈 트럭을 주문할 예정이라는 소식을 접한다.

경리담당 상무인 오노大野修司(오노 다이이치가 아님)가 도요타자판自販의 수출과장 가미오神尾秀雄를 불러 요코하마에 있는 미군수조달본부의 정보를 부탁했다. 가미오는 이시다의 예전 사위와 함께 놀던 시절 때문에 미안한 마음이 있어 더 충실하게 활약했다. 그런 결과 조달담당 브라운 대위와 교류하며 타사의 정보탐색은 물론 입찰조건 정보도 입수해서 도요타가 전량 낙찰받는 데 기여했다. 이시다에게 따른 운도 실력의 하나다.

이시다는 동경으로 가 직접 영업을 챙겼다. TOP세일즈의 효과가 발휘되어 1차로 트럭 1000대(5억 3000만 엔)를 계약하고 2차로 카고트럭 1750대 및 덤프트럭과 유류탱크로리 트럭 2300대(15억 3000만 엔)를 계약했다. 그리고 3차 계약은 2차 수준으로 결정됐다. 도요타가 일시에 회생하기에 충분한 액수였다.

그 해 8월에 이사회를 열어 자금을 어떻게 회전시킬 것인가에 대한 토론을 했다. 이 자리에서 '소극적 적극책'이라는 희귀한 발상의 네 가지 행동원칙을 만들었다.

첫째, 월 650대 생산능력을 1000대까지 늘린다.
둘째, 신규 채용은 금지한다. 대신에 인원 배치를 전환하고 두 시간의 잔업을 한다.

셋째, 모델 변경의 연구는 지속한다.

넷째, 특수特需이익이 예상되니 금융사로부터 3억 8000만 엔을 대출하여 생산합리화에 투입한다.

이와 같은 정책 결정의 뒤에는 이시다의 신념이 있다. 자금으로 위기를 맞은 회사는 다시는 빚을 지지 말아야 한다는 점과 인원 문제로 혼란스러웠으니 과도한 인원은 절대로 보유하지 않겠다는 의지가 숨어있었다. 이시다의 머리에는 빚은 파멸의 원인이라고 새겨져 있었다. 부채는 불편한 일이 아니라 재난에 해당한다고 보았다. 절약을 하려면 삶의 규모를 자신의 수입보다 낮은 수준으로 끌어내려야 한다는 일반적 논리가 이시다의 생활철학이다. 네 번째의 투자정책은 남의 나라 전쟁특수의 혜택보다는 인원 증가를 억제시키고 증산에 대비한 설비의 재개발Scrap and Build 전략을 수행하기 위해 결정한 내용이다.

이시다의 주장은 돈이 있다면 성력화省力化 위주의 기계화를 해서 생산성을 올리자는 것이다. 미국 포드자동차에서 3개월 연수를 끝내고 돌아온 에이지에게 공작기계의 투자는 얼마든지 하라고 권했다. 연필 한 자루나 고무 한 개는 함부로 낭비해서는 안 되지만 설비투자는 무한대로 하는 '생산설비 근대화 5계년 계획'을 수립하게 했다. 노후됐어도 수리 가능한 설비는 두고 사용 불가능한 장비는 모두 폐기하는 원칙을 세웠다.

월 생산량을 1500대 수준에서 3000대로 올리고 품질을 올리기 위해서는 고성능의 설비와 작업 환경의 개선이 필요했다. 따라서 각종 성력화 장비가 들어오기 시작했다. 생산설비 근대화 5개년 계획에 46억 엔의 예산을 잡았는데 실제로 투입된 금액은 무려 54억 엔이고 수리에도 4억 엔이 들어 모두 58억 엔이라는 거금이 투입됐다. 1단계로 양산 체계를 확립하고, 2단계는 승용차 생산에 맞는 설비를 보충하거나 확충하고, 3단계는 자동화에 의한 생산 능력의 확충을 계획했다.

전쟁특수가 지속된 1951년도에 도요타는 이익을 많이 발생시켜 10억 엔의 빚을 변제했고 일본 전체가 받은 혜택은 1340억 엔에 이르렀다. 이 중에 자동차 업계는 81억 엔의 혜택을 받았는데 그 중 도요타가 36억 엔의 매출을 가져갔다. 어느 정도 복원이 되자 1951년 4월 리사부로는 자동차를 방문해 기이치로의 복귀 문제를 이시다와 상의했다. 이시다가 추진한 교체설비가 정착될 즈음 자동차에 문외한인 그가 현장을 자주 방문했는데 그때마다 종업원들이 옹기종기 모여 기이치로와 함께 했던 시절의 얘기들을 주고받는 것을 목격했다. 그리고 공장을 둘러볼 때마다 구석구석에 배인 기이치로의 숨결을 찾을 수 있었다. 그때 이 회사는 기이치로의 회사구나 하는 생각이 들었다.

본인이 나서면 오히려 비난받을 수 있다고 생각한 이시다는 도요다 가문인 에이지를 내세워 합리화를 진행했다. 자신은 자동차협회 이사와 방직협회장으로서 경제모임 때문에 출장이 잦으니 나고야에 있는 리사부로의 개인 사무소 내에 기거하겠다고 전했다. 결국 가리야의 집에서 나와 나고야로 출근해 다시 가리야로 돌아가는 생활을 했다. 대신 결재는 고로모 공장에서 나고야로 직원이 왕래해야 했다. 그렇게 하는 것이 이시다에게는 더 편하게 느껴졌다.

자신의 성은 자신이 지킨다

나고야 사무소 시절에는 많은 방문자가 있었다. 특히 스즈키 사장은 동일한 자동직기 제조업을 하는 사람으로서 두 번의 파업으로 어려움을 겪고 있었다. 이시다는 스즈키에게 직기공장 대신에 오토바이로 전환해 생산해볼 것을 권유했다. 이 권고를 받아들인 스즈키는 1954년에 경차輕車를 개발한다. 혼다와 경쟁회사가 되는 과정이었다. 이렇게 이시다가 도와준 기업들이 현재 대기업 중에도 많다.

1952년 봄 설비 근대화 계획의 1단계가 완성되자 이시다는 에이지로 하여금 기이치로의 복귀를 타진하게 했다. 7월에 있을 주총을 기회로 삼고 3월에 이시다는 기이치로와 담판하러 동경으로 향한다. 기이치로를 만난 이시다는 그의 반대에 부딪히자 예전에 기이치로가 자신에게 첫 번째 승용차를 안겨주겠다는 말을 상기시키면서 복귀 선언을 하지 않으면 한 발자국도 움직이지 않겠다는 단호한 의지를 보였고 기이치로는 승복했다. 하지만 이시다가 돌아가고 며칠 지나지 않아 기이치로는 작업 도중 쓰러져 이 세상을 떠나버렸다. 무척이나 운이 없는 기이치로였다. 고생만 죽도록 하다가 가는 인생이었다. 이어서 두 달 후 도요타직기의 회장 리사부로도 죽자 이시다의 어깨가 더 무거워졌다.

이시다는 도요다 가문의 어른이 둘 다 죽어 에이지가 경영권을 갖는 것도 나쁘지 않지만 아직 39세의 젊은 나이가 무리라는 생각이 들어 생산과 개발은 모두 그에게 맡기고 자동직기와 자동차를 '우리' 회사라는 개념으로 더 성장시킬 것을 결심했다.

이시다는 도요타를 성장시켜 놓은 후에도 일절 재계의 요직을 거절했다. 재계활동은 한가한 사람이나 하는 일이라고 일축하면서 경영자의 사외활동에 비판적 입장에 섰다. 이시다는 자기가 모르는 것은 전부 젊은이에게 맡기고 섬유업계에서 단련된 경영수법을 적절히 구사해 도요타를 재건했다. 이와 비슷한 인물이 오노 다이이치일 것이다. 이 두 사람은 현재를 사는 사람들의 상상을 초월할 정도의 충성을 도요다 가문에 바쳤다. 이시다는 '들어 올리는 것은 쉽지만 가지고 가는 것은 더 어렵다'라는 옛 격언을 상기해 '자신의 성城은 자기가 지킨다'는 신조를 품고 있었다.

1955년도에는 기이치로가 이루지 못한 대중승용차의 꿈을 실현하고자 이시다의 지시를 받은 에이지가 최초의 대중승용차인 '크라운'을 발표했다. 영국 런던에서 출발해 아시아 대륙을 가로지르는 5만 킬로미터의 대장정을 테스트 구간으로 정해 나고야에 입성시킨 크라운은 인기가 폭발했다. 전통적으로 닛산은 승용차('닷산'의 인기), 도요타는 트럭이라는 인식이 강했다. 하지만 크라운의 발매 이후로 닛산은 소형차, 도요타는 중형차라는 인식으로 변했다. 크라운은 주로 택시나 회사의 중역용으로 판매됐다.

크라운의 개발을 맡은 CE(최초의 주사)는 하세가와 다츠오長谷川龍雄로 1946년 전후 입사 1기생으로 들어왔다. 1950년 쟁의 시절 기이치로에게 불려가 월 500대의 승용차 신공장을 계획하라는 말에 어렵다고 거절한 기억 때문에 기이치로가 죽고 난 후 통한의 심정을 가졌던 사람이다.

최초의 크라운RS 모델은 [그림 3-4]와 같다. 1955년도에는 닛산도 '닷산'과 '오스틴'의 신형을 발표했고, 2월에 이스즈 자동차도 '힐만'

[그림 3-4] 크라운 RS형 모델

이라는 신형을 내놓고 4월에는 후지정밀공업이 신형 '프린스'를 발표하는 등 자동차 고도성장의 시대가 개막됐다.

1957년에는 크라운을 미국 수출 모델로 삼아 진출한다는 야심찬 계획을 세워 캘리포니아 지방에 미리 선전을 했는데 약 2만 대의 예약이 들어왔다. 그러나 기쁨도 잠시라고 LA에 입성한 크라운 두 대가 고속도로를 타자마자 힘겨워하는 모습을 보고 모두 실망했다. 예약을 스스로 전부 취소하는 것은 도요타로서 당연한 일이었다. 이때 도요타는 품질이 확실하지 않는 한 고객에게 넘겨서는 안 된다는 그룹 창업자 사키치의 교훈을 마음에 다시 새기게 되었다.

이시다는 한국전쟁 특수가 끝났어도 1962년도까지 미군의 동남아시아 기지에 군용트럭 공급을 계속 지원했다. 1962년도에 미국 자동차 회사들의 로비로 인해 제안된 「Buy American」 법안이 의회를 통과하자 모든 미군용 자동차 공급은 종료되었다. 이런 변화가 일어나자 이시다는 1960년도 초반에 우물쭈물하다가는 미국의 빅3 자동차 회사에 먹혀버린다는 생각이 들었다. 그래서 혁신적인 신차의 개발을 촉진하여 1964년도에 신형 코로나인 '코롤라'를 등장시킨다.

이시다는 1952년부터 1961년까지 약 10년간 경영의 책임을 다하고 회장으로 물러나면서 약간 혼란이 있는 시대에는 사무전문가가 유리하다고 판단해 준비된 에이지를 잠시 유보하고 부사장인 나카가와를 임명하는 신중함을 보였다.

건강한 욕심이 역사를 바꾼다

이시다는 욕심이 많은 사람이다. 그는 욕심이 많아야 일도 많이 하고 관심도 많은 것이라고 믿었다. 요즘에 만연하는 일 안하고 욕심만 있는 '허욕'하고는 다르다. 경영자가 욕심이 높아야 자연스럽게 회사가 욕심이 많아진다고 믿었고, 그런 현상을 누구도 비난할 수 없다는 관점에서 볼 때 그 현상을 스스로 부끄럽게 여기는 풍토는 이상하다고 생각했다.

이시다는 나고야에서 동경으로 출장 가는 일이 많았다. 사장임에도 불구하고 출장을 가는 것도 스스로 준비하고, 회사의 화장실 세면대에 머리카락이 남아 있는 것도 싫어할 정도로 깔끔한 성격이었다. 세면대와 욕조는 다른 사람도 사용하는 것이므로 깨끗하게 해야 한다고 강조했다. 언제나 5시에 기상해 신문을 전부 읽고 8시에 출근하는 바른생활을 했다. 성미가 급한 구석도 있었지만 대신 꼼꼼한 면은 누구도 따라갈 수가 없었다. 동경에 가면 늘 묵는 저렴한 여관에는 목욕탕이 없었고 공중탕을 다녀온 뒤 젖은 수건을 빨래줄에 걸 때는 얼마나 빳빳하게 폈는지 마른 후에는 엄지손가락으로 누른 자국이 보이기도 했다.

철저하지 않으면 마음에 차지 않는 성미를 가진 것이다.

　출장을 다닐 때에는 비용지출을 하면 작은 수첩에 꼼꼼히 기록했다가 본사로 돌아가 출장복명서에 손수 기입해 경리부에 가서 직접 정산했다. 이시다를 쩨쩨하다고 볼 수 있으나 그가 경영에서 발휘하는 규모는 앞에서 설명했듯이 아주 큰 스케일을 보인다. 그가 지니고 있는 것은 자잘함이 아니라 정확성과 치밀함이다. 그리고 일체의 낭비를 싫어한다. 심지어 동경으로 유학하는 손자에게 하숙비와 술값을 포함한 한 학기의 학비를 지불할 때는 반드시 예산을 스스로 적어 제출해야 돈을 주었다.

　술도 좋아해서 지갑에는 항상 지폐가 잔뜩 들어있는 것을 이상히 여긴 부하가 묻자, 지갑이 얇으면 쩨쩨해져서 생각을 잘 못할 수도 있기 때문이라며 주머니에 들었던 잔돈을 저금통에 집어넣었다. 또 그것은 어디에다 쓰느냐고 묻자, 다 차면 가족 모두에게 각기 통장을 만들어 준다고 했다. 나중에는 모든 가족들이 돈이 많이 들어 있는 통장을 받아들게 됐다. 통장을 주면서도 이시다는 만약 물건을 살 것이라면 싼 것은 사지 말고, 확실한 것은 비싸더라도 주저하지 말라고 말했다. 그 이유는 싸게 샀다는 이유로 버릴 때에 아까와 하지 않아 낭비가 많다는 가르침이었다. 이시다의 인생 항로가 곧 그런 선택이었다. 도요타자동차의 최후 선택도 확실했기 때문에 선택했을 것이다.

23 예지력과 결단력으로 정면승부하다

기업의 성장 배경에는 구성원들의 피땀 어린 노력이 있지만 사회의 호의적인 지원도 있다는
사실을 잊지 않아야 한다. 만약 사회의 지원이 없다면 발전은커녕 존립하기도 어려울 것이다.

젊은날의 결단력 연습

도요타의 창업기와 도약기를 책임진 세 사람을 빗대어 일본 전국시
대의 리더들과 곧잘 비교한다. 창업자인 기이치로는 변혁의 세기를 이
끈 명장 오다 노부나가織田信長에 비유하고 위기시대를 넘긴 이시다를
고집이 세고 리더십이 좋은 도요토미 히데요시豊臣秀吉에 비유하며 성
장기를 책임진 에이지를 말없이 때를 기다리는 리더 도쿠가와 이에야
스德川家康와 비유한다. 그 중에 오랜 기간의 평정은 역시 도쿠가와가
했듯이 도요타 역사에 있어서도 가장 오랜 기간을 몸담고 가장 긴 경
영자의 세월을 보낸 사람은 도요다 에이지豊田英二(1913~)다.

에이지는 그룹 창업자 사키치의 동생 헤이기치平吉의 차남으로 태
어났는데 6세 때 모친을 잃었다. 사키치는 조카인 에이지를 마치 손자
처럼 귀여워해서 에이지가 어릴 때 중국의 상하이까지 데리고 다녔다.

기이치로와 비슷한 유년시절을 겪는다.

에이지가 성장해서 동경제국대학 기계과를 다닐 때 기이치로는 자동직기제작소의 구석에서 자동차 개발연구에 몰두해 있었다. 기이치로가 에이지를 만날 때면 항상 "네가 기술자라면 나와 함께 멋진 길을 보여주지 않으련?"하는 말로 에이지의 자동차 참여를 유도했다. 에이지는 졸업하고 굴지의 대기업으로 진출하는 계획을 세우고 있었지만 기이치로는 큰 숙부인 헤이기치와 에이지의 진로를 놓고 담판을 벌여 결국 에이지를 도요타맨이 되도록 만든다.

에이지는 대학을 졸업하고 1936년 4월 자동직기의 자동차 사업부인 가리야 공장에 입사한다. 한 달 남짓 기초 교육을 받고 곧바로 동경에 있는 연구소로 직행했다. 그곳에서는 10여 명의 직원이 자동차의 제조가공 공작기를 조사하거나 1인용 경비행기의 엔진을 해체하여 자동차의 부품과 비교분석하는 일을 주로 담당했다. 그 일은 기이치로가 하고 싶은 일을 에이지에게 대신 하게끔 한 일이었다. 동경에서는 기이치로의 집에 머물렀는데 기이치로의 장남 쇼이치로가 소학교를 졸업할 시기여서 가정교사 노릇도 함께 했다.

1938년 고로모 공장이 완성되자 모두 공장으로 이동했다. 공장에서 에이지는 기이치로의 지시를 받아 모든 측정 단위를 미터법으로 변경하는 중차대한 일을 맡아 진행했다. 어느 정도의 공학지식이 요구되는 분야이기 때문에 에이지가 주도한 것인데 나중에는 에이지의 업적이 그대로 JIS(일본의 표준규격)로 등록됐다.

1949년에 일어난 인플레 억제정책으로 회사가 어려움을 겪을 때 부친이 사망하자 도요타 주식 2000주를 상속받았지만 제한회사의 임원은 월급이 적었기 때문에 돈이 없을 때 상속세를 주식으로 대납하기도 했다. 1950년도에 이시다가 사장으로 등장한 뒤 에이지에게는 설비 근대화 5개년 계획의 추진책임이 주어졌고 58억 엔을 투입해 고로모 공장을 일신한다. 에이지는 기계를 들여 놓을 때 항상 인원수를 합리화 대상으로 삼아서 가령 5인이 하던 일은 3인이 하게 했다. 이때 에이지 밑에서 인원 합리화의 실무를 맡았던 인물이 바로 오노 다이이치다. 이런 인연으로 에이지와 오노는 평생 장단을 맞추고 서로 이해하는 관계로 발전했다.

에이지는 기이치로에게서 많은 것을 배웠지만 경영에 관한 수법은 이시다 사장으로부터 더 많이 배웠다. 즉 사람 대신 설비에 투자하고 또 그 설비를 다시 합리화하는 경영을 배웠다. 투자할 돈이 없으면 단순히 설비의 재배치만으로 인원을 줄이는 합리화를 했다. 5개년 계획의 설비도입 때 계획된 설비들을 보고 이시다는 에이지가 욕심이 많은 젊은이로 판단했다.

옳다고 판단하면 과감히 도전

도요타의 우수한 경영관리의 수단인 개발 CE(주사) 제도는 에이지가 도입했다. 1955년의 크라운 출시를 목표로 1953년도에 편성한 개발조직에 처음으로 활용했다. 현장을 두루 아는 자가 개발책임자로 임명되어 상류단계인 설계부터 하류단계인 생산까지 참여 팀원들을 이끌면서 지혜를 두루 모아 총 생산성을 올리는 목적으로 시도했다. 이 제도를 닛산은 1975년부터 개발설계 위주로 적용했고 마즈다는 1977년, 미쓰비시는 1985년부터 적용했다. 동일한 개념으로 하는데도 질적인 면에서 차이가 나 도요타는 L/T 면에서 타 기업을 훨씬 앞서간다.

도요타는 1955년에 '크라운'을 발표하고 1957년에는 '코로나', 1961년에는 '퍼브리카'라는 국민차를 연속으로 개발한다. 이 시기는 각 회사들이 성장기에 있었기 때문에 개발 모델을 많이 가져가는 추세였다. 닛산은 1959년 스포티한 승용차 '블루버드'를 발표했다. 크라운은 부유층에 인기가 좋았고 코로나는 크라운의 연장이라는 혹평 때문에 인기가 없었다. 이런 상황에서 에이지는 소형승용차의 개념을 새롭게 가져가야 됨을 느끼고 1100cc의 신차를 계획한다. 이 차가 바로 세계의 베스트셀러 '코롤라'였다.

1950년대 후반기에 이르자 이미 도요타 자동차의 1세대 숙련공들은 노년이 되어갔다. 1950년의 파업 사건 이후 신규 직원을 최소화했기 때문에 세대의 전환이 원만히 이루어지지 않았다. 즉 모든 것이 변화해 가는 가운데 무엇을 어떻게 관리할 것인지 또 고정화 된 인적구조와 기술전수는 어떻게 풀어갈 것인지를 실무적으로 고민해야 했다.

결국 돌파구를 찾은 것이 승용차의 적극적 개발과 전문공장의 신설이었다. 이런 전략에 의거 1959년 완공을 목표로 하는 모토마치本町 승용차 전문공장을 건설했다. 이 계획은 에이지가 단독으로 안을 내 이시다의 승인을 받은 사안이다. 그리고 미국 진출에 실패한 원인을 품질경쟁력의 낙후로 보고 1960년도부터 10년간의 대대적인 전사 품질운동에 착수했다.

1955년도에 통산성은 국민차 육성요강안으로 최고속도 100킬로미터 이상, 정원 4인, 시속 60킬로미터에서 리터당 30킬로미터를 주행할

[그림 3-5] 700cc급 퍼브리카 모델

수 있는 25만 엔 이하짜리의 국민차를 개발하는 한 회사에게 지원금을 지급한다는 정책을 내놓았다. 그러나 업계가 1개사 지원 정책에 항의하여 무산되고 1961년부터 각사가 개발에 착수했다. 1955년과 1957년 연속, 주사主查책임제로 개발시스템을 적용해 온 도요타는 설계의 최단 개발방식을 터득해 1950년대 말부터 벌어진 승용차 개발 경쟁시기부터 본격적인 활동을 시작했다.

1964년도의 동경올림픽의 붐과 국민차 정책으로 대중차 전략이 업계의 상식이 되었고 도요타도 1961년 '퍼브리카'라는 697cc급 소형차([그림 3-5])를 개발했다. 그러나 월 4000대 정도의 소량판매를 보이자 오히려 골치 아픈 차종으로 변해버렸다. 소형차는 개인 자산의 가치가 없다는 인식 때문에 소비자들이 기피했고 고속도로 시대의 대중차는 아니라는 판단 때문이다.

치밀한 정보는 결단을 촉구

이런 참담한 결과를 맛본 도요타는 최소한 1000cc 정도의 배기량과 5인승은 돼야 한다는 개발정책으로 바꿨지만 현재의 퍼브리카는 어찌할 것인지 그리고 타사와의 차별화는 어떻게 가져가야 할지에 대해 고민이 많았다. 경쟁 회사인 닛산이 '서니'의 차세대 모델을 계획 중에 있었는데 도요타는 인기 차종인 '서니'보다 100cc가량 힘이 좋고 천정높이와 폭 그리고 길이 등의 모든 사이즈를 1센티미터씩 크게 하는 전략을 세웠다. 이에 닛산이 놀라서 각 부서에 퍼진 지급도면을 회수해보니 하나가 분실됐음을 발견했으나 그것이 타사로 유출됐는지는 확인할 수 없었다.

1964년도에 퍼브리카의 후속 차를 개발하기 시작한 도요타는 닛산의 신차 개발정보를 정기적으로 보고받았는데 이 정보 안에는 개발진행 상황이나 판매 및 차체정보 등의 놀랄만한 정보도 많이 있었다. 전통적으로 강한 도요타의 정보력을 읽을 수 있다. 특히 도요타 자판은 한국전쟁의 수주정보전쟁에서 발휘한 능력을 기초로 닛산의 회의나 동정 그리고 개발형태의 모든 정보를 포착했고 심지어 800cc로 위장하고 1000cc의 '서니'를 시험한다는 정보도 들어왔다.

이 정보를 접한 도요타 수뇌부는 후속 차를 1000cc가 아닌 1100cc로 정하고 개발에 돌입했다. 마침내 2년 후인 1966년 9월 라틴 어로 '화관花冠'을 뜻하는 '코롤라Corolla'를 전격 발표했다. 동시에 양산을 대비해 전문적으로 엔진만 생산할 가미고우上鄕 공장과 조립을 담당할 다카오카高岡 공장을 건설했다.

[그림 3-6] 1966년에 발표된 코롤라 KE10 모델

　포드자동차의 T카는 1909년부터 1927년까지 19년간 1500만 대를 생산하여 그 당시 전문가들은 T카를 능가할 차는 다시는 안 나올 것으로 예측했다. 하지만 '179A'라는 프로젝트 명으로 개발한 코롤라는 2005년 5월 3000만 대째를 생산하는 위업을 이루었다. 2001년까지 33년간 최대 판매 차량으로 등재했고 2002년 한 해만 혼다의 'FIT'에 자리를 뺏겼으나 다음 해에 다시 100만 대를 만들어 재탈환했다. 현재 9대째에 이르는 코롤라는 14개국에서 만들어 140개국에 수출된다. 이 것이 도요타에 평생 몸을 담았던 에이지의 가장 큰 업적이라 할 수 있다. 최초의 코롤라 모델은 [그림 3-6]과 같다.

　코롤라의 출시로 승용차 부문에서 단숨에 닛산을 누른 도요타의 부사장 에이지는 왜 코롤라가 많이 팔렸는지의 궁금증에 대해 엔진도 아니고 스타일도 아닌 원가효과 때문이라고 지적했다. 가격에 비해 품질이 좋고 고성능이라는 이유다. 이것이 가능하게 됐던 것은 개발 기술진들이 그들이 좋아하는 차가 아니라 고객이 좋아할 차의 최대공약수를 찾아냈기 때문이다. 결국 1000cc급 '서니'를 발표한 닛산을 압도하고 도요타가 선두로 나서기 시작했다.

기초가 확실해야 미래의 도약이 가능

코롤라 출시 후 1967년 사장인 나카가와가 심근경색증으로 갑자기 쓰러지자 부사장이던 에이지가 사장에 부임했다. 취임식에서 도요다 가족이라서 선임됐느냐는 기자들의 질문에 도요타는 1949년에 공개한 사회의 공기公器인 것도 모르느냐고 맞대응하면서 자신은 적임자이기 때문에 취임하는 것이라고 분명히 말했다. 그가 사장에 취임한 후로 초일류의 경쟁력을 갖기 위한 작업을 하나씩 차분히 진행했다.

특히 에이지가 부사장이던 1960년도에 직접 도입한 품질관리활동은 도요타가 현재의 최고품질을 유지하는 원동력이 됐다. 무려 10년 가까이 완전한 품질을 구현하기 위해 엄청난 노력을 쏟아 부어 1965년도 '데밍' 상과 1970년 일본품질관리상을 받았다. 그리고 1963년 품질향상활동 내에 방침관리를 도입하여 PDCA라는 관리 사이클을 창안했고 1년 내지 6개월을 목표로 전 계층의 사원이 도전하는 활동은 현재까지도 맥을 이어오고 있다. 도요타의 관리적 기초는 에이지가 구축했다고 보는 것이 옳다.

1960년대에 들어서서 구미의 선진국들은 일본의 1950년대 고도성장을 위협으로 보고 시장압력을 행사하기 시작했다. 결국 1960년에 무역과 환율자율화를 결정했지만 자동차 업계는 성장 중이라고 판단한 정부는 자동차 수입을 막았다. 도요타 자판의 가미야 사장은 조속히 수입자유화를 해서 보호막을 벗어나 경쟁력을 높여야 한다고 주장했지만 정부가 이를 받아들이지 않고 있다가 결국 1965년에 수입자유화를 선언하게 된다. 도요타가 코롤라의 개발에 박차를 가한 것도 수입차에 대항하는 준비과정을 겸비한다는 의미도 들어있었다.

1960년대 말에 도요타는 코롤라의 판매 호조로 '판매의 도요타'로 불리고, 닛산은 쾌속 모델 '스카이라인Skyline'으로 '기술의 닛산'이라고 평가받았다. 하지만 도요타가 1981년에 경쟁 제품으로 내놓은 '소아라Soarer'가 히트하면서 '기술의 도요타'라는 타이틀까지 획득했다. 닛산은 더 이상 경쟁 상대가 되질 않았다. 그러나 에이지가 사장에 취임한 1967년 오토바이에 주력했던 혼다자동차가 경차를 개발하면서 경쟁 대열에 새로 진입했다.

1967년부터 1972년까지 5년간 에이지는 생산량을 2배로 늘렸는데, 인원은 겨우 20퍼센트만 늘었다. 이때 노조는 생산량과 인원 증가율 차이를 놓고 공정 개선인가 아니면 노동 강화인가로 갑론을박을 폈다. 하지만 이에 대해 에이지는 직업 선택의 자유가 있는 세상에서 2대에 걸쳐 도요타에 근무하는 사람도 많고 협력사들도 계속 성장하는 것을 보면, 노조의 노동 강화라는 비판은 설득력이 없다고 일축했다.

사회 환경의 은혜에 감사하라

에이지가 취임한 1967년부터 현지·현물에 대한 의식은 더욱 강화됐다. 에이지는 시간이 날 때면 예고 없이 몇 시간이고 현장을 들러 '얼굴이 보이는 경영자'로서의 이미지를 확고하게 만들었다. 현장철학으로서 현장 담당자들과 대화를 통해 현장 실정을 파악하는 습관이 있었다. 이런 솔선수범의 행동은 하부로 내려가 모든 간부들이 동일한 습관을 지니게 됐다.

1966년의 다카오카高岡 공장 완공과 1970년의 쯔쯔미堤 공장의 완공을 기점으로 해서 본격적인 대규모 컴퓨터 시스템을 활용하기 시작했다. 동경 올림픽의 성공 시스템이었던 IBM360 시리즈를 이용해 1966년 생산지시용 온라인 시스템인 ALC(Assembly Line Control)를 다카오카 공장에 가동시켜 일일주문변경Daily Order이 가능하게 했다.

1970년대에는 타사와 비교해 완벽한 차별화가 될 수 있는 정보 시스템을 구성하라고 지시했다. 이에 따라 1970년에는 10년간의 TQC를 마감하는 의미에서 총합 품질 시스템을 개발했고, 1971년도에는 자동차 등록정보 시스템을 개발했으며, 1973년에는 영업용 카탈로그 작성 시스템을, 1975년에는 A/S 부품 공급 시스템을 추가로 개발했다.

1970년도에는 세계 자동차 생산량이 3000만 대에 육박하고 있었지만 이런 증산의 물결에 찬물을 끼얹는 배기가스 규제가 발동했다. 이때부터 도요타는 물론 일본의 모든 회사들은 환경기술의 본격가동에 돌입했다. 또한 생산에도 선행투자가 있듯이 판매에도 선행투자가 존재한다고 생각한 자판의 가미야 사장은 자동차 정비학교의 증설과 운전학원을 증설했다.

도요타 발전의 핵심인물인 에이지의 제조철학은 아래와 같은 보편성을 지니고 있었다.

첫째, 모든 가치를 창조하는 문화 자체는 제조가 창조한다.
둘째, 제조는 기술의 발전과 깊은 관계에 있다.
셋째, 제조는 항상 '사람'과 '노하우'의 축적에 의해 진행된다.
넷째, 제조는 사회의 진보에 공헌하지 않으면 안 된다.

다섯째, 제조는 그 시대의 기대를 만족시켜야 한다.

특히 첫째 철학은 문화가 물건을 창조하는 것이 아니라 물건을 창조함으로써 문화가 창조된다는 사고를 말한다. 위와 같은 제조철학을 갖고 있었던 에이지는 특히 인재육성의 중요성을 깨달아 OJT는 물론 종업원 개인의 향상 교육이나 월별로 상사와 부하가 테마를 논하는 제도 등을 만들어 서로 '무엇을 할 수 있는가?'를 계속 연구하게 했다. 에이지 자신도 기술자와의 논의를 좋아해서 의견이 일치하지 않으면 자기의 주장을 밀어붙이지 않고 다만 끝까지 확인하여 옳은 길을 선택했다. 즉 인재가 기업 성공의 열쇠라는 인식으로 각 계층별 간부들에게 자신을 능가하는 부하직원을 육성하라는 권고의 행동과 같았다. 이런 사고방식은 시대의 조류를 살펴볼 때 20년 정도는 앞선 리더십이라 평가할 수 있다.

에이지는 1973년의 훈시에서도 아무리 큰 기업일지라도 사회의 호의적인 지원이 없다면 발전은커녕 존립하기도 어렵다고 주장했다. 도요타의 성장은 자신들의 피땀 어린 노력도 있었지만 사회 환경의 은혜도 있는 만큼 그 감사를 잊어서는 안 된다고 하면서 사회에의 공헌의식을 심어주었다.

성장의 최대 제약조건은 부정적인 마음

에이지의 능력은 1970년대 두 번의 오일쇼크를 극복하는 지혜로운 경영 수완으로 한층 돋보였다. 1973년 10월에 발생한 오일쇼크로 매출은 내려가고 이익의 여부를 가늠하기 힘들게 되자 에이지는 잘 팔리는 코롤라 모델에 10퍼센트의 원가저감이라는 목표를 제시했다. 에이지는 지속되는 원가저감 활동은 곧 위기감을 보유한 자만의 특권이라고 설명했다. 상품의 가치는 고객이 결정하고 이익은 COST의 삭감으로 결정된다는 점을 진리로 삼아 제조의 근본인 COST DOWN을 하느냐 마느냐에 따라 수익성은 달라진다고 했다.

그리고 오일 쇼크를 어렵게 극복하고 난 후 다시 평온한 상태에 들어가자 에이지는 어려운 시절을 상기하는 말을 했다. 높은 성장에는 제약이 많이 따른다고 하지만 그 제약의 으뜸은 인간의 마음이라고 보았다. 그래서 저성장 시대를 창의와 노력으로 돌파해야 함을 강조하면서 일이 순조로울 때 변화를 일으켜야 진정한 변화인 것이지 어려울 때는 변화하고 싶어도 하기 어려울 것이라고 설득했다. 특히 오일쇼크와 같은 돌발성 환경변화에의 대응은 어렵지만 고유가 행진이나 환율평가 상승과 같은 예측되는 환경은 기초공사의 유무에 따라 대응력이 확실히 달라지므로 혁신의 꾸준한 실행을 강조했다. 품질·속도·원가 경쟁력의 근본이 되는 기초공사가 중요함을 인식해 1970년대에는 IE(Industrial Engineering, 산업공학)적 지식을 컨설팅 기관에 의뢰해 전 계층의 사원을 지속적으로 교육시켰다.

1977년에는 일본 공산당이 국회에서 도요타의 간판 시스템을 협력사를 희생으로 한 자사의 재고감축법이라고 간주해 문제를 삼아 비판하는 일이 일어났다. 그래서 공정거래위원회에서 조사를 했지만 특별한 하자가 없는 것을 확인하고 다만 과도한 요구가 없도록 권고하는 정도로 끝났다. 이 당시에는 TPS가 작업을 강요하는 비인간적 도구라는 비판적 출판물도 많았다. 하지만 간판 시행의 총 책임을 맡은 에이지는 전혀 동요하는 기색 없이 세월이 더 가면 모두가 인정하는 날이 올 것을 확신하고 밀어붙였다.

그 당시의 에이지 마음속에는 오로지 글로벌 10(세계 10위, 10퍼센트의 자동차 생산)의 이미지로 가득찼다. 그 이유는 미국이 드디어 1978년에 관세를 '0'로 시행했기 때문이다. 하지만 그 목표의 달성은 20년이 지난 2000년에야 달성할 수 있었다.

1980년의 세계 자동차 생산량은 3800만 대를 넘고 있었다. 1955년도에 세계 시장의 75퍼센트를 미국의 빅3가 차지했고 유럽차가 나머지 25퍼센트를 점유했다. 하지만 1980년에는 미국과 유럽 그리고 일본이 각각 3분의 1씩 차지했다. 특히 미국 내에서는 승용차 판매의 절반이 일본차였다. 이런 상황에 불만을 품은 미국의 빅3 자동차는 무역마찰로 유도했다. 수입 제한 조치가 취해지자 타사에 비해 해외 현지생산에 신경을 쓰지 않았던 도요타는 마음이 급해졌다. 그래서 미국의 포드와 역사적으로 네 번째의 기술협약을 통해 난관을 돌파하려 했지만 여의치 않자 GM으로 방향을 돌려 현지공장의 합작투자를 이끌어내 조속하게 현지화를 해결했다. 이것이 에이지의 빛나는 두 번째 업적이다.

닛산은 1970년대부터 도요타를 추월할 목적으로 일찍이 해외기지 건설로 눈을 돌렸다. 하지만 의도는 좋았으나 내용이 엉망이었다. 미국에서 승용차가 아닌 소형 트럭을 생산했고 영국에서는 역으로 소형 승용차를 선택했다. 두 경우 모두 해당 국가가 강한 분야에 진출한 오류를 범해 실패를 자초했다.

에이지의 세 번째 업적은 30년간 분리되었던 생산과 영업의 통합작업이다. 도요다 가문의 장손인 쇼이치로를 1981년 도요타자판自販 사장으로 보낸 후 1년간 합병 가능 여부를 살피게 해 조기 가능성을 확인하고는 1982년 바로 합병했다. 이로써 30년간 분리된 힘을 하나로 묶어 시너지를 발휘할 수 있는 원동력을 만들어 놓았다.

에이지는 공학도 출신이라 관리에서도 선진화 된 정보 시스템을 적극적으로 추진했다. 1975년에는 부품정보관리를 가동시켜 전 차종의 데이터화가 본격적으로 가동되었다. 이어서 1979년에는 수주 시스템 전체를 개발완료하고, 1982년에는 부품표 시스템인 SMS(Specifications Management System)를 완성하고 판매회사를 통합한 후에 기존의 개발 시스템을 영업 시스템과 묶어서 통합 시스템인 TNS(Toyota Network System)로 발전시켰다. 결국 ALC, TNS, SMS 시스템이 도요타 수주~출하의 3대 기간 시스템이 되었다.

에이지는 1981년에 기술계의 각 분야별 데이터 호환사용 요구 증가를 인식해 디자인, 바디 설계, 금형 제작 등의 각 사용 시스템의 호환통합을 추진했다. 그리고 협력사에게 본사가 활용하는 CAD/CAM 시스템을 저렴하게 활용할 수 있는 방안도 강구하도록 했다. 엔지니어 출신 사장다운 면모를 유감없이 보여주었다.

뒤돌아보지 말고 앞만 보고 뛰어라

1982년 공판(자공自工과 자판自販) 합병 완료 이후에 에이지는 통합회사 사장직을 창업자인 기이치로의 장남 쇼이치로에게 넘겨주고 본인은 회장으로 물러나면서 직원들에게 훌륭한 경영에 동서양이 따로 없으니 스스로 변혁하는 유연성을 갖고 있으면 기업은 반드시 발전한다고 호소했다. 자기 본위의 경영을 하여 주위를 무시하는 경영자들은 기본을 사람에 두고 인간 본위를 주장하는 에이지의 발언을 귀담아 들어야 한다. 고객만족을 떠드는 1990년대 이전에, 에이지는 이미 고객 제일주의를 선언했고 고객에게 매력 있는 제품, 고객에게 매력 있는 가격, 고객에게 매력 있는 가치를 강조했다. 항상 시대에 앞선 사고를 지니고 있다는 증거였다.

1982년 쇼이치로에게 통합회사 사장을 맡기면서 사장단에게 "쇼이치로를 포함한 경영진에게 대한 주문은 없다. 스스로 결정하라. 나도 기이치로에게 장래에 대한 주문을 들은 적이 없다. 거기까지 가르칠 필요 없다"는 말을 남겼다. 이런 사고는 창업 때부터 내려온 도요타의 전통이다. 사장이 바뀌고 회장으로 옮기더라도 절대 후임자에게 노파심으로 이래라 저래라 하는 주문은 하지 않는다. 앞선 경영자가 추진했던 일을 잘 마무리하면서 동시에 희망하는 일들을 새로이 전개할 수 있는 유능한 사람을 선발해, 그가 일하는 동안 일체 간섭하지 않는 자제력을 경영자의 DNA로 물려주었다. 우리 기업과는 너무 다른 풍토라서 이해하기가 힘들 것이다.

에이지는 늘 부하직원들에게 자기의 인생을 평가하려는 행동의 위험성을 알려주었다. 스스로 만족스런 인생을 보냈다고 생각한다면 그때가 이미 끝난 시점이라는 얘기다. 자신의 인생이 어떤 것일까를 종합평가하려 들지 말고 평가하기 이전의 행동만을 계속 하라는 조언을 주었다. 만족한 순간 바로 끝이라는 인생철학이 담겨져 있는 얘기다. 에이지는 지난 과거를 들추고 이러쿵저러쿵 떠드는 것을 싫어해서 의식적으로 과거를 잊도록 노력하는 스타일이다. 끝난 일 돌이켜 봤자 도움이 안 될 것은 당연한 이치라서 무조건 앞만 보고 걸어야 한다고 생각했다. 에이지는 모든 직원들에게 실패든 성공이든 과거 경험은 매우 중요하지만, 그 경험들은 의식하지 않아도 이미 자신 가운데에 축적되어 자신을 지배하고 있기 때문에 앞만 보고 걸어도 괜찮다는 훌륭한 인생관을 전해준 도요타의 신화적 존재다.

24 죽을 각오로 끝없는 변화를 추구하다

지식의 크기와 관계없이 자기 스스로를 힘든 상황으로 몰아넣어 보다 큰 문제 해결 방식을
터득하는 것이 잠재된 지혜를 끌어내는 유일한 방법이다.

끊임없이 현실을 부정하는 도전철학

하나의 기업이 초일류 수준에 이르기까지는 가장 강력한 적을 물리
쳐야 하는데 그 적은 다름 아닌 내부 저항이다. 이런 저변에 깔려 있는
내부저항은 TOP의 경영자가 억누를 수는 있어도 저항을 적극적 의지
로 쉽게 바꾸지는 못한다. 결국 몸을 부딪쳐 가며 하나하나의 사고를
전향시켜줄 수 있는 실천가가 필요하다. 도요타에서 이런 역할을 한
인물이 바로 오노 다이이치大野耐一(1912~1990)다.

오노는 만주철도회사에서 내화벽돌을 연구하는 요업기술자로 근무
하는 부친의 임지인 대련大連에서 태어났다. 부친은 가업을 잇기 위해
오노가 4살 때 일본으로 귀국한다. 오노는 유아 시절에 '아메바 이질'
이라는 중병에 걸려 사선을 넘나드는 경험을 한 바 있다. 낙심하는 의
사를 뒤로 하고 병원을 박차고 나온 모성애로 회생한 인물이다. 소년

시절에는 공부를 안 하고 시계나 라디오 같은 공산품을 분해하고 조립하는 일을 좋아했다. 또한 시각적 차이를 판별하는 능력이 좋아서 누군가 축음기를 틀고 디스크 케이스를 다시 집어넣으면 반드시 그 레코드 케이스를 뽑아 올 정도였다. 머리는 좋아 지방의 명문인 가리야 고등학교를 입학한 후에도 기구나 기계에 흥미를 갖는 것은 여전했다.

오노가 1932년 나고야 공대를 졸업할 즈음에 만주의 정치정세가 불안하여 기업들이 신규채용을 자제하고 있어서 취직이 어려웠다. 하지만 오노의 부친이 도요타방직을 가리야에 유치한 장본인이라 친분이 있어 아들을 도요타방직에 입사시켰다. 이 시기는 도요타 창업자 기이치로가 자동차를 막 연구하기 시작할 무렵이었다. 오노는 취직하자마자 사무실의 근무는 따분한지 현장에서 살다시피 했다. 현장이 나를 부른다는 심정으로 즐겁게 현장을 다니면서 그 당시 세계 수준에 올라 있던 방직라인을 섭렵하고 돌아다녔다.

그러던 중 전기기계 설비를 납품하던 업자로부터 일본의 생산성은 독일의 3분의 1, 미국의 9분의 1에 불과하다는 말을 듣고 충격을 받았다. 하지만 오노는 그 차이는 설비가 아니라 종업원의 생산성 문제일 거라고 판단했다. 이때부터 오노는 "물건 만들기는 사람 만들기"라는 인식을 갖게 되었다. 개인역량 향상에 생각을 집중한 오노는 '이 공장에서 나는 무엇을 개량할 수 있을까' 하는 생각으로 현장을 누볐다. 젊은 시절부터 주어진 일을 하는 타입이 아니라 할 일을 찾아다니는 습관이 있었던 것이다.

그는 도대체 낭비가 어디에 있는 것일까 곰곰이 생각했다. 이 당시에는 미국에서 출발한 F.W 테일러의 과학적 작업방식이나 포드의 컨베이어 생산이 잘 알려져 있었다. 오노도 이런 분야의 연구를 좋아해 스스로 기초를 다진다는 생각으로 연구에 골몰하기 시작했다.

1940년, 29세가 되자 집안의 주선으로 선을 보고 도요하시의 문인 집안 딸인 라쿠良久와 결혼했다. 젊은 사람이 코밑수염을 기르고 다니는 것을 이상히 여긴 부인이 이유를 묻자 현장에 나이든 사람이 많아 젊은 자기를 우습게 볼까봐 기른 것이라 했다. 이렇게 가끔 익살스러운 면도 있지만 부끄러움을 많이 타는 젊은이였다.

고정관념을 모두 버려라

전쟁 중에 도요타방직은 섬유사업의 불황으로 직포 대신에 자동차의 부품하청 작업을 시도했다. 비행기에 쓰이는 동파이프를 인발引撥(굵은 파이프에 압력을 주어 가는 파이프로 만듦)하거나 무기를 가공하고 부품의 경질硬質도금 등 닥치는 대로 했다. 하지만 오노가 책임지는 인력은 여종업원 1000명이었다. 여성인력으로 힘든 가공을 해결할 수 있을 것인가 다들 회의적이었지만, 오노는 젊은 남자 엔지니어를 시켜 가공 프레스를 해보게 하면서 잘 관찰하여 세세히 기록한 후 여종업원들에게 제시했고 여종업원들 모두 할 수 있다는 반응을 보였다. 오노는 이 경험으로 남자와 여자의 작업성 차이는 존재하지 않는다는 것과 표준작업의 중요성을 동시에 깨닫게 된다.

그리고 당시 도요타방직의 현장 풍토는 조장들이 작업자들의 비유를 맞춰가며 적당히 지내는 것이 상례였지만 오노는 단호하게 원칙을 지켜가며 통제를 해나갔다. 이때부터 오노는 진부한 현실과 타협을 절대 하지 않는 원칙주의자로 살게 된다.

오노가 자동차에 몸담게 된 동기는 전쟁 때문이었다. 1942년 정부가 방직회사를 강제로 합병시키는 과정에서 중앙방적으로 변경됐고, 다시 이듬해에 도요타자동차로 흡수되는 와중에 많은 젊은이들이 징병되었다. 그러나 오노는 이미 두 동생이 군인으로 참전했고 운전면허증도 없어 징병당하지 않았다. 1930년대 초반 오노가 대학을 졸업할 시절에 불황으로 취직이 어려워지자 많은 젊은이들이 택시운전이라도 해볼 양으로 너도나도 운전면허증을 땄다. 하지만 운전면허가 있던 지식층의 젊은이는 거의 징병에서 우선으로 뽑히는 불운을 맞았다. 오노는 거기에서 제외되었다. 결국 운전면허는 종전이 훨씬 지난 40세가 되는 1951년에나 취득했다.

도요타방직 시절에 사키치의 자동정지식기계에서 오노는 두 가지의 큰 사고방식을 터득했다. 하나는 '낭비'라는 개념을 세워 낭비의 철저한 배제원칙의 사고를 터득했고, 다른 하나는 제품의 품질을 가공하는 공정 안에서 절대로 불량을 안 만드는 '공정품질 삽입' 사고를 터득했다. 결과적으로 오노는 방직에서의 다양한 경험을 살려 타 산업(자동차)에 아이디어를 추가로 동원해서 독창적인 도구들을 개발 적용한 것은 물론, 일본인에 맞는 생산사상과 생산 시스템을 체계적으로 정립한 인물이라 평가할 수 있다. 특히 '흐름생산'이나 표준작업 및 복수장비 작업 등은 방직업계의 기계와 관리가 TOP 수준인 덕택으로 이미 방직에서 터득할 수 있었던 원리였다.

패전 후인 1947년 자동차의 기계가공 생산현장에 배속 받은 오노는 1인 1대의 가동체계에서, 방직에서 경험한 1인 다대多臺로 개선하려고 시도했고 1948년에는 유치하나마 철판 쪼가리에 적어 넘기는 간판의 아이디어를 적용하기 시작했다. 이때 오노를 주시하고 있는 사람이 있었는데 사이토齊藤尙一이사였다. 사이토가 오노에게 방직 시절과의 차이점을 묻자, 방직은 대량생산이지만 자동차는 수주생산이라 말은 흐름생산 형태라고 해도 실제로는 건설 현장처럼 동작에 활기가 없다고 전제한 뒤 대수술이 필요하다고 주장했다. 사이토는 오노의 자질을 보고 통일된 작업일보로 개선하기 위해 전 공장의 작업 실태를 파악하라는 지시를 내렸다. 그 당시만 해도 현장의 직장 같은 책임자에게 많은 위임을 하고 있었던 관리방식을 체계적으로 해야겠다는 사이토의 결심이 오노의 능력과 맞아 떨어진 것이다. 이때부터 오노는 전적인 신임을 받고 무서운 돌파력으로 전진하게 된다.

세밀한 관찰로 논리를 발견하라

오노는 패전과 1950년도의 쟁의를 지나며 험한 환경을 겪었고 제조를 통해 기술이나 지식을 얻은 것만이 아니라 스스로의 사는 법이나 가치관과 깊게 연관시킨 생산사상을 창조하게 됐다. 특히 사는 법에 있어서 어려운 과정을 겪었는데, 자동차로 옮긴 후 얼마 지나지 않아 오노를 싫어하는 상사를 만나 학대를 받았다. 심지어 계열사인 동해비행기로 임시 전출간 적도 있었다. 이런 상황을 경험한 오노는 자신의 커뮤니케이션 능력이 떨어짐을 인식하고 어떻게 하면 상대방에게 자기의 의도나 생각을 잘 전달시킬 수 있을까를 고민했다. 이런 경험은 후에 사장을 지낸 오쿠다 히로시 회장도 겪게 된다.

1950년 당시 오노는 제2 기계공장의 공장장이었지만 말이 공장장이지 직급은 과장이었다. 본인 관리 하의 공장 내에서 나름대로 흐름생산이나 다대多臺생산 또는 SET 생산을 실행하려고 시험하는 중이었다. 그런 와중에 5월에 파업이 발생했다. 노조는 노동 강화의 주인공으로 오노를 지명해 집중적으로 성토하기 시작했다. 심지어 가리야 집에까지 와서 노조원들이 진을 치고 감시했다.

노동쟁의가 끝난 후 오노는 제1 제조부인 주조와 단조의 1차 성형공장과 제2 제조부인 기계가공 및 조립공장을 동시에 관할하는 책임자로 승진했다. 그리고 한국전쟁으로 얻은 특수特需를 맞아 생산성을 높인다는 명분 아래 자기가 하고 싶었던 표준작업과 1인 다대 작업을 기계가공 공장에서 실현시켰다. 오노가 이런 기회를 이용하여 합리화 작업을 하려고 했던 이유는, 1920년대를 피크로 하여 미국의 자동차 생산기술은 거의 제자리걸음이라는 것을 포드 연수를 다녀온 에이지나 사이토의 입을 통해서 들었기 때문이다.

경기가 좋지 않은 때를 경험했고 곧이어 한국전쟁으로 경기가 좋은 시절을 경험한 오노는 나름대로의 운영철학을 세운다. 운동경기를 비유하여 득점하는 것보다 실점하지 않는 것이 더 어렵다는 철학을 내세운다. 오노는 사실 고등학교 때 운동을 좋아해 축구부에 들어 활동한 적이 있었다. 그의 포지션은 미드필더로서 공격보다는 악착같이 골을 허용하지 않는 노력을 해야 했다. 이런 수비 경험에서 생긴 철학이다. 축구경기에서는 공격 시에 수비수가 한가하고 안심하는 상태라 기업의 호경기와 비유할 수 있고, 반대로 공격을 당할 시에 수비가 바쁘고 방어하기에 급급한 상태를 기업의 불경기에 비유한다. 오노는 장기적인 사업을 위해서는 경기의 파고를 초월하는 방식을 강구해야 한다고 주장했다. 즉 경기가 좋을 때보다 나쁠 때를 중시하는 말이다.

생산성을 향상시키는 기본적 혁신은 이루었지만 공정 간에 재고가 쌓이는 점은 해결되지 않았다. 공장 내에서는 효율적이었지만 공장 간에 부품이 많은 데도 결품이 생기는 것을 보고 오노는 '결품과 재고의 역학관계'를 정립했다. 즉 결품이 나오면 재고를 둘 생각을 하고, 재고를 많이 두게 되면 방심이 증가하면서 파악이 불가능한 상태까지 일어나 결국 결품이 다시 발생한다는 관계논리다. 보통 상식에 반하는 역관계의 성립이다.

오노는 대학 동기들과 가진 우연한 술자리에서 오랜 친구이자 고교 축구선수 시절 동료인 야마구치의 미국 출장을 다녀온 얘기에 관심을 가지게 되었다. 슈퍼마켓에 대한 상황과 원리에 대한 이야기였는데 만든 물건을 파는 것이 아니라 팔린 만큼 다시 공급하는 체제로서 후속 공정이 가져간 만큼만 선행공정이 만들기 때문에 파는 장소인 슈퍼마켓 자체가 창고가 된다는 원리를 깊게 가슴속에 새기게 되었다.

개혁은 머리수가 아니라 신념으로

창업자 기이치로가 JIT를 제창한 시기는 1938년도다. 그러나 1950년 초가 되도록 그 진정한 의미를 깨닫는 사람은 거의 없었다. 결국 오노가 최초로 전사적 흐름에 대해 깨달은 사람이라고 에이지가 인정한 적이 있었다. 오노는 세계에 존재하지도 않는 JIT개념을 종업원들에게 스스로 그려주지 못해 애를 태우고 있었다. 사실 세상에 없는 것을 설명하기란 얼마나 어려운 일이겠는가. 그런 이유로 오노의 개선 방향은 항상 상식과는 거리가 멀었다고 동료들은 회고했다.

우선 1954년 변속기 가공공장에서 과잉제조를 차단하기 위해 적용했다. 작업자들은 눈앞에 있는 것이면 모두 만들어버려야만 안심하는 심리가 강해서 오노의 말을 이해하지 못했다. 그래서 정량생산을 지키는 현장에 감독자들을 직접 데려가 보여주었지만 그들은 공포가 반이 섞인 눈초리로 간신히 따라가는 추세였다. 사실 그 이전에도 간판 형식은 취했지만 작업지시용의 철판 쪼가리에 불과했다.

간판 형식은 그 해 봄 신문기사에 미국 록히드 항공사가 제트기 조립 시에 슈퍼마켓 방식을 도입해 1년간 25만 달러를 절감했다는 기사를 보고 1955년부터 기계가공 공정에 적용하기 시작했다. 1956년도에 미국 산업시찰을 간 오노는 미국 빅3가 수퍼마켓 방식을 사용하면 어쩌나 하고 걱정했었는데 그 회사들은 다행(?)히도 시행하지 않는 것을 확인하고 돌아와서 재빨리 정착시켰다. 간판이란 흐름을 위한 도구이기 때문에 참가자 모두 고도의 연계 플레이가 필요하다. 즉, 정확한 바통플레이를 하는 팀 정신이 요구된다는 점을 오노는 적용할 때의 어려움에서 배웠다.

오노의 현장 혁신의 성공에는 또 하나의 인물이 숨어있었다. 오노의 부하직원으로서 나고야 공대를 졸업한 스즈무라 기쿠오鈴村喜久雄다. 스모 선수의 체구에 목소리도 우렁차서 머리가 잘 돌아갈지 의문을 가졌지만 일할수록 번쩍이는 아이디어를 도출하는 능력을 보였고 기력과 체력이 만점이었다. 그는 문제점을 발견하는 천재라 불리면서 오노 대신에 많은 과제를 해결했는데 특히 기계와 작업자의 동작연결표를 개발하여 TPS의 완성에 기여했다. 오노의 뜻을 현장에 관철시키려면 스즈무라와 같은 추종자들의 증가가 절대 필요했다.

오노는 1950년대 후반 크라운과 코로나를 생산할 때 독자적인 생산방식을 완성해 나갔다. 부품제작 단계에서부터 모두 주문에 의한 생산이 되기 위해서는 정보의 확실한 전달방법이 필요했다. 즉 간판의 운용법이 필요했다. 우선 A4 크기의 철판에 수량을 써서 물건과 1:1 맞교환하는 시스템을 실행했다. 부품의 인출이나 운반 그리고 생산 지시에 사용했다. 간판에 적힌 내용이 정보이고 간판과 함께 움직이는 것이 물품이라는 인식을 서서히 현장 작업자들이 갖기 시작했다. 오노는 영어를 사용하지 않고 그대로 '칸반看板'이라든가 '가이젠改善' 또는 '지도카自働化'라는 일본어를 사용하여 TPS의 전문용어를 세계인이 그대로 사용하도록 만들었다.

1961년부터 전 공장에 간판을 적용하라는 오노의 명령이 떨어지자 각 공장의 오래된 고참들은 이를 저지하기 위해 온갖 술수를 다 부렸다. 그러나 맞아죽을 각오로 덤빈 오노와 앞장서서 불도저 역할을 한 스즈무라가 있었기에 오늘날의 TPS가 존재할 수 있었다.

특히 조립 라인에 이상이 발견될 때 세우는 라인 정지를 정착시키는 것이 매우 어려웠다. 언뜻 보면 라인이 움직이는 도중에 정지시키면 비효율적인 것 같아도 최종 판정에서 불량 판정을 받는 것보다는 훨씬 나았다. 라인 정지는 오노가 방직 시절에 터득한 것으로 자동차 컨베이어 라인에서의 저항은 대단했지만 고품질의 제조에는 그 이상 더 좋은 방법이 없었다. 이런 측면에서 보면 오노의 모든 시도는 원가 저감이 아니라 오히려 품질의 안정을 목적으로 한 것같이 보인다. 아직도 많은 자동차 기업들은 라인을 세우지 않고 최종 검사의 공수투입으로 해결하고 있다.

1959년 모토마치 공장이 건설된 이후에는 관리자들에게 책상에서 본인이 표준을 세우지 말고 현장의 공장이나 조장이 스스로 작성하게 하여 자발적인 개선의지로 일할 수 있도록 하라고 지시했다. 그러나 말을 듣는 사람은 적었다. 부사장인 에이지는 일반적인 양산체계를 허락하지 않는 이러한 오노의 개선활동에 대한 집념을 늘 관심을 갖고 주시하고 있었다.

나무만 보지 말고 숲도 보라

1960년대 초반 오노는 고로모 본사 공장으로 다시 돌아온다. 점차 젊은 대졸자들이 입사하게 되고 그 중에는 조 후지오張富士夫(후에 사장을 지냄)도 끼어 있었다. 오노는 그들에게 아무리 대학을 졸업했어도 현장에서는 졸병에 불과하니 엘리트 의식은 전부 버리라고 훈시했다.

오노는 말이 없는 성격이지만 호통은 잘 치는 습관이 있었다. 많은 TPS 방법론을 현장에서 적용하게 되면 작업자들이 신경을 쓰게 돼 쉬 피로해질 것이라는 걱정도 미리 하고 있었다. 하지만 익숙하게 되면 가능할 것이라 믿어, 자신의 취약한 분야인 설득력과 힘을 소모하는 논리 전달의 행동 대신에 강력히 밀고나가는 강압적 자세를 취한 것이었다. 현장 작업자들에게 자신의 의지와 열의를 보여주는 방법으로써 말 대신에 표정이나 간접적인 시사를 주는 행동을 택하기로 한 것이다. 논리적으로 말하면 상대방이 머리로는 이해할지 몰라도 어딘가 자존심이 상했다는 감정적인 반발이 남아 있을 수 있기 때문이다. 논리적으로 졌다고 생각하면 그 자리에서의 반발은 없지만 절대 움직이지 않는다.

실제로 오노의 의식적 호통은 많은 효과를 보았다. 특히 현장에서 책임자들을 야단치면 사원들은 자기 대신에 야단맞는 걸로 인식해 더욱 분발하는 모습을 볼 수 있었다. 하지만 호통을 쳐도 상대방 인격에 상처를 주는 말은 하지 않았다. 생산 라인의 철저함을 위해서도 현장 간부들에게 가장 큰 충격을 줄 필요성을 느꼈다. 뜻은 몰라도 괜찮으니 신체적 커뮤니케이션으로도 족하다는 의식으로 오노는 행동했다.

1960년대 중반에는 트럭을 만드는 계열사인 히노日野자동차가 어려움에 처하자 오노는 TPS 지도를 추진했고 경차를 만드는 계열사 다이하츠 공업도 TPS 정신을 정착시켰다. 결국 계열사를 포함한 도요타의 모든 현장은 오노의 가르침으로 전부 변해가는 모양새를 취했다. 그런 영향으로 많은 공장에서 동일한 개념을 지닐 필요성을 느껴 오노가 지도했던 개념과 실천항목을 묶어 '도요타 생산방식'이라 명명했다.

오노와 조 후지오의 만남은 운명적이었다. 1968년 오노가 가미고우 엔진공장과 본사 공장장으로 상무 직책에 있을 때 조 후지오는 생산관리부의 사무국 내에 내외작 결정을 담당하는 계장이었다. 조가 열심히 특정 부품들에 대해 내작 비용과 외작 비용분석을 해서 보고하자, 정밀하고 어려운 것은 사내에서 하고 단순하고 이익이 나는 것은 협력사에게 주라는 오노의 지시가 있었다. 조가 분석한 결과와는 전혀 반대의 결론인 것이다. 어리둥절했지만 그것이 오노의 외주관外注觀이었음을 알 수 있었다. 이런 외주관은 어려운 환경에서도 꼭 유지하라고 하면서 외주 계열이 무너지면 장래의 도요타는 힘을 잃는다는 주관을 뚜렷이 밝혔다.

조 후지오가 내작의 능력이 부족할 때 협력사로 잠시 주었다가 여유가 나면 다시 들여오는 잠정외주 정책을 시도하려 할 때, 오노는 인력과 설비를 갖추고 얼마 안 가 다시 내준다면 누가 외주를 맡겠느냐며 바보 같은 행동이라고 일축했다. 조 후지오는 양산품보다는 소량 품목을 내주는 것이 회사를 위한 일이라고 잘못 생각했다. 인력이나 설비 그리고 장소가 부족하여 외주로 내보낸다는 이유에 오노는 귀기울이지 않았다. 단지 협력사가 일거리가 부족하다 할 때 내주는 것을 원칙으로 했다. 만들기 힘든 것을 협력사에게 내주는 것이 아니라, 힘든 것은 도요타가 솔선해서 작업한 다음 터득한 노하우로 협력사에게 건네주어 육성하는 일이 옳은 방법이라고 주장했다. 외주가 약하면 결국 도요타가 약하다는 의미로 해석하라고 주문했다.

조 후지오가 프레스 라인의 내외주 계산을 하기 위해 기계당 혹은 시간당 몇 개, 하루 몇 시간, 한 달에 며칠 가동하면 능력이 몇 개 하는 식으로 기계 증설이나 외주화의 계획서를 작성했지만 오노는 거들떠 보지도 않았다. 바보 같은 기획이라는 것이다. 왜 과거가 미래의 기준이 되느냐고 야단쳤다. 모든 미래의 산정 기준을 과거에 수행했던 방법에 의해 생긴 시간값에 기준하여 계획한다면 모든 미래는 과거와 하나도 달라질 게 없는 것이냐고 반문했다. 머리를 육중한 해머로 한 대 크게 맞는 기분이었다. "그렇다. 왜 계획을 세우는 데 과거의 방식과 과거의 데이터를 기준으로 하는가? 미래의 방법과 시간은 지혜의 동원과 새로운 노력으로 얼마든지 변할 수 있지 않은가?"라는 깨달음이 젊은 조 후지오의 머리에 닿아 그 이후로 조는 계획을 수립할 때 목표를 이전보다 수십 퍼센트를 높이는 계획서를 습관처럼 만들고 부하들에게도 가르쳤다. 조의 영원한 스승은 오노 다이이치였다.

의지하지 말고 스스로 창조하라

오노가 사원들에게 집중적으로 훈련시킨 분야는 의타심의 방출이었다. 이는 드물게 벌어지는 어떠한 경우의 발생 원인도 놓치지 않고 며칠이 걸려도 원인을 찾아 개선하도록 가르치는 일을 말한다. 어느 날 조 후지오가 라인의 작업 개선을 분석하던 중에 모순이 보이는 작업을 단축했다고 보고했다. 그것도 시킨 것이 아니라 본인이 직접 시범을 보여 주어 불가능함을 주장하던 현장책임자가 고개 숙여 인정한 개선이라고 자랑했다. 하지만 오노로부터 바보 같은 놈이라는 욕밖에 들을 수가 없었다. 그 당시 조 후지오는 TPS 전파를 담당하는 생산조사부 소속으로 각 현장에 개선을 유도하는 업무를 하고 있었다. 오노로부터 "네가 교육담당이냐?"는 야단을 맞고 인간에게는 각기 프라이드가 있으니 상대방에게 자신이 생각하도록 하고 절대로 의타심이 생기지 않도록 하라는 충고를 받았다.

오노가 현장을 돌며 문제에 대해 해석할 때 "가령 나라면 이렇게 하겠다"고 조언해서 말한 대로 실천하면 "왜 내가 말한 대로 했는가?"라고 야단을 쳤다. 말 한 대로 하는 놈은 바보라고 소리치면서 아무것도 하지 않는 놈도 한심하지만 자신의 머리로 더 좋은 것을 생각하지 않는 놈은 더 한심하다고 작업자나 관리자들에게 얘기했다.

오노의 또 다른 개선 관점은 곤란한 환경을 계속 만드는 거였다. 창업자 기이치로가 "곤란에 처한 사람만이 옥玉으로 변한다"는 말을 했듯이 오노도 "곤란하지 않은 사람처럼 곤란한 사람이 없다"는 유명한 말을 남겼다. 오노는 거의 해결 중독증에 걸린 사람이라 지혜가 나올 수 있도록 곤란한 환경을 계속 만들어 나갔다.

지식과 관계없이 일류의 달인은 자기 스스로를 곤란한 지경에 빠지게 해서 보다 큰 문제해결의 방식을 터득하지만 범인들은 스스로 곤란에 봉착하게는 하지 않기 때문에 지혜가 나오지 않는다. 무리한 난제가 있어야 상상력을 발동한다고 생각한 오노는 무리한 상황으로 현장을 계속 몰고가 비난과 저항도 많이 받았지만 결국 TPS의 완전 정착이라는 위업을 달성했다. 만약 오노가 지금의 시대상황에서 시도했다면 무리한 것을 기피하는 세대의 반발로 무산됐을 것이다.

1969년도에는 오노의 별동조직인 '생산조사실'을 만들어 본격적인 TPS 혁신활동에 착수했다. 1950년대 중반부터 오노가 퇴직하는 1970년 후반부까지 약 20년 동안 오노 주도로 본격적인 TPS 정착 활동을 한 셈이다. 생산조사실의 목적은 공장에서 일어나는 모든 문제를 접수하여 그 문제의 진원인을 찾아 내는 것이었지만 이후에는 그 문제를 해결하는 팀으로 변했다.

초기의 생산조사실 분위기는 오합지졸로 봐야 했다. 관련 부서에서 현장을 거의 모르는 젊은이들을 몇 명씩 차출해서 구성한 조직에 불과했다. 하지만 오노는 그런 자원들을 부끄럽다고 생각하지 않고 오히려 "현장의 개선은 특별히 어려운 것이 아니다. 당연한 것을 당연하게 고치면 그만이다"라는 말로 사원들을 격려했다. 스즈무라는 한 술 더 떠서 "너희 같은 문외한이 이것은 낭비라고 하면 그것은 정말 낭비일 것이니 염려말라"고 걱정하는 사원들을 안심시켰다.

실제 활동에 들어가자 현장에서의 저항은 생각보다 강했다. 그래서 각 공장별로 동시에 한 것이 아니라 충격을 흡수할 수 있도록 각 공장별로 적용 타임을 계획해서 정교하게 시행해 나갔다. 오노는 변화된 행동을 지시할 때 주로 젊은 층에게 지시를 내렸다. 오래된 사원들은 생각 자체가 고루하고 고정관념이 많기 때문에 자기 자신이 뭘 모른다는 것조차 모르는 사람이 많았다. 젊은 층이 역시 흡수력이 뛰어난 면을 보여주었다. 배울 의지가 있는 자에게 오노는 필히 교육을 해주었다. 주로 제조원가나 경제성을 분석하는 사고 및 현장인의 마음자세 등 일하는 사람의 심리 위주로 가르쳤다. 지혜의 무한함이나 설비투자의 사고방식, 품질과 자동화, 그리고 외주 협력사의 육성까지 폭넓게 가르쳤다.

목적과 수단의식을 철저하게

전무가 된 오노는 재고가 많으면 많을수록 결품은 증가한다는 역관계를 해소하기 위해 결국 더 넓은 분야에 간판과 같은 통제수단이 필요함을 느꼈다. 내부의 합리화가 어느 정도 진행되고 협력사로 TPS를 전파할 즈음에 저항이 적지 않았다. 협력사들의 현행 방식을 송두리째 부정하고 뒤바꾸는 작업이기 때문에 저항은 의외로 컸다. 협력사이드로 품질이나 납기 그리고 가격을 따지는 것은 어쩔 수 없지만 일하는 방식까지 참견을 받는 것은 싫어했기 때문이다. 나름의 프라이드가 사라진다는 불쾌함이 들어 있다. 하지만 협력사까지 간판 시스템을 적용하지 않으면 별 효과가 없음을 안 오노는 꾸준히 전파를 시켜나갔다. 혼다 소이치로도 오노의 무재고 흐름생산에 관심이 많아 조사단을 파견하여 배운 후에 적용했다. 따라서 도요타는 자동차 업계 전체를 리드하는 기업임을 다시 한 번 증명하는 순간이었다.

1973년 오노는 자동차 산업 육성공로로 훈장을 받는다. 그러나 이 시기에 오일쇼크가 일어나 세계와 일본 전국을 강타했다. 네온사인이 다 꺼진 밤거리를 거닐며 오노는 생각했다. 이제부터가 우리의 시대라고 주먹을 불끈 쥐었다. 오노는 시대에 어떻게 대응하느냐에 차후의 미래가 결정된다는 사고를 지니고 있었다. 그렇게 원칙을 고수하는 사람이 페인트가 없으면 차를 만들지 못한다면서 창고에 페인트를 가득 쌓아놓기도 했다. 급하면 급한 대로 한다는 유연한 사고도 갖고 있었다.

하지만 다른 것은 원래의 TPS 원칙대로 수행하고 수요가 줄어든 기회를 이용해 수많은 모순점을 찾아 엄청난 개선을 단행했다. 이러한 저 COST 능력이 빛을 발해 결국 도요타는 상승무드를 타기 시작했다. 다른 기업들은 다 적자로 허덕이는데도 도요타만은 적자타령을 하지 않았다. 오히려 더 많은 활동의 전개로 예상보다 많은 이익이 나왔을 뿐이다. 이 시기에 드디어 10년간 적용해서 완성시킨 간판 시스템 사례집이 모여 매뉴얼로 발행됐다. 그래서 도요타 생산 시스템 책자가 발간될 수 있었다.

오노는 전무가 되었어도 독방에 있는 것을 싫어해 큰 사무실에서 부하들과 같이 일했다. 오노는 현장에 '기술원실技術員室'을 만들어 스태프와 라인을 부드럽게 연결해주는 기능을 살려주었고 특히 신규 모델이나 부분 변경 시에 현장의 불편한 점은 즉시 설계변경 가능케 한 점은 도요타의 개선 스피드를 한 차원 올려놓았다.

그리고 합리화를 위한 기계화와 남이 하니까 나도 따라서 한다는 설비근대화는 철저히 구분하라고 일렀다. 한 번은 사람이 필요 없는 자동선반기계를 왜 구입했냐고 물었는데 그런 기계가 없으면 신입사원들이 입사하지 않는다는 기가 막힌 답변을 들어야 했다. 사람이 필요 없는 기계를 들여 놓았으면 사원을 뽑지 말아야 할 것이 아닌가. 목적과 수단이 잘못 연결되는 순간이었다. 이런 사건이 있자 오노는 로봇을 싫어한다는 헛소문이 돌았다. 오노는 인간을 대체하는 로봇 도입은 신축성 있는 수요 대응에 어렵다는 이유로 신중하게 고려했다.

창조적 파괴정신의 일생

기이치로의 JIT 철학은 오노에 의해 정착되었다고 해도 무리는 아니다. 초기에 현장 숙련공들이 TPS의 각종 수법과 철학은 '오노식'일 뿐 도요타식이 아니라고 항변했다. 그러나 1960년대의 간판방식 보급과 1970년대의 오일쇼크로 그 위력이 발휘되자 '도요타식'으로 호칭이 자연스럽게 바뀌었다.

도요타가 타 회사보다 해외 진출이 다소 늦은 이유에는 오노의 집념도 있었다. 조립라인에서 약 3000개의 조립 모듈을 각 요소작업별로 작업하는 데 있어서 작업지시서 요령 이외의 방식 때문에 트러블이 일어나는 현상을 바로잡기 위해, 차이가 발생하면 라인을 바로 세우는 자동화自働化를 철저하게 시도했다. 이런 정착이 더디자 해외의 생산

조립을 걱정하여 뒤로 자꾸 미루게 되었다.

그 이후 조립의 자동화 전략이 얼마나 정확히 정착했는지 알 수 있는 에피소드가 있다. 조립라인의 계절 기간공이 밤늦게 당직자에게 술에 취한 목소리로 전화를 걸어 "혹시 끝에서 세 번째 차량의 작업 중에 딴 생각을 했는데 일이 완벽하게 됐는지 궁금해서 전화를 걸었다"는 말을 했다. 그래서 확인한 결과 아무 이상이 없었다는 것이다. 이 정도로 현장 작업자들에게 정확한 작업을 해야 한다는 의식이 철저히 박힌 점은 모두 오노의 피나는 노력이 있어서다. 이런 철저한 제조 시스템은 결국 도요타가 가장 늦게 해외 현지공장에 진출했어도 가장 빨리 효율적인 생산 시스템으로 정착시킨 원동력이 되었다.

1975년 오노는 부사장에 취임해서 1978년에는 오노 이름으로 된 책이 발간되었다. 오노가 구술하고 저널리스트가 편집 정리한 책이 『도요타 생산방식』이라는 책이다. TPS의 궁극적 목적은 품질확보와 COST DOWN이라는 내용이 담겨 있다. 정년으로 퇴직하고 도요타방직과 합성의 회장을 지낸 후, 1990년 78세의 나이로 지병이 악화되어 제자인 조 후지오 사장(당시 미국 켄터키 도요타법인 사장)의 방문을 끝으로 숨을 거둔다. 오노의 일생을 살펴보면 오로지 창조적 파괴 정신으로 살아온 철인임을 알 수가 있다. 그 어느 누구도 오노와 인사 한 번 나눈 사이라 해서 함부로 제자라고 떠들면 곤란하다. 오노의 진정한 제자는 스즈무라와 조 후지오 둘뿐이다.

25 개척정신은 건강한 긴장감에서 나온다

기업에서 가장 중요한 자원은 사람이므로, 어떡하면 사람들을 분발시켜서 최대한의 성과를
얻느냐에 따라 기업의 흥망이 결정되는 시대가 반드시 온다.

조용한 순응으로 미래를 대비

도요다 가문의 장남이자 명예회장인 쇼이치로豊田章一郎(1925~)가
도요타의 전권을 장악한 것은 도요타자공과 도요타자판이 합병된
1982년이었다. 창업자 기이치로는 쇼이치로와 다츠로達郎라는 아들을
두었다. 쇼이치로는 나고야에서 태어났지만 소학교 시절에 동경으로
이사했다. 어린 시절에는 소니의 창업자인 모리타 아키오盛田昭夫(1921
~1999)와 한 동네에 살았는데, 형으로 부르면서 같은 소학교에 다녔
다. 동경에서 중학교에 입학하기 전에는 같은 집에 기거하며 연구소에
근무했던 숙부 에이지가 가정교사 노릇도 했다. 중학교 입학식에는 부
모 대신에 에이지가 참석했는데 나이 차이가 많아 쇼이치로는 에이지
앞에서 얼굴도 똑바로 쳐다보지 못했다.

쇼이치로는 동경에서 고등학교를 나왔지만 부친 기이치로가 고향

인 미가와 지방의 기풍을 익히라고 권유해 나고야 공대의 기계과를 다녔다. 1947년 봄에는 대학 졸업 전인데도 북해도(홋카이도)에 있는 어묵공장의 관리를 맡아야만 했다. 묵묵히 수산물 가공기계를 개조하거나 제조기계를 개발하여 조그마한 가내공장을 번듯한 공장으로 키워 놓았다. 경영의 기본 능력을 갖추고 있다는 증거였다.

3년간 북해도에서 고생하고 도요타 공장에 복귀했지만 얼마 지나지 않아 1950년의 파업을 만났다. 기이치로가 파업으로 물러나서 동경에 머무를 때 같이 동경으로 가 센다이의 동북대학 자동차학과 대학원에서 공부하면서 부친의 자동주택개발의 연구를 도왔다. 나중에 이때 개발한 조립식 콘크리트Pre-Con로 주택사업을 벌여 하나의 사업 영역을 개척하는 수완을 발휘했다.

쇼이치로는 1952년 부친이 죽고 나자 도요타에 이사로 입사했다. 그리고 도요타자판의 사장이 된 1981년까지 30년 동안 임원으로 재직하게 된다. 쇼이치로의 행적은 이시다와 에이지로 이어지는 업적과 경영 능력에 가려 사장이 되기 이전의 업적은 잘 드러나지 않았다. 에이지 사장은 통합을 계속 시도했으나 되지 않았다. 그러나 반대를 일삼던 자판의 회장인 가미야가 1980년에 죽자 곧바로 쇼이치로를 자판 사장으로 임명해 통합의 전초 작업을 주도하게 했다.

1982년 도요타의 통합 후 쇼이치로는 사장에 취임하면서 경영이념을 '자동차를 통해 세계인의 보다 풍부한 생활향상에 기여하는 것'으로 결정하고 해외진출 원년으로 정했다. 맹자의 '천지인화인天知人和人'(사람의 힘을 합칠 줄 아는 사람이 하늘의 이치를 아는 자다)을 인용하며 때와 장소에 맞는 행동을 하되 근본이 되는 '사람들과의 화합'을 강조했다. 여기에 지식이 아닌 지혜로 덕을 행해야 함을 덧붙이기도 했다.

좋은 시절에 변화를 추진하라

실무적으로는 공장에서 판매에 이르기까지 기본 업무에 낭비가 많음을 감지한 후 물류의 혁신을 현장에서부터 착수하도록 이끌었다. 'ALL 도요타 개선' 활동을 일으킨 것이다. 실천 목표로 재고나 품질 그리고 L/T 지표를 새로 정립하고, 물류 COST 예산제도를 신설하는 등 목적과 수단의 체계적 전개를 도요타 내부에 최초로 도입했다.

1982년부터 약 10년간 경영하면서 주로 국제화를 추진하는 데 주력했다. 국제화를 위해서는 매력이 있고 가격경쟁력이 있는 상품의 기획과 개발이 중요하다는 인식 아래 업무를 전반적으로 재점검함에 따라 전 사원들은 긴장감을 가졌다. 특히 물류 분야에는 예산을 짜서 집행하는 보기 드문 광경을 만들어냈다.

쇼이치로는 사장 시절 내내 3C(Creativity창조, Challenge도전, Courage용기)를 강조했다. 이어서 각종 승용차의 개량에 돌입했다. 1986년을 목표로 승용차의 국내 점유율을 50퍼센트까지 점유하겠다는 야심찬 'T-50작전'에 발동을 걸었다. 이 활동으로 실제로 1986년도에 점유율이 46퍼센트까지 올라간 적이 있었다. 1983년에는 9년 만에 40퍼센트의 국내 점유율을 재탈환했고 그 이상을 유지하기 위해 전무급 이상의 임원들에게 책임을 과감하게 양도하고 역사를 새로 쓰라는 명령을 내리면서 부문총괄제도를 시행했다.

1980년대는 일본 전체가 버블 경제의 회오리 속으로 들어갔다. 힘든 일을 기피하는 젊은 층이 늘어나자 인력난을 겪기 시작했다. 특히 1970년대 후반에, 현장 작업이 마치 산 정상에 돌덩이를 계속 올려놓는 시지푸스의 형벌 같았다는 조립임시공의 고백수기가 알려진 이후 도요타에는 좀처럼 젊은이들의 지원이 늘어나지 않았다. 이에 쇼이치로는 작업 현장의 안전성과 편안한 근무 환경을 구축하라는 지시를 내리게 된다.

생산과 판매회사가 통합하자 그룹 전체의 총합력이 커져서 닛산과의 격차를 더욱 벌어지게 했다. 그리고 1986년도에는 IT 기술을 활용한 네트워크로, 리얼타임으로 판매 정보가 움직이는 현장으로 만들었다.

미국에서의 현지화 전략은 혼다 그리고 닛산에 이어 도요타가 진출하는 순서를 밟았다. 1980년도부터 에이지가 준비해온 GM과의 합작 공장 계획이 결실을 맺어 1984년 캘리포니아 프리몬트에 합작법인 NUMMI을 세운다. 초대 사장으로 상무인 동생 다츠로를 앉혔다. 미국에 진출할 때 가장 걸림돌은 직원들의 미국 자동차노조 가입 여부였다. 사원들이 만약 가입한다면 사업을 포기하겠다고 할 정도로 강력한 의지를 갖고 시행하자 노조UAW에 가입하면 TPS를 구현할 수 없음을 깨달은 종업원들은 모두 탈퇴하게 되어 공장의 설립이 가능했다.

1980년대 중반에는 해외기지의 건설이 본격화 되기 시작했다. 이에 따라 쇼이치로는 앞으로 인재 부족 현상이 일어날 것으로 보고 인재의 육성철학을 굳히게 된다. 기업에 있어서 가장 중요한 것은 사람이다. 사람을 어떻게 하면 분발시켜서 최대한의 성과를 얻느냐에 따라 기업의 힘을 결정하는 시대가 반드시 올 것으로 예상했다. 1980년대 후반에 가면 공급이 수요를 초과하는 시대가 되고 변종변량變種變量의 시대로서 소비자가 주도하는 시대로 진입한다는 것을 누구보다도 앞질러 예측했다. 그런 의지에 발을 맞추듯 도요타는 이미 버블 경제가 피크를 이루기 전에 발본적으로 조직과 인사개혁을 단행한 것이다. 그리고 그 이후 꾸준히 10년간 변화를 추진해서 현재의 강한 체질을 만든 것이다.

도요타 방식을 끝까지 전파하라

1989년도에는 인사 체계가 이대로 연공서열 체계로 간다면 20년 후에는 실무자가 63퍼센트에서 33퍼센트로 줄어들고 나머지는 모두 계장급 이상의 간부가 차지할 것으로 예상되자 관리직의 FLAT화 정책을 추진했다. 1950년대에서 1970년대에 이르는 30년간의 팽창이 이런 결과를 낳은 것이다. 날이 갈수록 업무는 복잡하고 고도화 돼 관리직보다 전문직을 요구하는 세태에는 맞지 않는 인적구조를 청산하기 위함이었다. 직급의 단계를 과감히 줄이는 이러한 제도의 변화를 신호탄으로 실패해도 좋으니 일단 개혁은 할 수 있는 한 해보자는 기운이 팽배했다. 이런 시도는 유보자금이 풍부한 데서 오는 여유도 한몫했다.

1980년대에 들어서서 차종 개량을 시도한 쇼이치로가 벤츠나 BMW의 프리미엄급 차량에 도전해 출시한 것이 1989년에 내놓은 '렉서스'였다. "힘은 좋아 잘 달리면서 연비도 좋은 차"라는 슬로건을 내걸고 개발한 차종이다. 기존의 고정관념을 모두 버리고 상식을 초월한 발상으로 추진해야 개발이 가능한 차였다. 이 차의 개발로 '싸고 대중적인 차를 만드는 기업' 이미지에서 탈피해 고급차로도 1등을 달리는 기업

이미지로 변신시켰다.

1990년, 버블 경제가 최고조에 이른 시기에 도요타는 먼저 낭비를 줄이는 일에 착수했다. 생산 대수와 차종이 늘어 비대해진 기술부는 이미 1만 5000명을 넘고 있었다. 그런 이유로 개발 L/T에 무려 30퍼센트의 조정시간이라는 낭비가 포함되어 의사결정을 지연시키는 사태가 비일비재했다. 비대한 조직을 수술하기 위해 12명의 주사CE 체계를 6명으로 축소하여 30퍼센트의 시간을 감축했다.

그리고 FR(후륜구동), FF(전륜구동), RV(레저용), 기능 UNIT 부품 등을 중심으로 한 4개의 개발센터로 재편해 센터 책임자로 임원을 임명했다. 각 센터는 '기획 → 디자인 → 바디 설계 → 샤시 설계→ 파워 트레인 → 실험제작'이라는 6단계 기능을 보유하는 형태다. 센터별 내부완결형의 자율신경체제로 만들어놓았다. 이 조직변경으로 49개 부서가 27개로 축소됐다.

도요타는 특히 해외공장에 TPS 전문가를 두텁게 형성하는 정책을 폈다. 유럽은 자기계발에 의한 직종노조제도에 의해 직장 선택의 자유도가 높아 무려 8퍼센트라는 이직률이 발생해서 복수의 전문가를 양성하지 않으면 생산체계가 쉽게 무너질 수 있기 때문이다. 도요타의 영국공장TMUK은 1992년에 완공하여 3000명의 종업원이 연 15만 대를 생산하는데 자동차 생산 경험자는 거의 없는 상태였다. 따라서 TPS를 조기에 정착시키기 위해 직조장급을 일본에 연수 보내는 등 강도 높은 훈련을 시켰다.

구미 사람들은 자기 오류가 아닌 이상 개입을 거부하는 특징이 있어서 주로 규정집을 갖고 따지는 스타일이 대부분이다. 반면에 동양인은 본인이 유발하지 않았더라도 좀더 넓게 생각하고 책임을 넓혀가는 성향이 있다. 그래서 현지인에게 교육을 시킬 때 의미전달이 구체적이지 않으면 도전의지가 적어 이해를 못하는 경우가 많았다. 그들은 주관적 평가나 제안은 통하질 않았다. 일이 늦어진다든지 혼이 안 들어갔다든지 하는 주관적인 판단의 문구는 금물이었다. 단지 목표는 얼마니까 현재 얼마이므로 어떻게 할 것이냐는 스타일로 주문해야 한다.

특정 공정에 대해 개선하자고 하면 못한다는 대답이 바로 온다. 몇 분간의 작업과 휴식의 사이클을 꼭 유지하려 하기 때문에 그들에게 휴식시간 같은 비작업 시간이 회사 소유냐 아니면 개인 소유냐를 따져 물어 이해시키고, 생산성을 올려 고객에게 저가격의 혜택을 주자는 의견을 납득시켜야 한다. 낭비의 제거라는 일본적인 일상적 감각을 제조의 기본사상으로 놓고 현장에서의 개선활동을 부르짖으면 현지 사람들은 이해하기 힘들어한다.

그래서 다른 공장에서 설치해 잘 이용하니 우리도 설치해서 적용하자는 말은 통하지 않는다. 반드시 이론적 논리를 제시하여 납득시켜야 한다. 팀플레이도 약하고 오로지 관리 분야의 지도로 일관해왔던 습관을 쉽게 바꿀 수가 없었다. 특히 벤츠 같은 차량은 부품이나 성능이 모두 훌륭하여 비싼 것이 아니라 비싼 비용으로 만들기 때문에 비싼 경향이 있다. 예를 들면 엔진의 삽입도 경사 각도를 가진 값비싼 자동장치로 장착Mounting하여 사이클 타임도 길고, 인건비는 따로 감시하는 비용을 중복으로 지불하는 고비용체계로 작업을 한다.

스스로 세운 업적도 다시 극복하라

1990년에는 세계의 자동차 생산량이 5000만 대에 육박했다. 그 해에 쇼이치로는 유럽 공략을 위한 상품을 강화할 것을 지시하면서 히트 상품으로 이끄는 수요는 결코 자연적으로 발생하는 것이 아니라 만드는 것이라고 주장했다. 사실 위대한 발견이나 개발은 우연히 이루어진 것처럼 보이지만 우연의 모습을 할 뿐 결코 우연이란 없다는 믿음에서 출발했다. 유럽 침투는 세계 메이커로서의 생존 조건으로 간주하기 때문에 도요타도 목표를 크게 잡은 이유는 어떠한 노력도 큰 목표가 없으면 실패로 끝난다고 인식했기 때문이다.

1990년도에는 정보기술의 방향 전환이 일어났다. 정보 시스템 부문의 반성으로서 종래 각 부문이 개별로 요구 순으로 개발 업무를 진행했지만 경영 과제에 즉응 가능한 시스템 만들기로 전환했다. 경영에 직접 공헌이 가능한 정보화로 전환했다는 의미다. 1992년에는 최초로 간판의 전자화가 큐슈 공장에서 이루어졌다. 간판을 초기의 정보 시스템 구축에 연계시키지 않은 것은 협력사가 거의 도요타 공장의 동일 지역에 모여 있었기 때문이었다. 그리고 같은 해에 판매 행위가 아닌 방법으로 미국 사회에 공헌하기 위해 오하이오 주에 미국의 현지 공장과 거래하는 협력사 수준 향상을 담당할 TPS 지도회사 TSSC(Toyota Supplier Support Center)를 설립했다.

도요타는 작업 시스템도 전면적으로 전환했다. 21세기의 도요타를 미리 그려보면 현재 15세~64세까지의 근로자 중에 60퍼센트 이상이 후반부의 나이에 들어가 라인 작업자가 노쇠한 경향을 보이기 때문에 조속히 여성근로자의 힘을 빌리기 위해서는 작업 조건을 여성이 쉽게 할 수 있는 체제로 구축하는 것이 급선무임을 깨달았다.

임기 말기에 쇼이치로는 사원들의 대기업 병을 염려한 나머지 연두 사령장 수여식에서 "선배들이 쌓은 노력으로 우리 자신감과 자부심이 혹시 자만으로 변해 평소에 보이던 것이 이제는 보이지 않게 되지는 않았는지 걱정된다"고 전했다. 1992년에 동생 다츠로에게 경영권을 넘기고 회장으로 물러난 쇼이치로는 1994년 'G 21(Global 21)'이라는 팀을 발족시켰다.

21세기에 환경과 자원을 생각하는 도요타의 이미지를 표현하는 새로운 차를 탄생시키는 팀을 구성했다. 작고 연비가 좋은 차를 개발하라는 명령이었다. 1998년 12월을 출시 예정으로 잡았으나 도요타는 매번 두 번째라는 오명을 벗기 위해 개발 경쟁자인 혼다에 앞서 출시하라는 특명을 내렸고 결국 1년 빠른 1997년 10월에 하이브리드 자동차 '프리우스'를 발표하게 된다. 하이브리드 차량은 주행 전체의 에너지를 최적의 효율로 관리하는 차로서 출발과 같은 저속에서는 모터를 운용하고, 통상의 주행이나 가속 시에는 전기와 가솔린을 겸용하고, 감속 시에는 브레이크 에너지를 전기로 바꿔 모터만 사용하게 하는 아주 현명한 제어를 갖는 차량이다. 이 차의 개발로 쇼이치로의 리더십은 21세기의 도요타를 1등으로 이끄는 결정적인 역할을 하게 된다.

1992년 가을 사장에 취임한 다츠로는 "세계적인 불황일 때 변하지 않는 것이 있다면 변해야 한다는 바로 그 사실"이라는 명언을 만들어 변화를 강조했다. 제조의 중요성이나 창조적 기술은 본질이므로 이것만 변하지 말고 다른 것은 모두 바꾸라고 지시했다. 강한 결속력과 대화를 수단으로 변화를 추진하라고 주문했다. 하지만 1995년 봄 취임한 지 3년이 못돼 혈압으로 중도에 사임했다.

이때 바로 후임을 정하지 않은 채로 쇼이치로 회장 체계로 이어가다가 결국 평소에 점찍어둔 오쿠다 히로시라는 걸출한 인물을 사장으로 등용시키는 업적을 남긴다. 도요타 내부에는 성공 체험밖에 없는 젊은이들이 가득하므로 이를 변혁시키기 위해서는 쇼이치로가 세운 과거의 개념도 타파해야 하기에 가문 이외에서 선택하는 명수名手를 두었다. 가장 훌륭한 인재를 선택하는 것 역시 선임 경영자로서의 훌륭한 리더십에 속한다고 볼 수 있다. 지혜로운 사람은 유능한 상사 혹은 유능한 추종자를 잘 선택할 수 있는 혜안이 있다는 말을 증명이나 하듯이 쇼이치로는 유능한 추종자를 골라내는 능력으로 지혜와 혜안이 뛰어난 경영자로 인정받고 있다.

쇼이치로는 오쿠다가 취임한 이후에도 후원 활동을 지속하여 1996년에 22세기를 연구하는 전문연구소인 '근본根本연구소'를 설립하여 22세기의 인간, 환경, 에너지에 관한 근본적 연구를 수행하게 한다. 80이 넘은 나이에도 도요타의 현지·현물의 이념을 강조하며 신공장 라인을 일일이 확인하는 현장 리더십을 아직도 발휘하고 있다.

TOYOTA

CHAPTER 09

원대한 꿈을 대담하게 추진하는 실천력

신년 메시지에서는 사원들에게 모두 다시 기본으로 돌아가라고 권했다. 기본 프로세스를 잘 준수하고 있는지부터 점검하라고 하면서 기본을 강조했다. 항상 자만을 경계하고 겸허한 자세를 갖추라고 전하면서 그 해 봄에는, 도요타의 절반 정도 규모에 지나지 않는 한국의 삼성전자가 순이익 10조 원을 돌파했다면 아직 도요타에는 개선의 여지가 많은 것 아니냐면서 분발을 촉구했다.

26 성공체험을 과감히 버리는 경영을 실행하다

경영에는 미래를 내다보는 예지력, 핵심을 꿰뚫어보는 통찰력, 맺고 끊는 결단력이 필요하다.
여기에 하나를 더 보탠다면 성공체험을 철저하게 버려야 한다는 것이다. 과거의 성공 체험에
서 벗어나지 못하면 새로운 것을 시도하는 데 어려움을 겪을 뿐 아니라 과거의 판단을 오늘
에 잘못 적용하여 일을 그르치게 된다.

성공체험을 모두 버려라

1970년대 중반의 어느 날 쇼이치로는 필리핀의 외손녀를 보기 위해
마닐라에 갔는데, 트랩을 내려가자 인사를 하는 훤칠한 키의 한 사나
이를 만난다. 이 사람이 바로 20년 후에 도요타의 미래를 결정하는 경
영자가 될 오쿠다 히로시奧田碩(1932~)다. 오쿠다는 히도츠바시一橋대
학교 상대를 나와 1955년 도요타자판自販에 입사했다. 성격이 강인한
탓에 상사와 말다툼을 한 뒤 마닐라 현지법인 경리담당으로 좌천되어
7년을 보내게 된다. 자동차의 부사장이었던 쇼이치로가 마닐라에 근
무하는 딸의 가족을 보러 갔을 때 에스코트 한 것이 쇼이치로와의 첫
인연이었다.

1982년 도요타가 통합하자 통합사장이 된 쇼이치로는 오쿠다를 임
원으로 등용시키기 시작했다. 이때까지도 다른 사람들의 눈에는 오쿠

다가 눈에 띠는 인물이 아니었다. 하지만 아시아와 오세아니아 판매담당 책임자를 시작으로 생산부문만 제외하고 모든 부서를 두루 거치는 제너럴리스트의 코스를 밟기 시작했다. 특히 1985년 북미사업 준비실 부실장으로서 켄터키 공장TMMK 설립 준비를 하던 시절에 사장인 쇼이치로는 그가 성장해준 것은 도요타에 아주 행운이라는 평을 내리기도 했다. 마닐라 시절 나이답지 않게 필리핀의 정계와 재계를 두루 섭렵하여 상당히 좋은 인맥을 형성한 오쿠다는 다분히 외교관적인 기질이 많아 사람들을 다룰 줄 알았다.

1995년 여름에 다츠로의 후임으로 쇼이치로의 추천을 받은 63세의 오쿠다 부사장은 정식으로 사장에 취임했다. 사장에 취임할 때 제2의 창업을 꿈꾸며 쇼이치로의 뜻을 이어받아 대기업 병을 퇴치하는 일에 앞장섰다. 본인이 맡은 책임은 강한 도요타를 만드는 것이라고 생각했다. 그 당시 GM이나 포드와 같은 대형 기업들이 해외의 기업들을 합병해서 몸집을 불려 사세를 키워나가고 있을 때였다. 오쿠다는 이시다 사장이 강조했던 자신의 성을 스스로 지키기 위해 내부결속을 촉구했다. 그런 의미로 다이하츠와 히노자동차의 자본을 증가시켜 계열화했다. 그로부터 3년 10개월의 사장직을 수행하기 시작한다.

1995년 사장직에 취임하여 맨 먼저 내건 슬로건은 "조화로운 성장 Harmonious Growth"이었다. 다국적화와 세계화 경영의 내실을 기하자는 의미를 갖는다. 그런 목적을 위해 사원들의 의식과 사고방식의 차원을 달리해야 함을 암시했다. 즉 의식개혁을 강조했던 것이다. 그 슬로건을 근간으로 도요타 10년 후(2005년)의 바람직한 모습을 그렸다. 이 10년간에 도요타는 물론 자동차 산업 그리고 일본 경제의 전환기를 만들어야 한다는 소신이 있었다.

불행하게도 취임 첫해의 판매 실적은 참담했다. 물론 그의 잘못은 아니지만 전년 대비 매출이나 이익이 모두 감소하고 국내의 점유율도 40퍼센트 이하로 곤두박질했다. 하지만 20세기와 21세기의 가교를 본인이 건설한다는 신념으로 과거의 성공체험이나 고정관념을 다 버리기로 작정했다. 상황이 변했는데도 존재하지도 않는 과거를 들먹여가며 변화행동을 거부하는 것을 경계하기 시작한 것이다. 실패를 두려워하지 않는 도전정신을 강조하면서 모든 평가기준을 도전정신에 둔다고 선언했다.

변하지 않는 것이 가장 나쁘다

취임하면서 사원들의 가슴을 가장 뜨끔하게 했던 발언은 "아무것도 하지 않는 것은 가장 나쁘다"고 선언한 후에 "변하지 않는 것은 더 나쁘다"는 말로 분위기를 다잡았다. 대기업 병을 고치기 위한 긴장감을 조성하기 시작한 것이다. 변화를 포기하면 할수록 그만큼 상대적으로 잃는 것이 많음을 염려한 나머지 파격적인 사고와 발언을 계속 이어갔다. 임원회의를 진행할 때도 예전에 직책 순으로 하던 것을 자유롭게 먼저 말하고 싶은 사람이 하도록 분위기를 바꾸고 구태의연한 중역은 과감히 교체를 단행했다. 기존의 사풍에는 맞지 않는 호쾌함과 돌출된 사고는 대기업 병의 위기감 때문에 개혁을 하고자 하는 의지에서 나온 것이다.

목표를 설정했다 하면 이제까지 보지도 못한 아주 높은 목표를 설정하여 대기업 병에 경종을 울리는 모습을 역력히 보여주고 모든 사원이 원점으로 돌아가 다시 사고하기를 바랐다. 위기의 초래는 대개 평소에 긴장감을 갖지 않는 조직원들이 함께 만든 결과일 수 있기 때문에 내부는 물론 계열사까지도 긴장할 수밖에 없는 상황으로 몰고 갔다. 오노 다이이치가 곤란하지 않은 사람처럼 곤란한 사람은 없다고 했듯이 오쿠다도 최대의 위기를 위기로 의식하지 않는 것이 위기라고 주장했다. 늘 자기성공에 취하지 말고 맨 정신으로 임할 것을 지시했다.

1996~1998년 3년 연속 40퍼센트 이하의 점유율을 보였을 때, 바로 지금이 새로운 도약을 해야 할 때라고 생각한 오쿠다는 한 번 떨어진 점유율은 급속히 내려앉기 마련이라고 사원들을 위기의식으로 몰아가 결국 1999년에는 다시 회복하는 저력을 보여주었다. 오쿠다는 사원들에게 50~60퍼센트를 점유하겠다는 각오로 노력해야 40퍼센트를 넘는 결과가 나온다고 독려했다. 그리고 그는 국제비즈니스 경험을 살려 지구를 '하나의 시장One Single Market'으로 간주하고 회사를 운영했다. 세계 넘버원으로 성장하기 위해 사람을 포함한 모든 것을 국제화할 필요가 있다고 생각한 것이다.

하지만 미국식의 주주중심 기업운영만은 반대했다. 재계 자체가 국민이 행복하기 위해 존재한다는 철학으로 주주보다는 다수의 고객을 먼저 꼽았다. 기업이 사회의 공기公器라고 깨닫지 못하는 한 발전은 없다고 천명하면서 작은 혁신도 사회적인 요청과 경제적인 요청에 따른 환경 적응형 혁신이어야 함을 피력했다.

도요타는 원래 파이오니아들의 성패를 거울삼아 실패의 반복을 회피하는 전략으로 성장한 면이 다소 있다. 신차 개발이나 해외 현지생산에서 선두에 나선 적이 없었지만 그런 면이 성공률을 높게 해준 요소라고 볼 수 있다. 하지만 오쿠다는 그것도 변해야 한다고 주장했다. 남이 한 일을 쳐다보지 말고 도요타를 위해서 해야만 할 일은 무엇인가를 계속 찾으라고 독촉했다. 자신의 지위에 고집하지 말고 무엇이 최우선인가를 신념을 갖고 찾으라는 얘기다.

오쿠다는 특히 북미시장의 수출 차량이나 현지생산 차량의 품질과 연료소비의 경제성을 높여 중고판매가를 올려놓음으로써 구매선택의 기회를 증대시키는 전략을 구사했다. 연료절감 사고는 차량에만 국한시키지 않고 공장 자체에서도 에너지 소비 감축을 꾀하기 위해 1996년부터 대대적인 소少에너지 활동에 돌입했다. 자동차 회사는 손익분기점에서 조금만 하락해도 금방 악화되는 특성이 있다고 판단하고 21세기의 유가앙등에 대비하는 생존활동을 전개시켰다. 선견지명이 있는 그런 활동들이 결국 현재의 도요타를 떠받치고 있다.

경영은 미래를 내다보는 통찰력과 결단력이라고 보는 오쿠다는 그것이 없는 자는 경영할 자격이 없다고 일축했다. 경영의 실패는 인재人災이고 도요타도 역시 타 회사의 실패로 남아 있을 뿐임을 강조했다. 특히 닛산은 경영권의 일부인 관리직 인사권까지 노조가 침해하는 현상을 보여 결국 생산성 향상을 방해할 정도로 조건이 나빠지자 회사가 남의 손에 넘어가고 만 것이다. 도요타와 대조되는 현상이다.

도요타를 타도하자

오쿠다는 발전전략으로서 3대 전략을 결정했다. 첫째 중국을 중심으로 한 아시아 전략과, 둘째로 국내점유율을 40퍼센트대로 사수하는 것, 셋째로 전세계시장에 적합한 상품 전략을 개발하는 것으로 정했다. 대부분의 사업추진 방향은 쇼이치로가 취하던 자세의 개념이 계승된 것일 뿐 유별난 정책은 없었다. 쇼이치로의 신임을 많이 받아 회장과 상의도 없이 단독으로 처리하는 일이 많았고, 최종 결재 때 사인만 간단히 해서 부하직원이 고민했을 과정을 존중해 주었다.

"도요타의 적敵은 도요타"라는 말로 "타도! 도요타"를 외치며 다녔다. 만약 개혁을 실행할 수 없는 사원이 있다면 괜히 나서서 방해하지 말고 그냥 가만히 있어달라는 부탁을 하기도 했다. 또한 국제화에 대한 개념도 명확히 제시해 세계에 통할 수 있으려면 독자의 개성이나 문화가 필요함을 강조했다. 오히려 독자성을 갖는 자가 자동으로 보편성을 갖게 되고 그것을 겸비한 사람이 결국 글로벌 표준을 발신하는 주체가 될 것으로 보았다. 이러한 발상이나 주관은 하이브리드 자동차인 '프리우스'를 염두에 두고 한 말임이 틀림없다.

하이브리드 차는 엔진과 모터로 합성한 동력원으로 운영되는 차로 이미 미국의 빅3가 1970년대에 연구했었다. 그러나 배터리나 제어시스템 그리고 소프트웨어의 세 분야를 모두 실용화하는 것은 불가능하다고 판단해 개발을 중지한 것이다. 하지만 도요타는 환경과 에너지를 중심으로 한 사회공헌에의 역할과 21세기에 대비한 신개념 차량의 돌파구로 1994년부터 본격적으로 달려들어 연구했다. 그런 결과 80여 종의 시스템 조합 안을 치열하게 연구한 끝에 합격점의 차를 양산하게 되었다.

하이브리드 기술은 21세기 기술의 핵이다. 다양성을 추구하고 환경을 제1과제로 삼기 시작한 1990년대의 초반인 1992년과 1993년 지구 헌장을 발표하고 '도요타 환경 대응 PLAN' 등의 기업 방침을 제정한 결과물이 바로 하이브리드 자동차다. 원래 하이브리드는 연료전지차로 가기 위한 중간단계로 간주해서 타사들은 모두 연료전지에만 매달릴 때 도요타는 연비나 효율성 그리고 가격상으로 충분히 시장을 형성할 수 있는 차종으로 보아 개발하게 됐다.

도요타는 아무리 환경을 외쳐대도 구체적인 실천사항이 없으면 소비자의 외면을 받는다고 생각하고 명쾌하게 제시할 필요성을 느껴 '프리우스'를 만들었다. 이러한 사건은 세계의 충격이라 할 만큼 큰 사건으로 받아들여졌고 제어의 극치라는 찬사도 함께 받을 수 있었다.

혼다도 트랜스미션에 모터를 설치하여 엔진을 돕는 방식의 단순한 구조로 하이브리드 방식을 개발해 연비가 1리터에 40킬로미터로 좋았지만 2인승이라서 상징적인 의미가 더 컸다. 도요타는 하이브리드 차량을 등장시킴으로써 환경을 중시하는 기업이미지와 브랜드이미지가 동시에 상승하는 효과를 얻었다. 초기의 프리우스는 팔리면 팔릴수록

[그림 3-7] 2대 프리우스 모델

손해를 보는 차로 인식되었지만 2003년의 2대 차량부터 개선되어 이익을 내고 있다. 채산성의 원칙을 무시하면서 개발한 도요타는 오히려 돈으로는 살 수 없는 존경받는 기업으로서의 이미지를 확고히 구축했다. 2대 프리우스는 [그림 3-7]과 같다.

21세기를 보장하는 블루오션

1997년 가을 오쿠다 사장이 프리우스의 발표를 선언했지만 사실은 그 탄생의 뿌리는 에이지 사장 시대로 거슬러 올라간다. 에이지는 과연 지금까지와 같은 차를 계속 만들면 괜찮은가 하는 질문을 지속적으로 던졌다. 어떻게 하면 21세기에 살아남을 것인가를 생각하라고 주문한 것이 오늘날의 렉서스와 프리우스의 등장이라고 본다.

사실 연료전지는 1969년 아폴로 11호부터 사용했다. 1989년 다임러가 연료전지차 개발을 처음으로 착수했다. 1994년도에는 2인승 차에 장착하여 시운전도 끝냈다. 그러자 도요타도 급해진 것은 사실이다. 1993년 미국은 클린턴 정권이 2004년까지 리터당 34킬로미터를 달리는 차세대 차량을 개발하는 범국가적 프로젝트를 착수했고 국내의 경쟁사인 혼다도 1990년에 2배의 경제성을 지닌 차를 개발하기 시작했다.

도요타는 1994년 겨울에 차량의 방식을 결정할 때까지 3개월을 고민했다. 따라서 실질 개발기간은 3년에 못 미치는 시간이다. 도요타는 1995년에(1982년 이후 13년 만에) 국내점유율이 40퍼센트 이하로 내려가고 해외생산 증가로 국내 공장은 공동화空洞化가 일어날 정도였다.

1994년 11월에 출시된 혼다의 RV차량 '오딧세이'가 30대 층을 제대로 파고들자 도요타의 위기의식은 최고조에 달했다.

도요타는 원초적인 개발의 전제를 갖고 있는데 이 원칙을 벗어나는 차는 개발하지 않는 것으로 정해져 있다. 첫째로 상품으로서의 성립이 대전제가 되고, 둘째로 COST적으로도 성립이 돼야 하며, 셋째로 팔리는 차가 아니면 안 된다는 전제가 있다. 하지만 하이브리드는 신뢰성에 문제를 삼을 수 있는 차였다. 오쿠다 사장에게 1998년도에 신차종을 개발하겠다고 약속한 와다和田明廣 부사장이 원칙을 고수하려는 CE 우치야마다內山田竹志에게 개발을 다그쳤다. 우치야마다는 원래 양산차 개발 경험이 없는 기술자였다. 그런 이유로 더 창조적인 발상을 했는지도 모른다. 1995년 초부터 본격적으로 개발하기 시작했다. 다만 이제까지와는 조금 다른 권한을 지니고 개발의 인력들을 지휘한 것뿐이다. 진행을 살펴보던 오쿠다 사장이 예상보다 반년 이상을 당겨 출시 발표를 하자 다급해진 개발진은 사력을 다해 마무리했다.

보통의 승용차는 한 모델 세대가 3~4년 진행된다고 보고 100만 대를 예상하여 개발한다. 하지만 프리우스는 기껏해야 한 해에 10만 대 정도 팔릴 것으로 예상했다. 그러나 그 예상을 깨고 무려 2배나 되는 수요가 폭발했다. 초기의 생산은 월 1000대 정도였지만 2005년에는 무려 월 1만 대를 넘게 만드는 수준으로 성장했다. 그리고 2010년에는 1년에 100만 대 판매 목표로 증산을 계획하고 있다. 다만 이익이 박해서 앞으로 COST DOWN이 관건인데 하이브리드 시스템 가격을 50퍼센트 감축하는 목표로 진행하면 유럽이 도저히 따라올 수 없는 수준에 이르게 된다. 이런 상황을 볼 때 블루오션의 침투법칙이 특별히 있는 줄 알고 고민하는 사람들은 도요타가 블루오션 최고품목을 개발해 낸 산 중인임을 깨달아야 한다.

3대 저감 전략을 살펴보면 첫째로 배터리 성능을 향상시켜 사이즈를 줄이는 방향과, 둘째로 초기설계를 할 때 실패의 두려움 때문에 이중안전장치를 했던 과잉설계부문을 제거하는 방향이고, 셋째로 모터 부분의 생산기술 혁신으로 가격을 내리는 방향을 잡고 있다. 특히 모터 부분은 마쯔시다와 합작으로 '파나소닉 EV에너지'를 세웠는데 도요타식 생산방식이나 구조가 아니라 그들의 방식으로 계획하고 구성했기 때문에 생산성의 개선이 어렵게 되어있는 점이 치명타로 작용했다. 그래서 도요타는 증산에 대비해 자본금을 늘려 자사의 계열사로 흡수하고 공장을 증설할 때 모두 도요타 방식의 현장으로 만들면 원가 저감이 가능할 것으로 보고 있다.

현재 프리우스는 흑자라고 하지만 아직 투자비를 차량에 할당하지 않고 있다. 3대 모델에서부터 투자금액을 할당해도 늦지 않다는 생각으로 진행하고 있다.

현장인력 수준이 기업 수준을 결정

1990년대 중반에 들어서자 생산의 계절변동과 모델이 많아 공장별로 가동의 유연성이 필요해지자 정식사원 이외의 작업자들이 요구됐다. 도요타에는 정규직, 기간계약직, 견습파견, 용역요원 등 네 종류의 현장요원들이 근무한다. 그 중 기간계약직과 용역요원 간에는 각기 급여 차이를 두고 있다. 동일한 일을 하면서도 급여에 있어서 차별을 받고 있다는 감정 때문에 팀워크를 중요시하는 현장책임자들은 인원관리에 고충이 많다. 이에 따라 급여가 상대적으로 적은 용역회사의 요원을 채용하지 말자고 노조가 주장했지만 설득력이 없었다. 본인들의 급여수준은 제쳐두고 불만만을 없애려 했기 때문이다.

도요타는 현장인력의 30퍼센트에 육박하는 수준으로 기간계약직을 활용하고 있는데 무려 1만여 명에 해당되는 숫자다. 오쿠다는 점점 늘어가는 비정규직에 대한 관리 시스템을 체계적으로 정비하게 하고 임시직 작업자들의 지속적 근무를 유도하는 정책을 수립하도록 지시했다. 결국 도요타의 품질과 경쟁력이 임시직 직원들의 수준에 의해 결정될 수도 있다는 경계론이 등장한 것이다. 하지만 근본적인 차별이 존재해서 아직은 미해결 과제로 남아 있다.

기간 임시공들은 1주일 동안 건강진단 및 TPS 교육 그리고 배치될 공장의 작업 테스트 등을 거친 후 2주차부터 현장에 투입된다. 하지만 1주일 이내에 본인이 취소하고 돌아갈 확률이 15퍼센트에 이르고 현장투입 하루 만에 도망가는 지원자들도 있다. 기간직 근로자는 처음 지원한 미경험자는 4개월을 계약하고, 이전에 도요타에 근무한 적이 있는 지원자는 6개월로 계약한다. 계약 연장은 3개월씩 추가로 할 수 있고 최장 3년까지 근무할 수 있다. 6개월 이상을 근무하면 10일의 유급휴가를 부여하고 2년 이상일 때는 시니어 기간공원으로 승격하여 연 11일의 휴가와 일당 10퍼센트 인상이 주어진다. 또한 준準사원 정규직으로 채용되는 비율도 10퍼센트에 이른다.

계약연장을 신청하면 조장이 일의 능력이나 협조성 그리고 기본적인 근태현황을 평가한 후 인사부에 전달하여 결정한다. 각 평가분야마다 A, B, C 세 등급으로 평가하는데 C가 하나라도 있으면 재계약이 불가능하다. 따라서 도요타에서 기간직을 한 번 이상 연장한 사람들은 상당한 근면성을 보인 사람들로 평가된다. 근무하는 동안 철저히 회사에 충실한 것이 곧 인간성 존중이라고 보기 때문에 필요 없는 사람은 방출하고 남은 사람은 능력을 발휘해야 하는 원칙이 성립돼 있다. 지원자들의 근로에 대한 평가는 크게 두 부류로 나누어지는데 다시는 안 온다는 부정적 평가와 몇 번이고 다시 오겠다는 긍정적 평가로 갈라진다.

오전 근무조가 아침 6시 30분에 시작하는데, 숙소가 비교적 먼 관계로 5시경에 승차하려면 4시 반에는 기상을 해야 한다. 만약 지각하면 장려금수당이 취소되는 엄격한 룰을 적용한다. 작업 중간에 쉬는 휴식시간 10분은 무급이다. 대신에 식사시간의 45분과 시작 전의 조회시간 5분은 유급으로 처리한다. 하지만 혼다의 기간직은 모두 유급처리를 하고 있다.

이와 같이 도요타의 급료시스템은 분 단위로 처리하고 있고 항목의 평가도 다른 기업보다 냉정하게 다룬다. 말로는 작업 중에 화장실을 가도 된다고 하지만 전후공정의 작업균형상 자리를 뜰 수도 없거니와 좋은 평가는 받을 수 없어서 결국 불가능한 것이나 마찬가지다.

사회와 지속적으로 대화하라

오쿠다는 1998년에 개최된 환경포럼에서 경제발전과 환경보전을 양립할 수 있게 하는 것이 금후 자동차 업계의 과제가 됨을 강조하고 기술혁신과 기업혁신 그리고 사회와의 대화 등 3대 혁신과제를 선정하기도 했다. 그리고 이를 실천하는 첫 번째 상품으로서 유럽을 겨냥한 소형차 '야리스'를 현지에서 독자적으로 개발하게 했다. 도요타는 북미에서 약 15퍼센트의 점유율을 기록했지만 유럽에서는 5퍼센트밖에 미치지 못하는 실정이었다. 특히 1000cc급 소형차가 80퍼센트를 점유하는 유럽시장은 소형차의 획기적인 개발만이 점유율을 올려놓을 수 있었다.

1999년에 일본 국내에도 '비츠'라는 이름으로 발표된 이 소형차는 1000~1100cc급으로 연비가 무려 리터당 20킬로미터나 된다. 2세대 국민차라 할 수 있다. 도요타는 전통적으로 중년 이상의 고객을 중심으로 한 개발을 해왔으나 비츠의 개발로 젊은 고객층을 노리는 방향으로 변환하는 동시에 개발도 주로 젊은 담당자들이 주도하게 했다. 간섭 없는 독자 스타일의 살리기 작전이 유효했던 것이다.

이 차를 개발할 때 아주 특이했던 점은 개발의 조건을 평소보다 더 치밀하게 전개했다는 사실이다. 그 내용을 살펴보면 첫 번째로 안정성을 꼽았고, 두 번째로 환경을 생각하는 리사이클 비율을 고려했으며, 세 번째로 저연비의 달성, 네 번째로 작은 차지만 좁은 감이 없는 주거성을 확보하는 것이고, 다섯 번째로 차체가 작지 않다는 존재감을 느끼기 위한 스타일 연구, 여섯 번째로 유럽 차들과 승부가 가능할 것, 마지막 일곱 번째로 적정 가격을 전제로 했다. 이런 복잡한 고민을 해소하는 개발품인 비츠는 대히트를 쳤다. 유럽에서 '야리스'로 교두보를 확보한 도요타는 현재 5퍼센트에 불과한 점유율을 10퍼센트까지 끌어올릴 수 있는 자신감이 생겼다. 그 비츠의 모델은 [그림 3-8]과 같다.

사장으로서 3년 10개월이라는 길지 않은 시간을 보낸 오쿠다는

[그림 3-8] 비츠Vitz 모델

1999년 6월 조 후지오에게 자리를 넘겨주고 회장으로 물러났다. 그리고 쇼이치로가 수행했던 경제계의 수장 자리인 경단련 회장을 이어받아 1980년대 초부터 국가경제의 리더 역할을 해온 도요타의 사명을 이어 나갔다. 2001년 오쿠다는 21세기에 들어서서 사원들에게 성공에 대한 부담감을 줄이기 위해 과거의 도요타를 전부 부정하고 변화시키라는 '오쿠다 선언'을 하기에 이르렀다. 그리고 지구상의 인구 가운데 30퍼센트만이 자동차의 혜택을 받는다는 것을 감안하면 2004년 현재 5900만 대의 수요가 10년 후인 2014년에는 약 7500만 대로 늘어날 자동차 산업은 성장 산업이라고 주장하면서 사원들에게 희망을 불어넣어 주는 것도 잊지 않았다.

도요타는 원로들도 강하다. 자기부정과 현상부정의 정신을 계속 사원들에게 요구하여 변하는 동기와 변화시키는 용기를 갖게 하는 원동력은 도요타 경영진의 원로들로부터 출발한다.

27 경영 이념과 CEO의 의지를 전도하다

개선이나 혁신 즉 변화에는 완결이란 없다. 끊임없이 진화를 꿈꾸고 추구하는 자만이 진정 프로다. 도요타의 위대함은 바로 현실에 안주하지 않고 스스로 험난한 도전 과제를 만들어 진화를 추구해온 데서 비롯한다.

표정은 온화하게 심신은 강하게

21세기를 새로운 발상, 무한의 미래로 제시하면서 출발한 경영자는 1999년 오쿠다 히로시에게 바통을 이어받은 조 후지오張富士夫(1937~) 사장이었다. 조 사장은 도요타자동차의 설립 해인 1937년에 출생했다. 하지만 유년기를 중국에서 보낸 탓으로 대인 기질이 다분했다. 학교는 모두 도쿄에서 다녔지만 특히 소학교 시절에는 부친의 직장 사정으로 다섯 번이나 학교를 옮겨 다녀야 했다. 어린 나이에 친구들로부터 소외되지 않으려고 나름대로 무척 노력한 것이 그의 대인관계를 원만하게 만들었을지도 모른다. 자연발생적으로 생긴 친화적 행동의식이 그의 출세를 도왔다. 운동을 좋아해 중학교 시절엔 야구를 했고 고등학교 시절엔 유도를 했다. 그런데 동네 경찰관이 검도 훈련을 하는 것을 본 순간 마음이 끌려 고등학교 내에 검도부를 신설할 정도로 과감함을 보였다.

1960년 도쿄대학 법학부를 졸업하고 도요타에 입사한 조 후지오는 최초의 직무로 사내의 주간지 『도요타 신문』의 지면을 채우는 총무부 PR과에 배속됐다. 엘리트가 바라볼 때는 한심한 직무일 수도 있었다. 하지만 구애받지 않고 부지런히 일을 하며 친분을 쌓아나갔다. 1966년에는 생산관리부에 배속되어 평생의 은사인 오노를 만났다. 그리고 TPS 전도사가 되어 15년간 공장을 날아다니듯 즐거운 마음으로 일을 수행했다. 특히 그가 잘 수행한 일은 오노나 스즈무라가 사원들에게 심한 야단을 칠 때 옆에서 차근차근 논리적으로 설명해 주는 역할을 담당한 거였다. 무엇 때문에 그들이 야단맞는 것인가를 미소 띤 얼굴로 설명해주는 조교 역할을 했다. 그 이후부터 조 후지오에게는 '화합의 신神'이라는 불명이 붙어 다녔다. 그 어려웠던 다카오카 공장부지 매입 때도 매일 상냥한 얼굴과 공손한 말씨로 지주들을 설득하여 해결했다.

조 후지오는 생활신조로 "백문이 불여일견"을 입에 달고 다녔고, 실행력이 강한 성격이어서 생산관리부의 역대 책임자 중 가장 엄격한 사람이었다. 겉으로 보이는 온화한 느낌과는 사뭇 달랐다. 그의 성격을 보여주는 일화가 있다. 어느 날 부하에게 수행하기 힘든 일을 지시하자 부하직원은 곰곰이 생각한 끝에 무리가 있다고 판단해 왜 하기 힘든지를 조목조목 기록하여 보고했다. 하지만 조 후지오가 "그래? 못하겠다면 할 수 없지. 그럼 할 수 있는 사람에게 맡겨야지"라는 말을 차갑게 하자 부하직원은 슬며시 보고서를 다시 가져가 끝내는 해내고 말았다는 일화는 도요타 내에서도 유명하다. 왜 그렇게 빨리 포기하느냐고 야단치는 호통보다 더 냉정한 처사였기 때문이다.

비록 표정은 온화하지만 언행에는 강단이 넘쳤다. 학생시절에 검도와 유도의 유단자로 터프한 정신을 기른 탓일 것이다. 오노와 스즈무라가 갑자기 소리를 질러도 검도를 한 조 후지오에게는 익숙한 소리였을 것이기 때문이다. 조는 부하가 보고할 때 자세히 물어서 부하가 잘모르는 표정을 지으면 혼냈기 때문에 완전히 이해 못한 채로 보고하는사람은 나타나질 않았다. 조는 자신의 업무정신과 행동을 바로잡으면많은 부하 직원들이 굳이 명령을 받지 않아도 모든 것을 능동적으로수행할 수밖에 없다는 철학을 지니고 있었다.

조 후지오는 오노로부터 터득한 의식 중에 가장 소중한 것으로 '프로 정신'을 꼽았다. 자기가 개선한 것에 대해 스스로 다시 개선할 수있는 자만이 진정 프로라는 오노의 가르침을 고이 간직하고 실천했다. 심혈을 기울여 개선했어도 아직도 여지는 남아 있다는 의식을 갖고'개선 또 개선'이란 마음으로 모든 일에 임함으로써 인간의 지혜는 무한하다고 믿었다. 현실에 만족하지 않고 끊임없이 자기부정을 하면 기업은 무한히 강해질 수 있다고 확신했다. 그래서 그는 생각하는 도요타 가치관과 정신을 추구했고 현장을 확인하는 일을 일과로 삼았다.

칭찬은 자동차도 춤추게 한다

조 후지오는 오노라는 대 스승과 스즈무라와 같은 좋은 선배로부터많은 가르침을 받아서 본인이 성장했음을 알리고 그 뜻을 이어받아 후배들을 열심히 가르쳐야 한다고 보았다. 그것이 곧 인간 만들기의 가치관으로 해석된다. 후배들에게 도전할 과제를 주고 철저히 생각하게 한 후 어려울 때 도와주는 도요타방식을 수행하라고 권고했다. 이러한 인재육성의 공통된 가치관을 가지면 어떠한 난국도 극복할 수 있다는 철학을 폈다. 항상 일을 할 때마다 무슨 목적으로 그 일을 하는 것인지를 되돌아보게 했다. 특히 외주정책 담당을 했을 때 오노가 가르쳐 준 과거 데이터의 무용론을 바로 깨닫지 못하고 오래 지나서야 깨닫게 된 것을 너무 아쉬워 한 인물이었다.

조는 1985년 북미 사업실의 주사로서 오쿠다 히로시 밑에서 일을 했다. 1987년에는 미국 켄터키 현지공장TMMK의 공장장에서 출발하여 현지법인 사장을 끝으로 7년간의 미국생활을 마치고 1994년 10월 본사 상무로 귀환했다. 켄터키 공장의 근무 시절에는 현지인과의 친화력을 높이는데 주력했고 사원의 95퍼센트가 제조업이 처음인 직원들이 TPS에 통달할 수 있도록 현장을 중심으로 헌신적인 경영을 했다.

이때에 일본의 작업방식을 무조건 이식하려 하지 않고 그들 나름의 작업문화를 존중하며 정착시키는 화합정책도 잊지 않았다. 특히 일본 식으로 알려진 작업의 숙련도 중에 조립볼트를 손에 쥐는 도요타 지도 요원의 스피디한 동작에 많은 현지 작업자들이 놀랐지만 그들이 선택한 것은 도구를 이용한 볼트 공급 방식이었다. 이 방식은 결국 일본으로 역수입되어 도요타 현장에 적용되기도 했다.

가장 정착시키기 힘들었던 일은 역시 라인 정지 습관이었다. 그들이 라인을 정지하면 해고당할까봐 잘 시도하지 않을 때 조 후지오는 라인을 스톱시키면 칭찬하는 제도를 만들어 2년간 실행했다. 조 후지오는 일본인이 인색한 분야의 하나인 칭찬을 십분 활용한 사람이다. 일본의 간부들은 대개 모든 문제점을 드러내어 좋은 점은 제외시키고 문제에만 집중하는 습관이 있지만 조 후지오는 오히려 잘 하는 점은 칭찬하고 넘어가는 행동을 택했다. 이렇게 조 후지오가 개척한 켄터키 공장은 8000명의 종업원이 40만 대를 생산하는 공장으로 성장했다. 게으른 천재보다도 근면한 가치관을 가진 사람들을 채용하는 것이 자동차 사업에는 필요하다는 정책으로 북부보다는 농업으로 시작한 중남부를 택한 것이 성공의 열쇠가 되었다.

이념의 공유화로 승부

1994년에 귀환한 조 후지오는 1999년 사장으로 취임할 때까지 도요타 특유의 인재육성 정책에 따라 각 부문을 두루 거치는 제너럴리스트 Generalist 과정을 밟았다. 산업계와 정계에 영향력을 미치려면 그런 교육이 필요했다. 조는 2000년도의 신년사에서 명예회장인 쇼이치로의 3C 정신을 다시 강조했다. 특히 실행력을 강조하며 실행 후에 체크해서 성공과 실패 모두 반성하도록 했다. 그리고 "네 꿈을 실현하라Drive Your Dream!"는 슬로건을 내걸고 도요타의 약점을 일제히 체크하고 무리와 정체 및 낙후된 부문을 모두 찾아 개선하라는 명령을 내렸다. 이 해의 세계 자동차 생산량은 5800만 대를 기록하고 있었다.

조 후지오는 국제화 된 조직을 이끌어 나가려면 공통된 이념으로 무장할 필요가 있다고 생각해서 가장 간명한 문구로 모두가 쉽게 이해하고 인식할 수 있는 21세기 도요타 WAY를 설정했다. 열정이 아무리 강하다고 해도 그 의지를 언어화해서 조직원들과의 교감을 갖지 않으면 훌륭한 뜻이 전달되지 않을 수 있기 때문에 글로벌 시대에 합당한

변하지 않아야 할 것들	변해야만 하는 것들
기본 이념(정신)	전략적 사고
사람이 최우선인 정책	이론적 사고
그룹의 끝없는 보살핌	투명성
현장주의	표준화
개선사고를 유도하는 유연성	신상필벌의 밀도
핵심기술의 독자개발 및 자주성	경쟁원리의 영역
	능력주의의 적용 범위

[표 3-1] 도요타 정체성의 확립 기준 항목표

비전과 국제 전략을 정리하여 제시했다.

그 전략의 주요 내용은 선진기술과 시장창조형 상품으로 세계를 이끌어 가되 세계 최적의 판매거점과 생산거점을 구축해서 업계를 선도한다는 것이다. 그리고 도요타의 정체성을 확보하기 위해 변해야 할 것과 변하지 말아야 할 것을 제시했는데 [표 3-1]과 같다

원가저감이 곧 이익이다

그리고 2000년에 도요타의 원가혁신 활동에서 일대 전환이 일어난다. 그것은 CCC(Construction of Cost Competitiveness)-21 운동으로서 설계와 기술이 주축이 되고 생산과 조달 그리고 협력사가 협동하는 체계로 COST의 30퍼센트인 1조 엔을 저감하는 대대적인 활동에 들어갔다. 추진 책임자는 2005년 사장이 된 와타나베 가쯔아키渡辺捷昭 구매조달부문 부사장이었다.

이 활동을 통해 낭비는 무한으로 존재하므로 COST 저감도 그리고

수익증대도 무한하다는 지론과 신념을 확보하게 됐다. 실행 첫해에는 약 2300억 엔을 저감하여 환율변동에 따른 손실(환차손) 1400억 엔을 극복하고도 남았고 3년간 총 7520억 엔의 저감을 달성했다. 그리고 2006년도 생산 차종까지 적용하여 총 1조 엔의 효과를 노렸다. 따라서 도요타에게는 환율 공포나 유가 상승과 같은 외부환경 변화는 더 이상 장애가 될 수 없다.

이런 활동이 일차 끝났더라도 활동을 계속 유지하기 위해 2005년에 방향을 다시 정립했다. 세계 최고의 품질을 보유한 부품보다 10퍼센트 가 더 저렴한 것을 목표로 한 VI(Value Innovation, 가치혁신)를 선행 개발 단계나 부품 개발 단계에서 집중적으로 활동하고 있다. 이를 위해 10개 의 분과위원회를 설치했고 와타나베 사장이 직접 주도하여 이끌어 갔 다. 그리고 부품 수의 삭감이나 생산방식의 효율화 등을 상류의 설계 부문에서 연구하여 궁극적으로는 원재료의 단가 인상분을 흡수하자는 전략도 포함되어 있다.

그리고 점점 다가오는 중국의 인건비 도전을 물리치기 위해 2003년 부터 2005년까지 원가저감을 중점 전략으로 설정하여 추진했다. 그 분 야를 살펴보면 첫째로 생산비용을 삭감하기 위해 생산 속도 및 설비와 라인을 재정비하고, 둘째로 인건비 삭감을 위해 기간임시직을 늘리고 외부 위탁 물류체계로 전환하는 일, 셋째로 라인별 독립채산제를 채택 하여 각자의 수익성을 높이는 활동, 넷째로 금형이나 기계보전을 보다 높은 수준으로 올리고 라인의 다기능화를 더 넓히는 작업 등을 포함하 고 있다. 이런 정책은 협력사까지 전 계열사가 공통적 항목으로 추진 하되, 그 운동에 따르지 못하는 기업은 자동 폐쇄가 돼버리는 것은 말은 안 해도 암묵적으로 알고 있었다.

2002년에 조 후지오는 다시 2010년의 글로벌 15(15퍼센트의 점유율)를 목표로 매년 50만 대씩의 증산을 목표로 설정했다. CCC-21 활동의 착수로 원가경쟁력에 대한 자신감을 얻고 난 후 드디어 GM을 따라잡기 위해 구체적으로 행동하기 시작한 것이다. 그리고 같은 해 10월에는 중국의 천진자동차에서 승용차를 생산하기 시작했다. 자동차가 반장치 산업이므로 양산효과의 이점을 충분히 살린 세계화 전략을 가동하기 시작했다.

그 결과 조가 취임했던 1999년 6퍼센트였던 영업이익률이 해마다 증가해 2000년에는 6.2퍼센트, 2002년에는 7.4퍼센트, 2003년에는 9.6퍼센트로 성장하여 자동차업계는 물론 제조업의 최고수준이라는 10퍼센트 전후의 이익률을 달성했다. 이 기간 동안 생산량은 30퍼센트 증가했고 이익률은 50퍼센트나 증가했다. 물론 조 후지오의 뒤에는 오쿠다라는 거인이 버티고 도와준 것이 사실이다. 전통적으로 도요타는 사장과 회장이 한 방에서 근무하는 전통을 지켜오고 있는데 조 후지오와 오쿠다는 환상의 복식조로 호흡을 맞춰 승리를 일군 셈이다.

하지만 명明과 암暗은 공존한다더니, 2003년에는 1988년부터 끌어온 개발요원의 자살사건에 대한 최종판결이 과로사로 판결되었다. 1988년 계장이던 개발사원이 업무 진행 중 스스로 목숨을 끊는 사건이 일어나 업무과중에 대한 논란이 계속되었다. 이 판결로 기술계나 관리자들이 잔업수당을 지급받게 되었고 새벽 1~2시까지 일하는 무리한 근무는 피하도록 했다.

자만을 경계하고 겸허한 자세로

조 후지오 사장은 도요타 계열사의 결속력을 높이기 위해 덴소와 아이싱 정기를 지배할 수 있는 지주회사를 설립하려 했으나 반대가 심해 포기하고 도요타 WAY와 같은 이념 중심의 글로벌화로 전환했다. 그리고 계열사의 유기적인 연계를 위한 인재를 육성하기로 하고 2002년 TI(Toyota Institute)를 설립해서 해외 사업체를 포함한 경영자들과 고급 간부들을 한층 더 높은 차원으로 육성하는 동시에 도요타 그룹의 결속을 다지게 했다. 또한 세계적 석학들을 위원으로 하는 IAB(International Advisory Board)를 구성해 한 해 두 번씩 포럼을 열어 세계정세를 참고할 수 있는 자리를 마련했다.

이러한 업적과 실적이 나오고 여기저기서 도요타가 강하다는 얘기가 무성하자 조 후지오는 사원들에게 방심은 금물이라고 자세를 고쳐잡았다. 언제나 건전한 위기의식으로 항상 개선목표를 높게 잡으라 했고, 특히 2003년 연두사에서는 세간에서 도요타를 초일류로 치켜세우는 것을 경계하라고 직접적으로 전달했다. 자신감을 갖는 것은 좋지만 보다 더 위기의식을 갖는 겸허함을 요구한 것이다.

1999년 521만 대에서 2004년에는 총 752만 대를 생산하여 5년 사이의 성장 규모가 닛산의 총생산규모(250만 대)를 추월해버렸다. 2004년 승용과 상용을 포함한 미국 판매시장은 1691만 대에 달했다. 그 중 도요타가 206만 대로 12.2퍼센트를 차지했다. 일본 계열은 총 515만 대로 30퍼센트를 차지하여 무려 미국시장의 3분의 1을 점령했고, 차후 더 증가할 것으로 보인다. 2004년의 도요타 주가총액은 GM과 포드 심

지어 닛산과 혼다를 모두 합친 주가총액인 1220억 달러에 필적했다

가장 정확하고 투명한 자료라고 인정받는 2005년 유가증권보고서에는 총 종업원 수 6만 4237명 중에 임시직이 1만 6913명을 점유해 점점 증가 추세에 있음을 보여주었고 평균연령이 36.7세에 근속 연수가 15년으로 점점 노년 근로자가 늘어남을 알 수 있다. 하지만 조 후지오 사장의 연간 급여가 1억 3천만 엔 정도에 그쳐 닛산, 혼다 경영진의 보수보다 훨씬 적게 받는 것으로 드러났다. 전체가 다 열심히 하는 것이지 어느 한 개인이 잘나서 회사가 잘되는 것이 아니라고 생각하는 도요타식 사고의 특징을 보여주고 있다.

조직이 번성하는 현상의 하나로서 스타 경영 시스템을 들 수 있다. 많은 사람들이 스타 경영자가 존재해야만 경영성과가 좋아진다는 믿음을 갖고 있다. 그래서 스타를 영입하려는 극심한 경쟁이 벌어지기도 하고 사원과의 연봉차이가 400배 이상 벌어지기도 한다. 하지만 도요타는 인간의 능력 차이가 동일한 조직 내에서 그렇게까지 극심하게 차이나지 않는다고 보는 대표적인 기업이다. 한 명의 스타 경영자에 의존하면 기업이 빠른 속도로 변신할 수도 있겠지만 잘못하면 부실해질 위험도 그만큼 커진다. 도요타는 평범한 능력일지라도 작은 집단을 잘 이끌 수 있는 리더들을 많이 보유하는 것이 큰 조직을 운영하는 데는 더 현명한 방법이라고 평가하고 있다.

2005년 신년 메시지에서는 사원들에게 모두 다시 기본으로 돌아가라고 권했다. 기본 프로세스를 잘 준수하고 있는지부터 점검하라고 하면서 기본을 강조했다. 항상 자만을 경계하고 겸허한 자세를 갖추라고 전하면서 그 해 봄에는 도요타의 절반 정도 규모에 지나지 않는 한국

의 삼성전자가 순이익 10조 원을 돌파했다면 아직 도요타에는 개선의 여지가 많은 것 아니냐면서 분발을 촉구했다. 또 풍요해지면 개선의지나 도전정신이 없어지는 세태 속에서 나날이 젊은이가 참여하지 않는 현장에서 어떻게 사람 중심의 제조가 계속 될 수 있게 하느냐가 도요타의 과제임을 명심하고 끊임없는 지혜를 내줄 것을 호소했다.

28 사고와 실천에서 남보다 두 발 앞서가다

하고 싶은 신규 업무에 대해 상사가 부정적인 말을 할 때는 도전정신을 스스로 꺾지 말고 의욕을 더욱 북돋아, 안 된다는 이유를 찾아 바로잡고 나서 소신을 펼쳐라.

하고 싶은 일을 관철시켜라

호리호리한 체구에 입을 다물면 아주 다부진 표정이 나오는 작은 거인이 있다. 바로 조 후지오에 이어 2005년 6월에 취임한 와타나베 가쯔아키渡辺捷昭 사장이다. 1964년 게이오慶應상대를 졸업하고 도요타에 입사해서 처음 받은 직무는 인사부의 후생과에서 직원들의 식사를 취급하는 급식계 담당으로 구내식당의 음식재료를 관리했다. 단순히 공급관리만 해도 상관이 없었지만, 음식재료의 구입량과 소비량의 통계적 처리 분석으로 간접부서인 인사부에서도 낭비제거 활동을 할 수 있다는 것을 보여준 장본인이다. 그 후에는 조 후지오 사장이 거쳤던 총무부 홍보과에 근무하면서 외부 언론 대응 담당을 거쳤다. 특히 이 시기에 개발연구소는 대외공개를 하지 않는 원칙이 있었으나 '판매의 도요타', '기술의 닛산'이라는 평판으로 굳어진 사회인식에 거부감을 느낀 와타나베는 상사의 반대를 무릅쓰고 동후지東富士연구소를 기자들에게 개방해 인식을 바꾸어주었다.

이런 과감한 발상과 성품 때문에 오쿠다처럼 상사의 미움을 받은 적이 한두 번이 아니었다. 그는 하고 싶은 신규 업무에 대해 상사가 부정적인 말을 할 때면 더욱 의욕이 솟구치는 사람이었다. 상사가 안 된다면 이유를 찾아 바로잡아 놓고 관철시키는 스타일이다. 단 한 번의 시도에 거절당하는 것을 못 참을 정도로 자존심이 강했다. 일찍부터 경영자 재목으로 스스로를 단련하고 있었던 것이다.

모토마치本町 공장장 시절에 그는 "세계 제1의 공장은 세계 제1의 직장에서 나오고, 세계 제1의 직장은 세계 제1의 사람으로부터"라는 슬로건을 내걸고 아무것이나 좋으니까 하나라도 철저히 하는 책임감 있는 사원들을 키우려고 노력했다. 목표 달성에는 뾰족한 수나 첩경이 없음을 인식하라고 하면서 맑게 그리고 즐겁게 그것도 활력 있게 하면 이룰 수 없는 일이 어디 있겠느냐며 사원들을 격려하는 사람이었다.

특히 현장에 기초적인 5청정 운동을 하면서도 관심이 적고 게으른 사람을 야단치기보다는 잘한 사람을 모범으로 내세워 따라할 수 있도록 배려했다. 하지만 효율이 높은 상태의 공장으로 만들어야 한다는 생각에는 변함이 없어서 시종일관 설비가동의 향상에 대한 관심을 보였다. 그 관심의 수준이 단순한 격려가 아니고 담당자에게 현재의 수준을 묻고 다음에 어느 시기까지 얼마만큼 올릴 수 있느냐를 반드시 물어 확인하는 압박감도 서슴없이 주곤 했다.

그의 가장 뚜렷한 업적은 2000년에 착수해서 기대 이상의 효과를 얻었던 원가저감 운동인 CCC-21 활동이다. 그 활동을 할 때는 같이 합동으로 실행하는 협력사의 호칭을 '파트너'라 바꿔 부르게 했다. 일방적 지시형이 아니라 쌍방향의 커뮤니케이션을 이룩하려고 한 배려였다.

인간에게 도움이 되는 기업으로

와타나베가 2005년 취임하면서 본인의 소감으로 "타면 건강해지고 달릴수록 깨끗해지는 차, 즉 인간에게 해를 끼치지 않는 차를 만드는 것이 꿈"이라고 말했다. 그런 차를 만들어 도요타가 인간에게 도움이 되는 기업으로 남고 싶다는 아주 명쾌한 포부를 밝혔다. 2005년에 도요타 그룹(다이하츠, 히노, 관동자동차 포함)이 만드는 차종은 상용까지 포함해 무려 73가지에 이른다. 세계에서 가장 많은 차종을 보유하고 있다.

그런 다양성으로 2008년 도요타그룹에서 총 970만 대를 목표로 하는 원대하고 과감한 도전을 시도하고 있다. 도요타 자체로는 870만 대에 도전하는 규모다. 그렇게 하여 세계 최대의 자동차기업으로 확실히 자리매김을 한다는 전략을 수립한 것이다. 와타나베 사장은 이미 26개국 51개 거점에서 820만 대를 만들어낸 능력을 출발점으로 삼은 것이어서 달성 확률이 높다. 1980년에는 불과 9개국 11개 거점에서 추진하던 규모가 급속히 성장한 것이다.

이런 커다란 조직을 이끌어 갈 와타나베의 부담은 역대 그 어느 경영자보다 더 크다고 할 수 있다. 하지만 그의 뒤에는 쇼이치로 명예회장과 조 후지오 회장이 버티고 있어 버거워 보이지는 않는다. 임원이 된 이후 비서실이나 경영기획 그리고 정보통신 부서까지 두루 거친 제너럴리스트의 파워는 충분히 충전돼 있는 상태다.

그는 사장이 되어서도 부사장 시절에 이룩한 원가저감을 지속시키기 위해 VI 10(Value Innovation 10퍼센트) 활동을 진두지휘하여 2007년부터 생산하는 차종에 적용하려 하고 있다. 그의 활동은 도요타의 마른걸레 짜기 DNA를 정면으로 부상시키는 역할을 톡톡히 하고 있다. 그가 이런 연속적 시도를 하는 것은 도요타가 메이커인 이상 아무리 가혹해도 원가저감은 항상 가능하다는 신념이 있기 때문이다.

원가 이외에도 품질에 대한 의욕도 일가견이 있는 것으로 나타났다. 렉서스가 2005년 8월부터 일본 내에 상륙함에 따라 완전한 품질을 실현해야 하는 책임자로서 당연한 관심사일 것이다. 품질에 더욱 엄격해진 점은 조립 작업자의 오류(기스 포함)율이 대당 0.05건에서 0.025로 낮춰지는 목표가 주어진 것으로 알 수 있다. 100대당 5건을 말한다. 하지만 점검 항목수가 대당 1000건에 육박하기 때문에 사실은 10만 건에 3개가 나오지 말아야 한다는 극히 어려운 과제다. 이런 과제를 달성하기 위해서는 빈번한 라인 정지는 당연하고 잔업도 자연적으로 발생한다. 결국 도요타의 규모대로 계산하면 일주일에 한 건의 불량도 나오지 않아야 달성하는 목표다. 불가능에 대한 도전이다.

와타나베는 자신의 사장 임기 두 번째 해인 2006년을 맞이해 성장을 지속하면서 기초를 다지는 원년으로 삼겠다고 했다. 성장을 향한 전략적인 활동을 강화하며 동시에 성장을 위한 기초를 확실히 다지는 것을 말한다. 전략적 활동이란 우선, 기술개발을 말하며 공격 자세를 잃지 않고 환경, 안전, 품질, 원가 분야를 해결해 나가는 활동을 가리킨다. 또 하나는 현지화 전략으로서 텍사스 공장의 정상화와 TMMK(Toyota Motor Manufacturing Kentucky, 켄터키 공장)의 하이브리드 캄리(CAMRY, 중형승용

차) 생산, 중국 광주공장의 캄리 생산 등의 완수를 말한다. 성장의 기초 다지기로는 첫째로 품질향상 활동으로, 공정품질삽입 사고를 철저하게 하는 것, 둘째로 COST 경쟁력을 다시 살리는 문제, 셋째로 수요에 대응하는 제조체계 강화 문제가 과제로 남아 있다.

자동차를 정보로 무장

2005년, 임원들의 자리이동 가운데 한 인물이 부각되었다. 다름 아닌 도요다 가문의 장손 도요다 아키오豐田章男다. 1979년 게이오 대학 법학부를 졸업해서 와타나베 사장의 대학 후배가 된다. 대학을 졸업한 후 본인의 의지로 미국의 투자회사에 근무했으나 그 기업의 상태가 나빠지자 본국으로 귀환해서 1984년 도요타에 정식으로 입사했다. 뒤늦게 도요타에 입사한 아키오에게 도요다 가문의 장자로서의 특혜는 아무것도 없었다. 도요타 사원들은 그를 그저 한 명의 사원으로 대할 뿐이어서 늦깎이로 입사한 본인은 오히려 어려운 점이 더 많았다. 그러나 이를 잘 극복한 아키오는 1990년부터 8년의 세월에 걸쳐 TPS의 본산인 생산조사부에 배치돼 TPS를 현장에서 공부하고 이를 판매에 연결시켜 직접 영업 분야의 TPS를 실현하는 파이오니아가 되었다. 주문에서 입금까지의 L/T를 단축시켜 딜러가 예상재고를 두지 않는 판매 시스템을 세웠고 1999년에는 미국의 GM 합작공장인 NUMMI 부사장을 지내면서 경영자의 자질을 키웠다.

특히 아키오는 신세대답게 정보통신 분야에 관심이 많아 자동차와 정보를 잇는 새로운 분야에 뛰어들었다. 1996년 딜러들의 현금 흐름을 빠르게 회전시키기 위해 신규 구매고객의 중고차 처리를 돕는 '중고차 정보 시스템'을 구축하는 것으로 시작해, 1997년 자동차 구입지원 서비스를 담당하는 인터넷 시스템GAZOO.COM을 구축하는 등 정보 산업을 자동차와 연계시키는 분야에 일가견이 있는 것으로 보인다. 앞으로도 이동공간으로서의 자동차를 정보로 무장시켜 개성 있는 라이프 스타일을 연출하는 것이 그의 꿈이라고 할 수 있다.

그가 2005년에 49세의 나이로 부사장에 오른 것은 오너 일가 중에서도 장손이기 때문에 가능한 것이고, 또한 직원들의 거부감도 없다. 우리나라처럼 아무것도 모르고 경험도 없는 30대 중반 나이의 후손에게 규모가 큰 기업을 무모하게 맡기지는 않는다. 많은 사람들의 자연스러운 지지도가 생길 때까지 단련시키는 도요타 본가의 정신은 우리 경영자들이 본받아야 한다. 도요타 직원들은 10년 넘게 도요다 가문 이외의 사람들에 의한 경영에 익숙해 있음에도 불구하고 도요다 가문에 대한 직원들의 로열티가 대단해 오히려 기대감이 있는 것이 사실이다. 도요다 가문이라서 사장이 되는 시대는 아니지만 동일한 능력이라면 도요다 가문에서 그것도 장자가 되는 것이 도요타 직원들이 바라는 바일지도 모른다.

29 도요타의 국내 경쟁력을 강화하다

자국 내의 소비자 심리가 세련되고 효율적인 구매 습관으로 분석된다면 안목이 높은 국내 고객을 우선 공략하여 성공한 후 세계 점령을 시도해야 바람직하다.

국내를 먼저 정복하고 세계를 정복

도요타가 국내 점유율 40퍼센트 이상을 유지하려는 근본적인 이유는 국내 시장에서 리더가 되지 못하면 세계시장 점령도 불가능하다는 심리와 신조를 갖고 있기 때문이다. 일본 국내의 소비자 심리가 세련되고 또 충동구매가 적은 경향을 보여서 자동차 선택에 안목이 높은 국내 고객을 우선 공략할 수 있어야 한다는 전략이다. 2004년의 국내 승용차 판매점유율은 45퍼센트로 닛산의 19퍼센트, 혼다의 12퍼센트 및 기타 24퍼센트에 비해 압도적인 우위를 보이고 있다. 이 추세는 당분간 변함이 없을 것 같다.

도요타의 높은 점유율 뒤에는 판매 딜러들의 숨은 노력과 정책이 있다. 판매회사가 300개를 넘으며 점포수는 5000개를 넘는다. 그 판매회사들은 4종의 등급으로 나누어 활동하는데 1946년 최초로 등장한

'도요타 점'과 1956년 개설한 '도요펫 점', 1961년에 신설한 '코롤라 점', 마지막으로 2004년에 경차를 취급하는 통합점인 '신네츠 점(비츠 점)'으로 나뉜다. 특히 도요타 점은 수익성이 좋은 차량을 취급하면서 동시에 판매정책의 실험장으로 활용하기도 한다.

1996년부터 판매점유율이 40퍼센트 이하로 떨어지자 그 해부터 2년 간 방문판매 촉진으로 수천억 엔의 인센티브를 뿌리며 점유율 증대를 시도했으나 별 효과가 없었다. 비로소 오직 고객이 찾는 상품 개발만이 유일한 해결책임을 새삼 확인했다. 따라서 방문판매는 특수 고객층과 법인으로 제한하고 고객이 찾아오는 점두판매로 전환하면서 판매점에서의 서비스를 강화하는 데 주력했다.

고객이 오면 언제라도 시험운전을 할 수 있도록 항상 시승차를 준비해 두고, 인터넷을 이용하여 차종을 자유롭게 비교할 수 있는 정보력을 동원했다. 고객의 정밀한 비교확인 요구가 증가하는 추세에 대응할 수 있는 조건을 구비한 것이다. 그리고 철저한 지역주민 중심의 고객관리를 통해 이민을 가거나 먼 지역으로 이사 가지 않는 한 영업사원으로부터 벗어나지 못한다는 통념을 인식시켰다. 그런 여러 노력의 결과로 1999년에 다시 40퍼센트를 넘어서고 2000년대 초반에는 45퍼센트 안팎을 넘나드는 점유율을 확보했다.

완전품질의 구현으로 고객을 매혹시킨다는 슬로건 아래 2005년 8월 렉서스의 자국 진출을 시도했다. 렉서스 브랜드로 차별화하여 국내에 침투하는 이유는 기존의 원만한 차(아버지 차)를 만드는 이미지를 벗고 신흥 부유층의 독특하고 좁은 욕구망을 포획하기 위해 취한 전략이다. 경쟁상대가 되는 외제차의 점유 비율은 4퍼센트로 주로 벤츠나

BMW 혹은 폭스바겐이 대부분을 점유한다. 크라이슬러와 병합한 이후 벤츠의 서비스 정신이 하락하여 인기가 점점 떨어지는 추세에 있는 것을 역으로 공략한 것이다.

렉서스 판매는 143개의 점포로 시작했지만 수년 내에 680개 이상으로 점차 확대할 예정이다. 그 넓은 미국에서도 200개 점포 이내의 전략으로 2004년에 30만 대를 판매했는데 집중과 고급화라는 전략으로 특화된 판매방식을 구사하여 성공했다. 고객의 불만을 하나 없애면 그만큼 서비스는 자동으로 향상된다는 기본정신으로 벤츠의 연 4만 대 판매를 50퍼센트 더 뛰어넘는 6만 대를 목표로 뛰고 있다. 그리고 적지 않은 돈을 쏟아 부은 판매점의 투자비는 3년 이내에 회수한다는 조기정상화 전략도 준비했다.

집중력을 잃지 않는 확대성장으로

도요타의 사업비율은 자동차 부문이 92퍼센트를 점유하고, 금융 부문이 4퍼센트, 기타(상업차량, 주택, IT 등)가 4퍼센트 정도 차지한다. 따라서 자동차그룹이라고 해도 무관하다. 2006년 3월 현재 전체의 연결재무구조는 매출액 20조 7000억 엔, 영업이익 1조 8000억 엔 정도다. 순이익은 1조 3000억 엔에 이른다. 이 수치는 매년 10퍼센트 안팎의 신장률을 보이며 상승하고 있다. 하지만 미국의 GM이나 포드는 매년 연속 적자를 기록하고 있는 중이어서 그 격차는 갈수록 커지고 있다. 또한 그들의 매출 비중의 20퍼센트는 금융부문이어서 자동차부문의 격차는 더욱 심각하게 벌어지고 있다.

도요타의 직계 계열사는 14개로, 그 중엔 1조 엔 이상의 매출을 올리는 기업이 10개사에 이른다. 계열사로는 도요타자동직기, 아이치제강, 도요타공기工機, 도요타차체, 도요타통상, 아이싱정기, 덴소, 도요타방직, 동화부동산, 도요타중앙연구소, 관동자동차, 도요타합성, 히노자동차, 다이하츠공업 등이다. 이 밖에 셀 수 없을 만큼 많은 투자계열사가 있다.

도요타의 금융부문 사업은 수조 엔을 넘는 현금 보유로 1988년 도요타파이넌스를 설립한 후 2000년 금융통괄 회사로 도요타 파인낸셜 서비스Toyota Financial Service를 설립했다. 동시에 관계 계열사들의 주식을 관리하는 TFS증권을 설립하는 등 총 27개사의 관련 금융사를 보유하고 있다. 특히 TFS는 낭비 제로의 경영을 실현하는 동시에 IT 시대에 적응하기 위해 영업 점포를 갖지 않고 CALL 센터나 현금자동입출기 등을 활용하는 ON LINE 활용사업을 하고 있어 어떤 금융기업보다 몸을 가볍게 가져가서 기복이 심한 금융권에 효율적으로 침투하고 있다.

2001년에는 도요타카드를 발행하여 자동차 주변 사업에 한정한 통합 서비스를 구현하고 있다. 이 카드 사업이 가능한 이유는 국내 직계 계열사 직원이 36만 명에 이르고 가족까지 포함하면 100만 명에 이르기 때문이다. 또한 협력사를 포함하면 500만 명이라는 대규모의 고객이 기본 고객으로서 한눈에 들어오기 때문이다. 도요타의 협력사 가운데에는 100억 원 거래 이상 기업이 협풍회에 212개나 되고 영풍회에 121개나 되어 총 333사에 해당하는 기본시장을 갖고 있어 금융사업의 확대도 가능하다.

도요타는 적시適時, 적지適地, 적차適車라는 전략으로 세계화를 추구하고, 지구상의 자동차 7억 대가 모두 가솔린 차로 돼 있는 현실을 넘어 새로운 연료의 선택과 다양화를 통해 새 길을 모색하는 21세기의 모델 전략을 세웠다. 디자인과 설계는 항상 2~3년 앞을 내다보며 작업을 하고 연구개발비 또한 매출의 5~8퍼센트를 계속 투입하여 기술 선도를 유지하려 하고 있다. 1997년 하이브리드 자동차 발표 이후 기술우위를 통한 경쟁사 리드 전략의 확고함은 이미 증명된 바 있다.

하이브리드 자동차는 1997년 출시 이후로 2005년도에는 30만 대나 팔려 예상치의 2배 이상이나 증가하고 있고 현재는 3세대 차량을 준비하는 단계에서 20개국에 판매하고 있다. 이 차는 팔면 팔수록 적자가 누적된다고 하지만 미래의 이익을 위한 시행을 과감히 시도하면서 북미에서의 베스트셀러 차인 캄리 모델에도 적용되면 상황이 달라질 것으로 예상된다. 그리고 차후 전 차종에 이 기술이 적용되면 연간 100만 대 규모의 판매가 이루어져 수익성이 큰 사업으로 전환될 것이 확실하다. 다른 방편으로는 타사에 하이브리드 부품과 기술을 판매하여 매출효과를 동시에 올리는 시너지 효과도 기대하고 있다.

세월은 변해 전자부문의 발달과 각종 편의기기 개발로 기능성의 특정부품 수요가 증가해 부가가치의 원천이 완성차 메이커에서 부품메이커로 점차 옮겨 가고 있는 추세에 있다. 특히 전장품 계열사인 덴소는 무려 3조 엔의 매출을 올리는 대규모 기업으로 성장했다. 도요타도 그룹 내에 덴소 이외의 독립된 전자계열사인 히로세廣瀬공장을 설립해서 첨단 자동차인 '프리우스'의 전장품을 위주로 개발 생산하는 전문화 사업을 벌이고 있다.

도요타는 21세기 사업영역을 진화시키기 위해 자동차를 차세대화하는 전략과 교통수단의 진화 전략이라는 두 축을 중심으로 두고 있다. 정보통신을 이용해 멀티미디어에 침투하며 산업차량 및 기기로서 산업 시스템으로 변모시키며 주택을 주거 산업으로 확대하려는 전략을 갖고 있다. 그리고 600조 원의 시장이 형성될 ITS(Intelligent Transport System, 고도 정보 교통 시스템)에 주력하고 있다.

도요타의 인력은 현재 총 27만 명 규모로 해고인력은 없지만 사원 수는 점차 감소현상을 보이고 있다. 도요타 자체로만 보면 1992년에 총 7만 5000명 수준으로서 가장 피크를 이루었으며 이때 1인당 42대의 생산량을 보였다. 하지만 2004년에는 6만 4000명으로 줄었지만 인당 생산량은 58.4대로 오히려 40퍼센트나 증가했다. 대부분의 감소는 도요타차체와 관동자동차의 설계부문을 독립회사로 분사시킨 영향이다. 도요타는 세계 도처에 10개 정도의 공장을 더 추가 건설하여 2010년 1000만 대 생산 시대를 열려고 한다.

TOYOTA

CHAPTER 10

미래를 향한
도요타의 준비와 도전

세계화를 성공시키고 초일류 기업의 명성과 권위를 계속 유지하는 데는 하자가 전혀 없는 고품질의 유지라는 커다란 과제가 놓여 있다. 하나의 국가에 국한하지 않고 전세계의 국가에 퍼져 있는 고객의 구매 의욕을 유지하기 위해서는 품질의 안정성에 주력해야만 한다. 이런 노력에 있어서도 도요타는 부단히 모든 노력을 아끼지 않고 있다.

30 세계화 전략으로 국제경쟁력을 확대하다

세계화 전략에는 수요가 있는 곳에 생산 기지를 건설한다는 현지주의 원칙이 필요하다. 그리고 현지 주민들에게 고용 혜택을 주고 친환경 이미지를 심어준다면 국적을 초월하여 많은 고객을 자연스럽게 확보할 수 있다.

계속 확대되는 세계화

도요타의 개발력은 국내 모델일 경우 불과 19개월밖에 걸리지 않는다. 국내에는 12개 공장을 지니고 있고 그 중 50만 대 규모의 공장은 세 곳이다. 세계 거점의 공장들은 1일 단위로 생산계획을 수립하는데 일본에 있는 본사가 모두 결정한다. 혼다가 현지공장 계획은 스스로 세우게 하는 데에 비해 도요타는 세계 최적의 최대 효율을 발휘하기 위해 집중관리 방식을 선택했다. 가령 미국의 공장에서 수요를 못 맞추면 국내 공장에서 보충하도록 계획한다. 전세계 26개국에 51개의 해외생산 및 개발거점을 확보하고 있고 170개국에 판매하고 있다. 이 사세는 주로 1995년도를 전후해 형성된 것이다. 최대 인기 차량으로는 1966년부터 발매해서 1200만 대 이상을 수출한 '코롤라'가 대표적이다.

우선 개발거점을 살펴보면 일본 국내에 있는 본사의 TTC(Toyota

Technical Center)가 디자인과 시작차試作車를 담당하고 동경디자인연구소와 선진 스타일을 연구하는 동후지연구소 그리고 북해도에 시험주행장을 두고 있다. 미국에는 미시간 주에 부품시험센터 및 디자인 개발팀이 있고, 유럽에는 벨기에에 차량과 재료의 평가를 담당하는 연구소와 프랑스에 내외장 및 컬러를 연구하는 센터가 있다.

2005년 기준으로 판매시장은 크게 4개 구역으로 나누는데 국내 판매량이 240만 대, 북미 판매량이 230만 대, 아시아가 180만 대, 유럽이 100만 대 수준이다. 북미에서 가장 인기 있는 차종은 캄리Camry로 연간 40만 대가 팔린다. 2005년 3월 결산 순이익 가운데 70퍼센트를 미국에서 얻을 정도로 북미는 도요타의 주력시장이다. 현재 북미에서 5개 공장(캐나다 1, 미국 3, 멕시코 1)을 운영하고 있지만 3개 공장을 추가할 예정이다. 미국에서의 지속적 성장이 가능한 것은 미국인들이 기업의 국적에 별 의미를 두지 않고 단지 자신들의 마음에 드는 제품인가에만 관심이 있기 때문이다. 지금도 가장 많이 팔리는 코롤라는 국내에서 50만 대를 만들어 그 중 30만 대를 수출하고 해외에서 40만 대를 생산하여 140개국에 판매하고 있다. 그리고 북미지역 매출이익의 50퍼센트는 고급 차종인 렉서스가 10퍼센트의 점유율만으로 발휘하는 효력의 수치다.

이런 도요타와 일본차들의 북미지역 신장률에 대해 빅3 경영진들은 1980년대처럼 자신들의 실수를 일본자동차 회사들에게 전가하지는 못한다. 판매되는 차 중에 무려 300만 대(판매분의 70퍼센트)가 현지에서 생산된 차이기 때문이다. 그 덕택으로 미국에는 20만 명의 일자리가 새로 생겼고, 도요타나 혼다가 환경보호차량을 만들기 때문에 미국 자동차 기업들은 더욱 명분이 없어졌다. 도요타는 계속 고용을 증대하는 반면 포드와 GM은 감원을 가속화하고 있어서 미국민들의 동정심을 얻기에는 너무 부정적인 상황에 와있다.

도요타는 미국의 켄터키 공장에서 아발론이나 캄리를 44만 대 생산하고, NUMMI에서 코롤라를 32만 대, 인디아나 공장에서 29만 대, 캐나다 공장에서 코롤라 20만 대, 텍사스 공장에서 픽업을 생산하고 있다. 도요타는 미국 시장에서 상승일변도에 있고 혼다와 닛산은 판매의 기복이 심한 편이다. 미국 시장 규모는 연 1700만 대 정도인데, 빅3가 56.3퍼센트를 차지하고 일본이 32.9퍼센트, 그 중 도요타가 215만대로 12.2퍼센트를 차지하고 있다. 따라서 이제는 일본 3사를 합쳐 빅6라는 식으로 부르고 있다.

세계 최대 생산기업인 GM은 1990년대에 도요타 생산방식을 배워 열심히 생산비용을 삭감해서 판매효과를 보고 호조를 유지했으나 중도에 중지한 것이 쇠퇴의 원인이 되었다. 고비용 구조와 판매부진이라는 악순환이 계속되었다. GM과 포드는 양쪽 모두 5년 내에 5개 전후의 공장들을 폐쇄할 예정이어서 100만 대 정도씩 감산할 계획을 하고 있다. 따라서 종업원 모두를 보호하며 지속적으로 흑자를 경험하는 기업을 초일류라 한다면, 당분간 도요타와 어깨를 겨룰 자동차 기업은 없을 듯싶다.

세계화 약진의 열쇠

도요타는 판매 딜러에게 지급하는 인센티브가 미국 회사들보다 훨씬 작은 대신 딜러의 수를 늘리지 않는 정책을 펴고 있다. 미국 전역에 1500개 정도에 불과하지만, 한 딜러가 연평균 1300대를 판매하는 경쟁력으로 포드나 GM을 앞지른 것이다. 특히 렉서스 초기 판매 시에 365일 24시간 대기체계와 운행 고장 시 헬기를 동원해 서비스 하는 정신이 미국인의 자동차 회사의 서비스에 대해 갖는 일반적 인식을 바꾸어 놓았다. 도요타는 품질과 신뢰성에 자신이 있기 때문에 GM이나 포드와 같이 저가정책을 펴지 않는다. 판매 딜러 역시 수당이 작아도 도요타 차량의 소비자 선호도가 높아 손쉽게 팔리는 이점에 만족하고 있다. 도요타의 대당 판매수당은 800달러로 GM 판매수당의 5분의 1에 불과한 수준이다.

유럽인들은 특히 맹목적인 애국주의Chauvinism가 강해 타국의 수출 차가 파고들기 힘들다. 도요타는 1999년 유럽에서의 일본차 규제가 해제되기 전까지는 3퍼센트 정도의 점유율로 적자가 발생했으나 2005년에는 5퍼센트를 달성해서 손익이 '0'인 수준까지 올려놓았다. 하지만 유럽의 대중차는 점점 가솔린에서 디젤 엔진으로 바뀌고 있는 현실이 도요타의 발목을 잡고 있다.

유럽인들은 가솔린이 지구온난화 원인 물질인 이산화탄소와 중독 증상 원인 물질인 일산화탄소를 배출하고 있다고 평가한다. 그러나 디젤차는 산성비 원인 물질인 질소산화물과 시커먼 흑연가루 입자를 배출함으로써 미국이나 일본이 규제하는 대기오염의 원인을 만든다. 즉 미국과 일본은 대기오염을 중시하고 유럽은 지구온난화를 막는 것에 주력한 다는 의미다. 유럽은 디젤엔진으로 바꾸기 위해 압축공기 점화기능과 연소분사장치 및 소음감축기능 등을 추가하여 특히 독일을 중심으로 저가형으로 보급하기 시작했다. 따라서 앞으로는 디젤과 가솔린을 소화하는 융합형 엔진의 개발이 성공의 열쇠가 되는 날이 올 것이다.

그리고 중국에서는 2004년 점유율이 2퍼센트에 불과하지만 2006년 5퍼센트대로 높아졌고 2010년에는 10퍼센트대를 노리고 있다. 또한 중국공장에서 하이브리드 승용차인 프리우스의 생산을 결정하여 호감을 끄는 작전으로 파고들었다. 기술 유출이라는 위험성도 있지만 경쟁우위 전략을 우선적으로 선택하여 기존의 상식을 타파하는 도요타임을 보여준다.

생산의 세계화가 진행됨에 따라 조달문제가 더욱 중요한 문제로 부각된다. 즉 현지 조달 부품의 능력을 강화하는 과제가 남아 있는 것이다. 국내의 계열사를 현지에 진출하게 하려면 기초체력의 자본력이 필요하므로 규모를 키우는 통폐합 등을 통해 해외의 공장설립 능력을 배양하고 있다. 특히 덴소의 경우는 세계 26개국에 이미 51개의 생산거점을 확보하고 있어서 도요타에 버금가는 글로벌 기업으로 성장했다. 이런 계열사들의 확대가 결국 도요타의 힘을 확대시켜주는 역할을 하고 있다. 2005년 현재 북미는 현지 조달비율이 60퍼센트로 목표인 75퍼센트까지 가려면 부품 공장이 7개나 더 필요한 실정이다.

유럽의 부품 현지 조달률은 40퍼센트 전후이며 차후 '개발→ 조달→ 생산 → 판매'의 일체형 체계를 완성시키는 시도를 하고 있다. 유럽의 경우 영국 공장에서 코롤라를 21만 대, 프랑스에서 비츠 모델을

18만 대, 그리고 체코나 러시아에 공장을 건설할 예정이고 폴란드에는 부품 공장이 있다. 유럽에도 역시 부품 공급이 최대 현안으로 대두되고 있다.

도요타의 해외공장 건설은 어느 나라에서나 환영할 정도로 인기가 좋다. 도요타가 지닌 장기고용 능력과 기업의 고유한 안정성 및 지역사회에의 기여도가 높기 때문이다. 해외공장 건설의 입지 조건에는 무엇보다 노동력의 질이 중요시되지만 도요타는 그다지 개의치 않는다. 제조업이 처음인 사람들로 모였다 하더라도 가장 빠른 시간 내에 그들이 바라는 체계로 올려놓을 수 있는 교육체계와 지도인력들이 준비되어 있다. 미국의 공장 선정에 있어 남부 쪽으로 향한 이유는 기능자가 별로 없어도 북부의 미시간 주나 오하이오 주처럼 기업에 대항적인 노동문화가 키워지지 않은 면이 가장 크게 작용했기 때문이다. 미국 켄터키 공장TMMK은 160만 평에 약 8000명이 근무하며 연간 40~50만 대를 생산하는 인기 높은 공장으로 알려져 있다.

하지만 아무리 능력 있는 도요타라도 문화와 습관이 다른 현지인들에게 일본의 특정 지방에서 출발한 생산시스템을 그대로 이식한다는 것은 불가능하므로 수많은 타협을 이룰 수밖에 없다. 도요타가 글로벌 기업임에도 아직도 일본 내의 생산비율이 50퍼센트가 넘는 것은 저임금 국가에서 만들어 삼각 수출하려 해도 TPS의 정착도가 문제로 대두되어 함부로 못하고 있는 것이다.

세계화를 성공시키고 초일류 기업의 명성과 권위를 계속 유지하는 데는 하자가 전혀 없는 고품질의 유지라는 커다란 과제가 놓여 있다. 하나의 국가에 국한하지 않고 전세계의 국가에 퍼져 있는 고객의 구매

의욕을 유지하기 위해서는 품질의 안정성에 주력해야만 한다. 이런 노력에 있어서도 도요타는 부단히 모든 노력을 아끼지 않고 있다. 고급차인 렉서스의 자그마한 결함에도 100만 대 이상의 리콜을 스스로 단행할 만큼 예민하게 반응하고 있다.

고객들은 모든 기업에 대해 일정한 절대평가를 하려하지 않고 기업의 브랜드나 이미지에 따라 상대적인 평가를 하려고 든다. 그 이유는 고객들은 유명 기업의 상품에 대한 신뢰도를 기준으로 상품의 발전 트렌드를 가늠하기 때문이다. 그러한 평가는 역으로 유명 기업에 대해 상당한 압박감으로 작용한다. 도요타 역시 세계 최대의 자동차 메이커이면서 초일류 품질을 인정받는 이상, 고객들의 엄격한 품질의 기대심리에서 벗어날 수가 없는 형편이다.

2006년 중반 도요타는 하나의 문제에 봉착했다. 도요타가 생산하는 RV 차량인 하이룩스 서프HILUX SURF 차량의 '릴레이로드(운전대와 바퀴의 연결시스템)'에 문제가 있었던 과거 차량들(1988년~1996년 생산 차량 33만 대)의 뒤늦은 리콜이 문제가 된 사건이다. 이 문제의 발단은 1988년 당시 해당 모델을 일부 개조하면서 앞부분의 하중은 95킬로그램 정도 늘어났지만 릴레이로드는 이전의 시스템으로 유지한 것에서 출발했다. 하지만 1996년까지 약 8년간 세계 전역을 합쳐서 약 20건 정도의 파손이 접수된 상태에서 분석한 결과 문제가 있음을 간파한 기술진은 바로 설계를 변경해 개조한 시스템으로 생산하기 시작했다. 하지만 이전에 8년간 생산한 33만 대의 모델에 대한 리콜을 실시한 것은 그로부터 다시 8년이 지난 2004년 10월경이었다. 일본 국내에서 5명이 부상당하는 차량사고가 일어났기 때문이다. 그때까지 접수된 예전 차량의 파손 접수는 총 80건이었다. 더 이상의 문제 접수는 용납하면 안 된다고 생각했던 것이다. 문제점을 알고서도 주저하다가 뒤늦게 리콜을 한 담당자들이 법적인 제재를 받게 되었다.

세계적인 메이커로 인정받을 때 발생하는 프리즘의 확대나 굴곡현상으로 볼 수 있다. 일반 자동차 메이커들의 입장에서 볼 때는 어물쩍 넘어갈 일도, 도요타라는 이름을 앞세운 상태에서는 용서할 수 없는 행위라고 고객들은 간주한다. 한국 차량의 리콜 사건은 전세계가 주목할 기사도 아니고 관심도 없지만, 도요타의 리콜 문제는 초일류 기업의 실수이기에 세계의 이목을 집중시킨다. 자기들의 자화상은 잊은 채 도요타는 일체의 실수도 없어야 한다는 관념으로 마치 언제 실수를 저지를 것인가를 학수고대하는 사람들처럼 많은 나라의 경제부 기자들은 작은 사건에도 동시에 악평을 쏟아낸다. 그런 결과는 도요타 차량을 이용하지 않는 일반인의 인식에도 변화가 일어날 수 있는 중요성을 띤다. 따라서 그럴수록 도요타는 더욱 더 민감해져서 품질에 대해 결벽증적 중세를 지니고 내부를 단속하게 된다. 그 정도로 품질의 완벽성을 추구해야 하는 세계 기업으로서의 도요타의 부담은 날로 증가하고 있다. 어차피 세계의 일등을 수성하려면 감내해야 할 부분이기도 하다. 하지만 그들도 인간이다. 실수를 전제해야 한다.

만약 이런 엄격한 도덕성을 우리 국내자동차 메이커들에게 적용한다면 국내의 모든 회사는 다 망하고 없어져야 할 기업들이다. 국내의 소비자 불만이나 파손 신고는 수량도 많지 않은 모델(10만 대 이하 생산)에서도 동일한 기능이 수백 건씩이나 문제가 되고 연일 매스컴에서 문제점을 공개적으로 부각시켜도 자동차 메이커는 꿈쩍하지도 않거니와 자기들의 책임이 아니라고 발뺌만 하는 것이 국내의 사정이다. 결국 세계화 약진과 독주를 해야 할 도요타의 앞에 이렇게 어려운 해결 과제가 산더미처럼 쌓여 있어 수많은 노력과 인내 그리고 철저한 도덕관이 요구됨을 그들은 잘 알고 있지만 거대한 조직 내에서 모두가 경영자와 같은 심정이 될 수 없음을 안타까워하고 있다.

31 핵심역량의 성장과 방향성

CEO들은 자기 기업의 약점이나 무리한 부분 혹은 침체된 부분을 모두 찾아내어 개선해야만
다품종소량시대의 복잡성과 고객요구의 다변화시대를 극복할 수 있다.

머리를 가볍게 해서 미래를 고민하라

도요다 에이지 시대 이후 재계를 대표하는 경단련 회장을 독식함으
로써 도요타에는 좀더 넓은 역량의 경영철학이 쌓였다. 집단지도 체제
를 선택한 도요타는 그 어느 기업보다 위험에 처할 확률을 줄이고 지
도층부터 팀워크를 이뤄 머리를 맞대고 지혜를 내는 일에 부지런하다.
가문의 후계제도는 본인의 역량에 따라 적용될 것이고 성장방법도 특
별한 배려가 없게 했다. 2005년 6월 현재 상무 48명을 포함한 총 중역
수는 74명에 불과하다. 그러나 전무 이상인 26명이 최종의사결정을 발
휘하므로 진정한 중역회의는 전무급 이상의 참석회의라 할 수 있다.

도요타는 사장을 등용할 때 사장의 업무를 방해하지 않도록 부사장
들을 일괄 퇴진시킨다. 부사장의 재직기간을 4년으로 제한함으로써
파벌의 조성을 막는 것은 물론이고 고위 직책에서 정체하는 것을 막기

도 한다. 연령대를 60대에서 50대로 하향조정하여 사장의 지시에 저항이 발생하지 않도록 배려하는 인사정책도 실시했다.

환경기술이 이슈가 되는 이 시대에 자동차 회사의 최대과제는 도시환경을 개선하는 일이다. 대기오염을 줄이는 차를 개발해야 하고 생산 공정 중에 있는 환경개선에도 주력해야 하는데 도요타는 이런 면에 있어서 단연 세계 으뜸이다. 제품의 생산에서 폐기까지 환경에 미치는 부담의 조사 및 평가제도인 LCA(Life Cycle Assesment)에서 폐차의 리사이클 문제가 불거져 현 90퍼센트 선에 머무르는 비율을 2015년에 95퍼센트 이상으로 끌어 올린다는 전략을 갖고 있다.

자동차 보유 대수가 약 7300만 대로 연간 약 500만 대씩 폐차시키고 있는 일본은 환경오염을 개선하기 위해 2005년 1월 자동차 리사이클 법을 발동시켰다. 500만 대의 폐차 중에는 100만 대의 중고차 해외수출도 포함되어 있다. 연간 약 7퍼센트의 차가 신차로 대체되고 있는 셈이다. 도요타는 이 법에 대비하여 2001년부터 연구소를 설립하고 자동차 리사이클 연구를 하고 있었다. 금속류 중심으로 81~85퍼센트 수준으로 리사이클을 하고 있으나 95퍼센트로 올릴 계획이다. 1970년 에이지 사장과 판매의 총수 가미야가 합의하여 도요타메탈이라는 폐차처리 공장을 설립한 이후로 약 30년 이상을 연구해 왔다. 이제는 전부 자원화한다는 전략으로 바꿔 특히 수지 부품들은 전부 대체연료로 사용하고 있다.

소형자동차의 경우 1톤의 중량 중에 10퍼센트인 100킬로그램이 재사용 가능한 부품이다. 50퍼센트에 해당되는 500킬로그램은 엔진이나 미션 등으로 메이커에 다시 소재로 유통되고, 나머지 20~25퍼센트는 수지나 발포우레탄 혹은 고무나 유리섬유다. 특히 배터리는 리사이클을 위한 회수 루트가 정착되어 있고 수지부품 중에는 PP(폴리프로필렌)는 리사이클이 가능하며 타이어는 가열 용도의 연소 재료로 사용한다. 이런 리사이클을 돕기 위해 연구소는 해체가 쉬운 차량 구조와 해체 기술을 동시에 연구하고 있다.

환경 대응 용도로 개발한 하이브리드 자동차는 두 개의 동력 시스템으로 인한 구조 제한성과 가솔린 사용에 의한 이산화탄소의 배출 문제가 여전히 과제로 남아 있다. 역시 수소를 사용하는 연료전지 자동차의 개발이 절실하지만 이 분야에서도 도요타가 가장 앞서 있다.

미래를 향한 지속적 도전

경제성을 가장 우선시하는 도요타의 개발 전략에 따라 프리우스도 코롤라의 차체를 기본으로 해서 개발했다. 단지 배터리와 모터의 새 시스템만 변한 것이다. 그리고 자금의 여유가 있는 도요타는 개발방향을 한정시키지 않고 모든 기술방식을 스스로 개발하려는 자립주의가 강해 앞으로 어떤 차량을 개발할지 예측하기 힘들다.

앞으로 차종 개발의 선택은 이익규모로부터 출발하는 경향으로 갈 것이다. 소형차는 대개 판매가에서 이익을 감해 원가를 결정하지만 고급차는 원가에 이익을 더해 판매가를 후에 결정하는 체계를 도요타도 서서히 수용하고 있다. 이익률을 살펴보면 경차를 주로 생산하는 계열사 다이하츠의 영업이익률이 3퍼센트대인 반면 도요타는 9퍼센트에 이른다. 경차나 고급차 모두 간접비는 거의 동일하게 투입되기 때문에

이왕이면 고급차를 생산하는 것이 유리하다는 판단이다. 바로 이런 고급차 경쟁에서 도요타가 강하기 때문에 이익률이 높은 것이다.

개발의 방향은 1993년 개발센터 제도의 도입과 동시에 21세기의 개발 조건으로 외형은 작고, 차내의 공간은 넓은 차로 개념을 정하여 추진하고 있다. 더 자세하게 설명하면 첫째로 휠 베이스가 길고 넓은 실내, 둘째로 승강성을 높이기 위해 의자 높이를 높게 할 것, 셋째로 공력 鉛力을 의식한 외형디자인으로 차 높이를 1.5미터 정도로 할 것 등이다.

도요타의 연구개발비는 2004년 기준으로 약 7500억 엔이었고 신차 개발 기간은 15~18개월까지 단축했다. 개발 관련 인력은 약 1만 2000명 정도로 부사장과 전무가 각각 한 명씩이고 임원이 10명 정도 있다. 신차 개발의 특징으로는 고도의 능력과 인망을 가진 주사主査가 리드하는 제도가 있으며 평소의 고객 클레임을 하나도 빠짐없이 측정하고 고객 클레임 피드백을 실시하여 개발과제로 적극 제시하는 제도가 있다. 개발 분야는 기초연구 개발, 주행기술 개발, 제품 개발로 구성된다. 제품개발 중에 엔진부품이나 차체 그리고 중핵부품은 국내에서 진행하지만 디자인 부문은 국제화하여 각지에서 국적을 가리지 않고 인재를 채용하여 디자인하는 정책을 택했다.

자동차의 변신이 점차 가속화 되고 있다는 증거로써 자동차에 최첨단의 전자장치 혹은 정보통신 기술의 적용이 늘고 있다. 차의 본래 바탕인 하드웨어에서 두뇌와 신경계를 삽입시킨 소프트웨어로 전환하고 있는 것이다. 특히 자동차에 전자장치가 늘어남에 따라 1990년대에는 마이크로 칩이 불과 10개 정도에 지나지 않았으나 현재는 50개가 넘는 수준으로 2008년에는 PC 시장보다 더 커질 것으로 보고 있다. 자동차의 전자부품 비율이 20퍼센트를 넘고 있고 하이브리드 자동차는 무려 40퍼센트를 넘는다. 자동차가 동력기기에서 전자기기로 탈바꿈하고 있는 중이라고 볼 수 있다.

공공의 손해와 안전시스템의 해결에 대한 일반적 욕구는 계속 증가하는 추세에 있다. 예를 들면 일본의 전체 간선도로 중의 20퍼센트가 정체라는 통계가 있다. 도로혼잡으로 교통지연에 따른 손실이 점차 증가하여 1인당 연간 48시간의 손실이 발생한다는 기준으로 하면 수십조 엔의 액수가 나온다. 교통 사망자 수도 연간 1만 명에 육박하고 에너지 낭비나 지구온난화에 영향을 미친다.

이러한 피해를 줄이기 위해 차간 거리를 유지하는 해결책으로서 자동브레이크 시스템을 개발하거나 전방 도로의 낙하물을 감지하는 시스템, 논스톱 자동요금 징수시스템 및 네비게이션의 고급화 등을 추진하고 있다. 자동차 사고를 축소하기 위해서는 인간의 시계視界와 반사신경만으로는 부족하다고 보고 이런 기능을 도와주는 CCD(Charge Completed Device) 카메라를 활용하는 방안도 연구 중이다. 이러한 기능을 총망라한 분야를 ITS(Intelligent Transport System)라 부르고 이 분야의 무궁무진한 금광맥을 캐기 위해 도요타는 분주하게 돌아가고 있다.

효율화와 경제성의 극치를 추구

최근의 도요타 CEO들이 도요타의 약점이나 무리한 부분 혹은 침체된 부분과 모자라는 부분을 모두 찾아 개선해 가기 때문에 도요타의 약점을 찾기란 여간 힘든 것이 아니다. 현대의 자동차 공장들은 자동화를 많이 적용하여 '조립 산업의 장치 산업화'라고 할 정도로 중무장하고 있다. 하지만 도요타는 인간의 지혜로 계속 개선이 될 수 있는 체계를 어떻게 내재Built In시킬 것인가를 최대의 과제로 삼는다. 다품종 소량시대의 라인에서는 부품 종류의 감축이 최대 과제로서 설계단계에서의 꾸준한 노력과 Platform의 공유가 절실히 필요하다.

도요타는 투입시키는 상류로부터 중고차나 폐차까지 전 단계의 프로세스를 포괄적으로 관리하는 공급망Supply Chain 관리와 수요망 Demand Chain 관리를 동시에 수행하고 있다. 자동차 비즈니스의 성공 전략으로 개발, 구매, 제조, 판매라는 각 사업 활동 영역에서 가장 좋은 효율을 모색해서 배치시키는 Best Mix 전략을 구상하고 있고 공급 망관리(SCM : Supply Chain Management)보다 지적인 면에서 효율을 개량한 ISM(Intelligent Supply Management)을 추구하고 있다.

많은 기업들이 자신들의 응집력을 상실한 결과 중장년 사원의 구조 조정을 밥 먹듯이 하는 것을 보면, 고용의 확보를 최우선으로 하는 도요타의 고용정책과 육성방식이 초일류라 할 수 있다. 1960년대 공장 증설로 채용한 기능직들의 퇴직연령이 도래해 많은 경력자들이 2007년부터 대량으로 정년퇴직하는 사태가 도요타에서 벌어질 것이다. 과연 이들은 기술과 기능 인력의 부족문제를 어떻게 풀 것인가 궁금하다. 현재도 노동 장려시간은 2000시간이지만 실제로 2400시간을 일하고 있는 실정이다. 기존에 있는 사람들도 평균 45세가 넘기 때문에 50세가 넘으면 전일의 피로도가 다음날에도 남아 있다.

작업피로를 줄이는 조건들을 조속히 찾아내어 해결해야만 한다. 로봇의 도입으로 조화롭게 단순기술 인력의 감소에 대처하고 고급 기능자는 고급차 생산에 주로 투입하여 고품질을 발휘하는 데에 기용하려 할 것이다. 현재 도장 공정이나 용접 공정 중심으로 3000~4000대의 단순기능 로봇이 활용되고 있지만 차후 연속적인 복수의 작업동작이나 동시 복수작업 로봇을 만들어 1000개 정도를 더 투입하려는 연구를 진행하고 있다. 하지만 로봇화하면 개선대상이 축소된다는 결점이 있으므로 꼭 기계로 대체해야 할 대상만 골라 실시하고 있다.

도요타는 매년 30퍼센트의 원가저감에 도전하고 있다. 그러한 효과는 매년 발생하는 이익의 20퍼센트 정도를 차지하는데 좋은 품질을 싸게 만든다는 정신을 EQ(Excellent Quality) 운동으로 몰아가고 있다. 원가저감 개선금액의 연도별 추이를 나타내 보면 [그림 3-9]와 같다. 특히 협력사들이 자체적으로 노력하는 원가저감 노력은 다른 기업에서는 흔히 볼 수 없는 일로, 도요타의 협풍회에 소속된 기업들이 '원가관리 위원회'를 설치하여 매년 자체회비로 걷은 8000만 엔에 도요타가

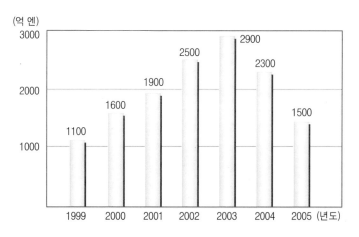

[그림 3-9] 연도별 원가저감 효과 금액 추이

지원한 3000만 엔을 합쳐 1억 1000만 엔을 원가저감 활동의 지원비로 투입한다. 닛산과 혼다 역시 협력사 모임은 있지만 원가연구는 하지 않고 있다. 하지만 너무 원가중심의 활동을 한 나머지 2005년 120만 대의 차량에 대해 헤드램프 관련 부품의 리콜을 단행하는 사태까지 갔다. 부품공용화를 무리하게 진행하다가 벌어진 결과다. 그럼에도 불구하고 도요타는 개의치 않고 계속 전진하고 있다.

32 도요타 리더십은 진화를 멈출 줄 모른다

세계의 초일류로 계속 인정받으려면 경영과 기술의 세계적 표준을 리드해야 하고 단순한 개량 연구가 아닌 독창적 연구를 수행함으로써 영속성과 무한성을 동시에 지닌 경영 체질을 구축해야 한다.

존경받는 사람들과 조직

자동차 산업은 지구가 탄생시킨 사상 최대의 산업으로 평가되고 있다. 이런 가치를 지닌 자동차 생산기업에 대한 현재의 평가도 중요하지만 장래에는 어떻게 될까 하는 평가도 중요하다. 도요타는 2006년 포춘지가 선정한 존경받는 기업 2위에 랭크돼 있다. 1위가 GE이고 3위가 월마트로서 미국 기업이 등재되었는데 미국 잡지의 이점을 감안할 때 실제적으로는 도요타가 1위라고 할 수 있다. 2005년 말 주식시가 총액으로 볼 때 도요타자동차는 140조가 넘는 반면 한국 제일의 기업인 삼성전자는 85조에 해당된다. 브랜드 가치로는 도요타가 248억 달러로 세계 9위이고 삼성전자가 150억 달러로 20위이다.

미국 조사기관에서 매년 실시하는 부품협력사와 완성차 간의 상호 신뢰도를 보면 도요타가 '노동관계지수'에서 최고인 반면 GM은 최하

위로 나타났다. 그리고 GM은 제휴 협력사들에게 공동구매 즉, 가격의 절감만을 중점으로 요구하는 데 반해 도요타는 공동개발 방향으로 관계를 맺고 있다.

도요타는 2004년에 1년 동안 문맹퇴치 기금으로 미국에 2000만 달러를 지원하는 등 진출 국가의 기업시민권을 얻기 위한 노력을 게을리하지 않는 면도 있다. 또 하나의 특징은 이익 규모에 버금가는 설비투자를 시행하기 때문에 주주들에게 13퍼센트에 해당하는 이익 배당율밖에 지급하지 못하지만 장기적 효과의 신뢰가 높은 편이다.

도요타 가문의 주식은 기이치로가 장남에게 넘겨준 쇼이치로의 지분 0.41퍼센트를 포함하여 가족 합계 2퍼센트에 지나지 않는다. 2퍼센트의 주식 보유로 경영권 지배가 온당한 것인가 하는 도요타 가문의 지배권이 문제가 되기도 했다. BMW나 르노도 지배는 하지만 통치는 하지 않는 현상을 보여주듯이 도요타 가문도 단지 깃발 역할밖에 할 것이 없다는 것이 일반론이다. 이런 모순적 상황에서 창업 가문이 모든 조직원들에게 자발적 충성심을 이끌어낸다는 것은 매우 힘든 일인데도 불구하고 도요타에서는 그것이 존재한다.

도요타는 마치 도요타가문의 CEO를 교조로 둔 종교집단과 같은 색깔을 띨 정도로 종업원들로부터 존경을 받는다. 매년 그룹 창업자인 사키치와 자동차 창업자인 기이치로의 위패를 둔 사당에 신입사원들이나 간부들이 참배를 하는 것을 보면 사키치와 기이치로를 신격화 된 존재로 여기는 분위기다. 그들은 사키치를 창조創祖로 기이치로를 창설자創設者로 부른다. 그리고 창업자의 추모식과 같은 행사에서 비록 형식적이라 할지라도 도요타 일가 자신들은 항상 뒷줄에 배석하고 판매점이나 협력사 관계자들을 앞자리에 배석시키는 겸허함도 잊지 않는다. 오너 일가가 맨 앞줄에 앉아 대접받는 것이 마치 당연하다는 듯이 앉아 있는 우리와는 전혀 다른 도요타의 정신을 읽을 수 있다.

도요타의 성공 요인은 특별한 것이 없다고 본다. 지극히 상식적인 경영과 환경에 적응과 창조라는 혼합방식을 적절히 구사했다는 특징 정도에 그친다. 즉 환경에 우선적으로 100퍼센트 적용하는 대신 모두가 살아남을 수 있는 조건에 도달하기 위해 전 직원이 일치단결하여 개선을 추구하는 경영만을 할 뿐이다. 사실 성공을 위해 전략적으로 의도한 것은 거의 없다. 대부분의 기업 수명을 30~40년으로 평가하는 것은 창업자의 쇠퇴와 종업원의 쇠퇴 그리고 환경에 대응을 잘 못하는 경과기간의 상징적 연수를 계산하기 때문이다. 하지만 도요타는 70년 동안 계속 비범한 경영을 보여주었는데 바탕에 깔린 결정적인 요소 두 가지와 추진요소 두 가지를 들 수 있다.

바탕요소의 첫 번째는 노사관계의 발전적 관계라고 할 수 있다. 노조의 영향력이 센 다른 여타 기업과는 달리 노동자의 경영의사결정 참여가 아니라 의견을 흡수하는 방식을 채택한 것이 발전의 큰 요소가 되었다. 노동자의 의견을 충분히 반영하여 의사결정에 간접적으로 취지를 삽입함으로써 존중을 표시한다. 또 하나의 요소로 협력사와 장기적 관계를 맺고 동반 성장을 추진했다는 면을 들 수 있다.

직접적인 성장의 추진요소로는 우선, 독특한 생산방식의 구축을 들수 있다. 다른 하나의 요소로는 구매와 판매에 걸쳐 계열 기업간의 협조 관계 즉, 네트워크 형성과 그것들을 연동한 형태의 신차개발 방식의 확립을 들 수 있다.

이런 맥락으로 보면 도요타는 일본식의 범주에 드는 것이 아니라 도요타 고유방식이 있다고 보는 것이 타당하다. 따라서 우리가 도요타를 볼 때 일본의 전반적인 패턴으로 보면 곤란하고 오로지 도요타의 고유성격으로 판단하여 조명하는 것이 타당하다.

하지만 근래에 도요타가 보여주는 행동에 대해 고운 눈길을 주지 않고 대기업 병에 걸린 도요타를 비판하는 목소리도 높다. 특히 2005년 일본 총 선거에서 고이즈미 수상을 지원해주는 전략에 동참하여 도요타가 직접 중부 지방(나고야 중심)의 중의원 선거에 자민당을 지원한 것은 초일류 기업으로서 보여주지 말았어야 할 모습이기도 하다. 특히 오쿠다 히로시 경단련 회장(2006년 5월 은퇴)이 직접 중부 지방의 경제인들(주로 도요타와의 관계 기업이 많음)에게 메시지를 주어 자민당을 적극 지원하게 함으로써 야당인 민주당의 텃밭(15명 중 10명)으로 여겨졌던 지역을 완전히 반대 현상(자민14, 민주10)으로 만들어 놓았다. 도요타에서는 기술자 정신의 화신이라고 여겨지는 조 후지오 회장과 와타나베 사장도 지원 대열에 참여함으로써 많은 사람들을 놀라게 했다. 이러한 지원의 대가로 도요타가 유리한 공공사업에의 방향성을 유도하는 정치적 거래 또한 바람직하지 않은 행동인 것이다. 오쿠다 회장이 원래 강경한 우익으로서 정치색이 짙은 인물이지만 도요타의 수뇌부가 인정하지 않는 행동은 할 수가 없다는 것을 누구나 알고 있다. 그리고 참의원에서 부결되었던 우정국의 민영화를 중의원 투표에서 근소한 차로 통과시킨 결과도 고이즈미의 개혁정책을 지원하는 도요타의 힘을 빌리지 않고는 어려운 일이었다.

도요타의 힘은 무소불위의 형색을 띠고 있다. 일본 내의 대형 매스

컴(TV나 신문)에 연간 8000억 엔(매출의 4퍼센트)이 넘는 광고비를 투입하여 여론을 거의 지배하고 있는 정도에 이르렀다. 도요타에 관한 부정적 소식은 거의 다루지 않고 사업 확대나 긍정적 이미지에 대해서만 부각시킬 뿐이다. 가령 잡지사들의 기자가 도요타 내부의 사고나 관련 사건을 다루는 기사나 칼럼을 실으려 해도 결국 편집장이 광고부의 손을 들어주어 기사를 기각시켜버리는 예가 허다하다. 국내에서도 광고 수입을 염려한 매스컴들이 재벌기업 총수들에 관한 기사를 공격적으로 다루지 못하는 현상이 짙은 것과 같이 일본도 마찬가지 현상을 보인다. 자본주의 사회에서는 어쩔 수 없는 일로 받아들여지고 있다.

최근에는 한 해에 도요타 직원 중 지병의 유무와 관계없이 과로사 혹은 사고사로 간주된 사망자가 20명 가까이에 이른다. 그리고 과도한 업무로 정신질환자도 많이 발생하고 있다는 평가도 있다. 그러나 이런 현상은 도요타에 국한된 것은 아니고 국내의 대기업에도 발생하는 현상이라고 볼 때 도요타가 갖는 고유의 상황이라고 보기는 힘들다. 다만 과로사한 순직자를 대하는 회사의 관료적인 처리가 사회의 지탄을 받고 있는 것이다. 마치 산재보험 처리의 혜택을 주고 싶지 않은 도요타의 비정함을 비난하고 있는 것인지도 모른다.

도요타는 공적자금 활용의 천재기업이라는 평도 있다. 2005년에 환경보호를 주제로 한 아이치 만국박람회의 총 지휘자는 도요타의 명예회장인 쇼이치로다. 박람회 개최를 위한 주변 인프라 조성사업 중 특히 도로정비 사업은 주로 도요타 시를 중심으로 연결되는 도로에 집중적으로 예산을 투입해서 도요타를 위한 간접시설 확충 박람회라는 비난을 받기도 했다. 그리고 쇼이치로 회장은 도요다 가문의 전통으로 이어지는 1대代 1업業의 정신에 매달려 본인이 주력해 온 주택사업(도요타 홈)의 확장을 위해, 규모가 더 큰 기존의 주택사업체(미사와 홈)의 위기를 이용하여 이를 인수하려는 욕심을 부린 행동이 드러나 물의를 빚고 있는 형편이다.

이렇게 도요타의 창업자 정신에 부합하지 않는 행동들이 근래에 들어 더 많이 나타나는 것은 도요타가 세계 최대 규모의 기업으로 성장한 데 따른 부작용이라고 할 수 있으며 더 많은 것을 얻고 싶은 마음과 변함없이 현 위치를 고수하려는 압박감이 작용했다고 볼 수 있다. 하지만 일본 국민들이 도요타에 거는 기대감이 워낙 두텁기 때문에 이러한 부정적인 현상들이 묻혀버리기 쉽다. 따라서 창업자의 정신을 퇴색시키는 행동이나 결과를 가져오지 않기 위한 도요타 경영진의 부단한 노력이 뒤따라야 할 것이다.

리더십의 근원은 독창성

도요타의 고유성은 여러 면에서 드러난다. 순수한 제조업에서 탈피하여 판매활동의 선점에서 출발한 상업적 제조업을 만들어 간 것이 독특하다. 즉 제조공정 못지않게 시장 확대를 향한 영업활동에 높은 우선순위를 두는 철학의 장점을 말한다. 판매점을 증설한다든지 또 서비스 점을 정비하는 등의 특별한 노력을 기울였다.

바야흐로 2000년대에 지구상의 차량이 7억 대가 넘는 시대에 돌입했다. 2020년에는 10억 대가 예상되기도 한다. 따라서 차량 증가에 따른 환경 파괴는 당연히 증가하겠지만 이에 대응한 차량의 소형화와 저연비의 추구 및 차량 감소를 통한 합리화 행위들도 예측할 수 있다. 이런 경향과 생존법칙을 따르지 못하는 기업들은 남아있지 못할 것이다.

2010년 이후 세계 자동차 생산 규모를 점쳐보면 미국에 이어 중국이 부상할 것이고 그 뒤를 이어 EU(유럽 연합)와 일본이 추격할 것으로 보인다. 2005년도에는 6400만 대의 세계생산량 중 도요타가 850만 대를 차지해 13퍼센트를 점유했고 일본이 차지한 비율은 3분의 1로서 2140만 대를 기록했다.

자원대국은 자국 내에서 생산과 소비가 가능하고 자원빈국은 제조를 통한 무역에 의해서만 살 수 있다고 배웠지만, 거대한 미국도 무역 없이는 힘들고 자원빈국인 일본과 한국도 자국 내의 생산 규모가 점점 작아지고 있다. 이 의미는 국가 중심의 시장개념은 사라지고 전세계가 하나의 시장이 되었음을 나타낸다. 이런 의미에서 본다면 자국의 경쟁력과 글로벌화를 동시에 집중하여 틀을 다져나가는 도요타는 성장을 계속할 수 있으리라 본다. 도요타의 생산시스템인 TPS는 세계 경영의 표준이고 '프리우스'는 기술의 표준으로 인식되고 있는 현재 시점에서 10년 후의 도요타는 지금과 같이 일본을 대표하고 세계의 자동차 기업들을 대표하는 기업으로 계속 남을 수 있다고 보는 것이 타당하다.

도요타는 이제 과거에 수행했던 기술개량연구 중심의 방식(Catch Up 형)을 탈피하고 독창적 연구(Front Runner 형)로 전환하여 개발 분야의 선두주자로 전진하고 있다. 생산 분야에서는 100년(사키치 시절 포함)에 걸쳐 완성된 시스템으로 세계에 통하는 유일의 일본제품으로 무장했다. 이 시스템은 영속성과 무한성을 동시에 지닌 것이라서 22세기에도 생존할 수 있는 시스템으로 예측된다. 더욱이 추월당하지 않고 초일류로 계속 남아있을 수 있는 원동력도 된다.

도요타는 주요 계열사를 포함하면 70만 명의 식구를 거느리고 있다. 대규모 글로벌 기업으로서 강렬하면서도 구심력을 살리는 실력 있는 경영자가 점점 필요하게 될 것이다. 그런 요구에 대응할 수 있는 경영자를 육성시키는 일이 도요타의 가장 무거운 짐일 것이다. 미래는 경험하지 못한 경영 환경에 접하게 될 것이므로 기업은 지속적으로 근저의 힘을 보유하면서 계속 대응하여 스스로를 변화시켜야 할 것이다.

우리도 할수 있다

생물은 세월이 가면 저절로 늙고 병들지만 기업은 변화해야 할 때에 변화하지 않으면 늙고 병든다. 아무리 오래된 기업이라도 변화해야 할 때 변화하기만 하면 늘 청년 같은 젊음을 유지할 수 있다.

통상적으로 말하는 '기업 사이클'에 따르면 사실 도요타는 (GM과 마찬가지로) 전성기를 지나 쇠퇴일로를 걷고 있어야 한다. 그러나 도요타는 거꾸로 욱일승천하고 있으니, 그 차이는 바로 변화에서 비롯한다.

역대 도요타 CEO들의 경영활동을 보면 핵심 키워드는 '변화' 그 자체다. 게다가 '인재육성'과 '사회공헌'이라는 두 개의 기둥이 추가되어 기업의 지속가능한 발전을 떠받치고 있다. 도요타의 '변화'에는 그 내용에 무슨 특별함이 있는 게 아니라 변화를 꾸준히 실천하는 '지속성'에 특별함이 있다.

다시 말해, 당연한 것을 당연한 듯이 실행하면서, 투명성과 정직성을 앞세우고 그 다음에 효율성을 고려한다는 '초일류 기업'으로 가는 보편적 표준을 빈틈없이 실천하고 있다는 것이다.

오늘날 '초일류 도요타'는 창업자로부터 내려오는 개선을 향한 집념과 일관성 있는 경영 마인드에 인격을 바탕으로 한 강렬한 리더십에서 비롯한 것이다. 도요타의 리더십은 한마디로 '변화와 지혜의 리더십'이다. 지혜를 바탕으로 한 변화의 추구가 오늘날의 도요타를 만든 것이다.

우리는 "도요타가 또다시 6년 연속 사상 최대의 실적을 올렸다"는 기사와 "우리나라 굴지의 기업 총수가 경영비리 혐의로 구속되었다"는 기사가 나란히 보도되는 시대에 살고 있다. 도요타가 50년 넘도록 어떤 사회적 지탄도 받지 않고 존경받는 기업의 위상으로 일본경제를 이끌어온 배경에는 '국민의 신뢰'가 존재한다. 도요타의 경영에는 기업의 본능인 '이윤 추구' 외에도 기업의 사명인 '사회 공헌'이 강력한 전통으로 자리잡아왔다. 도요타는 눈 가리고 아웅 하는 식의 이벤트나 떠들썩한 언론 플레이로 국민의 신뢰를 매수한 기업이 아니라 오랜 사회 공헌으로 자연스럽게 국민의 신뢰를 쌓아온 기업이다.

그래서 도요타 임직원들은 아무리 힘든 상황이 닥쳐도 난관을 헤쳐나가면서 지속적인 충성심을 보여주고 있다. 도요타의 창업주 일가는 대대로 창업 이념과 경영 철학에 충실했으며, 전횡을 일삼거나 탐욕을 부리거나 하는 일도 없었다. 그런 정신이 역대 최고경영자를 통해 직원들에게 그대로 투영되어 왔다. 최고경영자 또한 '절대권력'을 자의적으로 행사하는 일은 없다. 다만 경영상의 의사결정을 합리적으로 유도하고 책임지는 역할을 수행할 뿐이라고 여긴다. 그래서 도요타의 최고경영자는 모두에게 존경받는다. 최고경영자는 도요타의 정신을 계승하는 '제사장祭司長'이자, 도요타의 변화를 이끄는 '조타수操舵手'이다. 도요타는 어느 한 사람의 독단에 의해 돌아가는 기업이 아니라 철저하게 (수십 년 동안 진화해온) 시스템에 의해 돌아가는 기업이므로, 최고경영자의 갑작스런 유고 등 웬만큼 중대한 사태가 발생해도 흔들림이 없다. "뿌리 깊은 나무, 바람에 흔들리지 않는다"는 속담 그대로다.

이런 도요타의 훌륭한 경영방식을 배우거나 도요타처럼 존경받는 초일류 기업을 일구고 싶은 경영자는 다섯 가지 자격을 되새겨 봐야 한다.

첫째, 오너경영자가 부적절한 수법의 남용으로 법적 제재를 받는 일이 없어야 한다.

둘째, 기업을 사회의 공기公器로 여겨 훌륭한 인재를 CEO로 삼아 경영을 맡겨야 한다.

셋째, 막대한 이익을 가장 먼저 사회 공헌에 쓸 줄 알아야 한다.

넷째, 본업에 충실하지 않고 비정상적인 수단으로 축재하는 일이 없어야 한다.

다섯째, 불경기를 핑계 삼아 직원들부터 자르는 구조조정 횡포를 저지르지 않아야 한다.

사회에 공헌하는 훌륭한 기업, 지속가능한 초일류 기업으로 가는 최소한의 필수조건들을 꼽아본 것이다. 도요타의 위대함도 바로 이런 조건들이 바탕이 되었다. 한눈팔지 않고 기업가의 정도正道를 걷는 것, 내부고객(직원 및 협력업체)은 물론 외부고객(소비자는 물론 지역사회)과 공생공영共生共榮하는 마인드, 처음 시작할 때 가졌던 마음을 잃지 않는 초발심初發心, 한번 계획한 일을 변함없이 실행하는 초지일관初志一貫을 우리는 도요타 초일류 경영에서 배울 수 있다.

배움이 배움에서 그치지 않고 실천으로 이어진다면 우리도 할 수 있다. 아는 것을 실천하는 것이야말로 진정한 용기다. 이 책이 우리 기업의 용기를 북돋고 더 나은 미래를 여는 열정의 에너지가 되기를 바란다.

도요타의 성장 과정 연보

연도	경영 및 경영자 정보	기업경영력 정보	경영방식 정보
1867	그룹 창업자 도요다 사키치 탄생		
1885	전매특허조례 발표, 발명의지 가짐		
1890	목제인력직기 완성		
1894	도요타상회 개설, 기이치로 탄생		
1896	목제동력직기 완성		1인 3대(多臺)방식 탄생
1897	사키치 아사코(2대 대모)와 결혼		
1899	딸 아이코(愛子 : 3대 대모) 탄생		
1907	도요타식직기(주) 설립, 상무 취임	미쯔이와 합작회사	
1910	도요타식직기 사직, 미국 시찰		
1911	도요타자동직포공장 설립		
1912	중국 대련 오노 다이이찌 탄생		
1913	도요다 에이지 탄생		(포드 컨베이어 장치 적용 시작)
1915	아이코와 리사부로의 결혼	1차 대전의 호경기 시작(1914~)	
1918	도요타방직(주) 설립	그룹의 최초 공장 건설	
1920	기이치로 대학졸업, 방직 입사	기이치로의 최초 구미여행	
1921	중국 상해 도요타방직 설립		
1922	기이치로 하다코와 결혼	자동직기 시험공장 신설	
1924	무정지환식자동직기 완성	관동지진(1923)으로 미국 차량 수입	

연도	경영 및 경영자 정보	기업경영력 정보	경영방식 정보
1925	도요다 소이치로 탄생	(포드 일본포드(주)설립(요코하마)) / (미국 크라이슬러 자동차 설립)	
1926	자동직기제작소 설립, 기이치로 상무 취임		
1927	기이치로 도요타방직 임원 취임 / 이시다 도요타방직에 합류	(GM 일본GM(주) 설립(오사카)) / (통앙공엽(현 마즈다) 설립)	
1929	다츠로우 출생, 기이치로 구미출장	영국에 자동직기 특허 교섭 / (이스즈 자동차 설립)	
1930	직기공장 내 자동차 연구실 개설 / 그룹 창업자 사키치 사망	다이하츠 자동차 삼룬차 1호 완성	
1931	40마력 가솔린 소형엔진 제작	(만주사변 발발)	
1932	오노 다이이치 도요타방직 입사		
1933	자동차부 설립	(닛산 자동차 설립)	오노가 구미와의 생산성 격차 분석
1934	자동차사업 진출 획정	A형 엔진 완성	
1935	'도요타 강령' 선포	A형 승용차, G형 트럭1호차 완성 / (닛산 '닷산' 승용 1호)	
1936	자동차제조사업법 공포 / 도요타로 명칭 개칭 및 마크 제정	가리야 조립공장 완성, AA형 양산	
1937	도요타자동차공업(주) 설립 발족 / 리사부로(사장), 기이치로(부사장)	고로모 자동차 공장 작공 / (일본군 중국 남경 점범)	
1938	도요타 공과청년학원 설립	고로모 공장 준공, B형 엔진 생산	기이치로 Just In Time(JIT) 진마
1939		생산 및 판매 1만 대 달성	최초의 협력사 모임 '협력회' 결성

연도	경영 및 경영자 정보	기업경쟁력 정보	경영방식 정보
1940	기이치로 도요타방직, 아이치제강, 도요타직기 부사장 취임	아이치 제강(주) 설립	
1941	기이치로 자동차 사장 취임	월 2000대 생산 달성, 도요타 공기工機 설립	(태평양 전쟁 발발)
1942		KB형 트럭 생산 개시(전쟁 투입)	
1943		도요타항공 설립, 도요타방직 흡수	협력사 모임 '협풍회' 정식 결성
1945	기이치로 미국 3년 내 추격 결의 자동차 협의회 회장	GHQ 1500대 생산 제한 도요타 자체(주) 설립	오노 자체적 방법 모색 착수
1946		노조 설립	판매점협회 결성
1947		SA형 승용차 생산개시, 누적 10만 대	가공공장 1인 2대 체계 완성
1948		(혼다기연(주) 자동차 설립)	후 공정 인출방식 고안
1949	더지 플랜 공표	이스즈, 닛산 대응 해고	1인 다대 정착, 중간창고 폐지
1950	기이치로 사임, 이시다 사장 취임	쟁의 발생, 은행차입, 한국전쟁 발발 자동차판매(주) 독립	흐름방식 재택(가공~조립)
1951	에이지 포드의 '제안제도' 도입	생산설비근대화 5개년 계획 착수	에이지, 사이토 포드 3개월 연수 기계공장 작업지시용 '간판' 시도
1952	기이치로, 리사부로 사망	관동자동차(주)에 출자	
1953		'졸음한 제품, 졸음한 사고' 표어 제정	일부 공정에 슈퍼마켓식 간판도입
1957		도요펫코로나 출시, 정가판매제	조립라인 사양표 부착 적용
1959		모토마치 공장 완공, 도요타시 개명(고로모) 브라질 도요타사 생산개시	TQC 체제 돌입
1960	조후지오 입사	연간 국내 10만 대 판매 달성	

연도	경영 및 경영자 정보	기업경쟁력 정보	경영방식 정보
1961	나카가와 사장 취임	크롤라 판매점 설립, 퍼블리카 출시	赤青票 방식 적용, 팔레트 간판 실패
1963			간판방식 전공장 실행, 다공정 설치
1964	(동경올림픽, OECD 가입) 와타나베 입사	데밍상 수상	
1966		코롤라KE10 출시, 연간 수출 10만대 가미고우, 다카오카 공장 완공	구입부품에 납입간판 적용 FOOL PROOF장치 도입(도장)
1967	에이지 사장 취임	일본 자동차 보유 대수 1000만 대 돌파	
1968		코롤라 미국 수출 개시	
1969		쯔쯔미 공장 완공	생산조서실 설치 TPS 전파 착수
1971			1000톤 프레스 준비교체 3분 달성 조립라인 정위치 정지 방식 도입
1973	오노 부사장 취임	국내 판매 1000만 대 누적, 오일 쇼크	TPS 매뉴얼 완성, 작업요령서 부착
1974		자동차 배기가스 규제	소인화 방식 연구착수
1975	오노 부사장 취임	코롤라 세계 1위 양산차 등극	
1976		국내 생산누계 2000만 대	'자주연구회' 발족, 간판방식 논란
1979	이시다 사망	다하라 공장 완공, 수출누계 1000만 대	동명고속도로 터널화재사건 - 간판
1980	가미야 사망, 미일무역 마찰	(닛산 미국현지화사 설립)	
1981	쇼이치로 자판 사장 취임	도요타 공매 개화	
1982	에이지 회장, 쇼이치로 사장 취임	도요타 생산판매 통합회사 발족	3C 정신 운동 착수
1984	아가오 입사	미국 현지공장 NUMMI가동	

연도	경영 및 경영자 정보	기업경영력 정보	경영방식 정보
1985		수출누계 2000만 대 달성	
1986		생산누계 5000만 대 달성	
1989	오노 사망	렉서스(세르시오) 미국 발표	5단계 직급 3단계 축소, 인사제도
1990		쿄륙라 생산누계 1500만 대 달성	
1992	쇼이치로 회장, 다츠로 사장 취임	후쿠오카 미야타 공장 가동 영국 TMUK 공장 가동	
1993		국내 생산누계 8000만 대 달성	
1995	오쿠다 사장 취임	(고베 지진 발생)	
1997		하이브리드 양산차 '프리우스' 발표	아이싱 정기 화재 극복사건
1998		다이하츠 자동차 자회사 등록	GAZOO.COM 개설
1999	오쿠다 회장, 조 후지오 사장 취임	(닛산과 르노 합병), 국내 누계 1억 대 소형차 비츠 개발 히트	
2000	도요타 WAY 이념 정립		CCC-21 원가저감 활동 착수
2001	세계 시장 점유율 10퍼센트 돌파	쿄륙라 생산누계 2500만 대 달성 히노트럭 자회사 등록	도요타 카드 발행
2002	일본 기업 최초 순이익 1조 엔 돌파 오쿠다 경단련 회장 취임	2010 글로벌 비전 발표	
2005	조 후지오 부회장, 와타나베 사장	캄리 판매누계 1000만 대 돌파 프리우스 30만 대 돌파	VI-10 원가저감 착수
2006	오쿠다 퇴임, 조 후지오 회장	도요타 900만 대 생산